攻感
略官

SENSEHACKING

查爾斯·史賓斯 Charles Spence 著　　陳錦慧 譯

第一章
引言

　　從我們出生那一刻，直到嚥下最後一口氣，感覺（sensation）都是我們生命存在的根本。我們看見、體驗與認知到的一切，都來自我們的感官。正如達爾文（Charles Darwin）的表弟法蘭西斯‧高爾頓（Francis Galton）1883年所說，「關於外在事物的訊息，我們顯然只能通過感官獲得。感官的覺察力越是多樣化，我們的判斷力與理解力發揮作用的範圍就越廣。」[1]

　　矛盾的是，我們很多人抱怨的是感官超載。我們都受到疲勞轟炸，有太多噪音、太多資訊、太多事情都在分散我們的注意力。[2]回想一下，如今你同步處理多工任務的頻率有多高。根據埃森哲諮詢公司（Accenture）2015年發表的一份報告，高達87%的人同時使用多種媒體裝置。[3]隨著整個世界的腳步持續加快，情況只會越來越嚴重。[4]不過，仔細探究就會發現，受到過度刺激的通常是我們較高層次的理性感官，也就是聽覺與視覺。這兩種感官能處理大量資訊，因此很容易成為科技鎖定的目標。很少有人埋怨處理不了太多氣味[5]、太多碰觸，或

太多口味。換句話說，問題在於維持感官的均衡。6

邁阿密大學米勒醫學院觸覺研究所（Touch Research Institute）創辦人蒂芬妮·菲爾德（Tiffany Field）博士多年來不斷主張，我們大多數人都處於「觸摸飢渴」（touch hungry）狀態，可能會對我們的健康與幸福產生各種負面影響。皮膚是我們目前所知最大的感覺器官，大約占全身16%到18%。7 近年來研究人員發現，有毛皮膚——也就是身體表面除了手掌與腳掌之外所有區域——布滿感覺接受器，這些接受器喜歡（應該說**需要**）輕柔的撫摸。8 這種人與人之間的溫暖碰觸，可以在社交、認知與情感等方面為我們帶來廣泛的好處。伴侶之間的撫摸功效尤其強大，甚至有助於緩解身體的疼痛。頻繁擁抱帶給我們心理支持，可以抒解壓力，有效降低上呼吸道感染與生病的機率。9 如果你無人可抱，沒關係，如今已經有專業擁抱員提供付費服務。所以，如果你疏忽自己身上最大的感官，就得自行承擔後果。新冠肺炎疫情發生後，我們不得不思考如何把彼此迫切需要的擁抱傳送到遠方。有關如何運用科技遠距離遞送人與人之間的撫觸，我們留在最後再作討論。

根據估計，到了2025年，全世界60歲以上的人口會超過10億人。很多上了年紀的人表示，自從他們的「外表不再迷人」，生活中便少了許多刺激，因為沒有人願意碰觸他們。

每一種感官衰退的年齡未必相同，但老化必然減損感官的敏銳度，幸好我們有助聽器和眼鏡來改善退化的聽力與視力。

可惜的是，目前為止還沒有辦法重建觸覺、嗅覺和味覺這些更重要的感官知覺。可想而知，老年人確確實實面臨「感官負載不足」的危險。[10]

如果你問老年人最懷念哪一種感官，大多數人會馬上回答「視力」。然而，生活品質指標與自殺率的數據告訴我們，失去嗅覺的人才是最痛苦的一群。畢竟晚年失去視力的人只要聽見親近的人的聲音，就能想像對方的模樣，藉此減輕視力喪失的打擊，並至少能支撐一段時間。可是我們一旦失去嗅聞的能力，嗅覺就真的無法再恢復了。我們大多數人記憶中的嗅覺，遠遠不如我們心靈之眼建構出的世界那麼繁複精彩。[11]

過去25年左右，我有幸跟全球許多大公司合作，將新興的感官科學轉換成可用的策略，幫助提升人們的健康與幸福，更別提創造利潤。我合作過的公司多不勝數，從嬌生公司到聯合利華，從日本的朝日集團到美國服飾巨擘威富集團，從得利塗料到保險套第一品牌杜蕾斯。[12] 我會在接下來的篇幅分享我學到的東西。

均衡的多感官刺激，有助於嬰兒在社交、情緒與認知等方面健全發展。多年來我持續跟小兒科醫師合作，讓更多人知道這件事的重要性。[13] 我也協助汽車製造商將感官攻略運用在駕駛上，提升行車安全。[14]（我會在「通勤」單元多聊聊這個話題。）我也跟不少全球主要美妝、香氛、居家與個人保健和性健康用品等公司密切合作，研究如何利用不同感官提升人們的

魅力。₁₅（稍安勿躁，我會在「約會」單元分享我的心得。）₁₆
另外，全球許多名品街品牌和購物商場業主都曾經找我諮詢，
設計出新的策略，吸引你在他們的「感官商場」消費。（我們
會在「購物」單元詳細探討。）我要跟你分享的感官祕密還有
更多，以上只是略舉一二。

那麼「感官攻略」（sensehacking）到底是什麼？我們不妨
這麼定義：運用感官的力量和感官刺激，增進我們在社交、認
知與情緒方面的福祉。想有效運用感官體驗，我們必須認識每
一種感官特有的能力，也必須明白它們會以什麼樣的可預測模
式互動，從而引導我們的情感與行為。這麼一來，就能夠改善
我們關心的人的生活品質，就從我們自身開始。不管你希望更
放鬆或更靈敏；工作時想要提高效率或減低壓力；不管你想要
睡得更好、想展現最光鮮亮麗的一面，或讓健身發揮最大功
效，感官攻略都可以幫助你達到目標或願望。

本書各單元主題的安排圍繞著日常生活的主要活動，以
及我們最常面對的生活環境（如果你的生活型態跟我類似的
話）。在標題恰如其分的「居家」單元裡，我們從家門口開
始，檢視客廳、廚房、衛浴等處。逐一探討該怎麼善用每一種
感官，讓家變得更溫馨、更適合居住，當然也就更容易轉手。
緊接著是「庭園」單元，探討大自然的好處。在接下來的「臥
室」單元，我們會探討如何攻略每一種感官來提升睡眠品質。
睡眠這個議題格外重要，因為現階段有太多人飽受睡眠不足的

困擾。再者，統計數字告訴我們，睡不好對健康與幸福威脅太大，睡眠問題因此更令人擔憂。討論過居家環境後，我把重心轉移到工作，聊聊通勤的感官攻略與辦公室的多感官設計。最後「購物」、「醫療保健」、「健身與運動」和「約會」等單元鎖定我們的休閒活動。每一個單元都會介紹當前最有效的感官攻略，看它們如何刺激我們花更多錢、更努力健身、變得更好看，或讓我們在生病或受傷後更快復元。

最後總結時我會做個重點整理，簡述有關感官超載、感官負載不足、感官均衡、多感官的配合，以及科技如何調整感覺等主題的重要概念與精闢見解，畢竟這些都是我們越來越常遇見的狀況。身為牛津大學實驗心理學教授，我的觀點與建議都來自扎實且經過同儕審查的學術研究成果，有別於這個領域常見的生活大師、風水「專家」、室內設計師和趨勢未來學家那些未經證實的主張，所以你大可以放心。

適合多感官頭腦的室內設計

在這個時代，大多數人都住在市區，而這些人95%的時間都留在室內。知道了這些，你就明白生活與工作場所的多感官氛圍是否合宜非同小可。在接下來的單元裡我們會看到，這種生活型態導致感官失衡，對我們身心幸福產生負面影響。長時間待在室內，不但減少接觸自然光的機會，很多人甚至可能在

通風不良的辦公大樓裡接觸太多空汙物質，對健康造成危害。在「工作場所」單元我們會談到，越來越多證據顯示，長時間待在室內（目前我們大多數人都是），可能引發病態建築症候群與季節性情緒失調等問題。每到陰暗的冬季，英國就有大約6%的人會因為陽光不足導致季節性情緒失調。近年來開放式辦公室漸趨流行，因此我們也會探討該如何攻略工作環境的感官屬性，增進（而非妨礙）工作效率和創意。目前已經有許多規模數一數二的油漆、燈光和香氛公司長期投注心力，設計多感官室內裝潢，幫助我們達成各式各樣的目標。[17]

多年來我為健身房與運動組織提供諮詢服務，幫助人們善用感官的力量強化動機、增進活力、轉移注意力，以便在運動和健身課程中獲取最大效益。我們會在「健身與運動」單元詳加探討。不管是運動場或情場，要想取得競爭優勢，就得將我們的感官能力發揮到極致。許多走在時代前端的個人或組織已經懂得善用感官科學的最新知識，讓自己活得更健康、更富足、更明智。不只如此，他們這麼做的同時，也無需忍受藥物干預（也就是某些人所謂的「美容神經科學」）通常附帶的副作用。[18]那麼你還在等什麼？

「神聖的你！」：
你為什麼喜歡你做的事，討厭你不做的事

親近生喜愛。你相不相信我只要讓你接觸某樣事物，就能讓你更喜歡它？這個現象稱為「單純曝光效應」（mere exposure effect）。不管我們是否察覺到自己接觸了那個東西，這個效應都會發生。[19] 單純曝光應該可以說明，為什麼我們某些人喜歡來一碗辣肉醬，其他人卻覺得聽聽嗆辣紅椒樂團（Red Hot Chili Peppers）就好。它同時可以說明新生兒接觸到母親懷孕期間常吃的食物的味道時，為什麼會受到吸引。你聽說過「胎兒肥皂劇症候群」嗎？別擔心，事情沒那麼嚴重。這個名稱出現在1980年代，當時幾名醫生發現有些新生兒喜歡知名肥皂劇演員的聲音（如果你年紀夠大，想想《家有芳鄰》[20] 的凱莉・米洛〔Kylie Minogue〕和傑森・多諾文〔Jason Donovan〕），勝過自己母親的悅耳嗓音。事實證明，胎兒不只嘗得到媽媽吃的東西，也聽得見媽媽聽的聲音。[21] 這些洞見和觀察結果不免讓人好奇，感官攻略的使用可以提早到生命的哪個時期。

我們對周遭各種感官刺激的反應大多是後天學來的。儘管如此，我們也不能忘記，我們是在特別的生態條件下演化而來。意思是，那些攸關我們生存的刺激，似乎保有特殊地位。比方說，就算我們年紀非常小，蛇和蜘蛛就容易引起我們的注意與不安。[22] 另外，我們在「居家」單元還會看到，最新證據顯示我們設定的暖氣溫度通常接近衣索比亞山區的氣溫，幾千年前我們的祖先就是從那裡來的。

你的感官受到越多大自然的刺激，好處就越多。甚至比起心不在焉地忽略周遭環境，用心體會大自然帶給我們的感官刺激，能進一步放大這種好處。在接下來的篇幅裡，我們會反覆討論到，捕捉大自然的某些面向（通常經過科技調整），如何在工作、運動、外出購物或遊玩各方面為我們創造正面效果。不管是為了增進我們的幸福，或者讓我們購物時多買點東西，為了了解該如何將感官運用到極致，當務之急必定是弄清楚感官的演化條件。或者，容我改寫知名遺傳學家兼演化論者杜布藍斯基（Theodosius Dobzhansky）[23] 的話：脫離演化觀點，心理學的一切都沒有意義。[24] 例如，我們會在「庭園」單元看到，為了感受大自然帶來的好處，屋外那些小小綠地扮演多麼重要的角色。

不管人臉或鐘錶，我們天生（或者說演化而來）喜歡笑臉勝於苦瓜臉。對於某些外界事物，我們似乎有著演化而來的好惡。基於最新的感官行銷概念，成功的設計與行銷通常會利用這些微妙（卻又不算太微妙）的誘因，刺激消費者的購買欲。我們在「購物」單元會有更深入的討論。[25] 比方說，你是否曾注意到（或覺得納悶），廣告裡的指針式手錶為什麼幾乎都顯示10點10分？根據分析，亞馬遜購物網站銷售前100名的男士腕錶之中，有97支顯示這個時間。10點10分的時針和分針看起來像在微笑。德國的學者設計實驗來研究這個現象，發現人們偏愛對他們「微笑」的手錶。[26]

圖說：8點20分為什麼不討喜？哪一支手錶在對你微笑？哪一支錶有點哀傷？這只是擬人論應用在商品設計的一個例子。（©Karim, Lutzenkirchen, Khedr and Khalil）

　　鐘錶業者很久以前就發現，只要把指針式手錶的時間設定在10點10分，就能讓我們對他們提供的商品產生更多好感。[27] 這麼簡單的感官攻略應該不足以影響我們的選擇，畢竟手錶準不準，跟它顯示的時間風馬牛不相及。可是證據顯示它確實有這種影響力。不只如此，一旦了解到這種演化觸發器的重要性，業界就可以在設計上動腦筋，不管是產品包裝或電腦和汽車，都有把握能提升消費者的接受度，只因他們操弄了演化賦予我們的特質。舉個例子，設計師已經證明，透過電腦正面USB插槽的排列或汽車的視覺設計，讓它們看起來像在對你微笑，可以給人更親和、更迷人的印象。你了解這些關鍵之後，不難發現有多少公司在攻略你的感官。比方說，只要仔細觀察，你會訝異有多少品牌的商標在對你微笑，從亞馬遜到英國家喻戶曉的愛顧商城（Argos），幾乎沒有例外。[28]

圖說：將微笑納入品牌標誌的幾個範例。（Amazon, Thomson/Tui, Hasbro）

　　有趣的是，手錶並非總是露出微笑。在1920到30年代，大多數廣告裡的手錶顯示的時間是8點20分（苦瓜臉）。因此，儘管讓產品微笑彷彿是天經地義的事（至少當代敏銳的行銷專家和設計師這麼認為），這種逐步演進而來的妙招通常是意外之喜。有些人質疑（我認為合情合理），感官行銷與消費者神經科學不無道德疑慮。只是，來到這異乎尋常的21世紀，疫情與封城無預警重創全球經濟。我必須說，在這樣的年代，感官攻略變得前所未有地重要。為了維持富足與均衡，我們需要善用感官攻略。 [29]

　　事實上，回顧新冠疫情前最嚴重的經濟衰退，也就是緊隨1929年華爾街股災而來的經濟大蕭條，部分人士認為，「消費者操控」（consumer engineering），或「人性操控」（humaneering）是提振全球經濟的關鍵因素。這是一種針對消費者心理的全新策略，重點在於將產品設計中似有若無的感官

信號調整得恰到好處。[30] 某種程度上，消費者操控可說是如今的感官攻略在上個世紀的先驅。然而，為了更有效攻略感官，我們首先必須認清，感官並非各自獨立運作，而是時時刻刻彼此交流。感官依循基本規則互動，將我們對周遭世界和其中所有事物的多重感知送進我們腦海。唯有了解感官互動的基本規則，我們才能真正有效運用多感官信號與環境，創造我們想要的結果。

感官交叉對話

大約25年前我剛進牛津大學授課，當時有一位教授研究視覺，另一位研究聽覺。無論實質上或象徵意義上，這兩人工作關係都算緊密，卻因為意見不和，好幾年不相往來。不過，真正叫我驚訝的是，他們好像都不太在乎彼此間缺乏溝通的問題，根本沒有意識到自己錯過了什麼。他們的行為隱含著傳統上看待感官的觀念，認為個別感官都是完全獨立的系統。畢竟，外表看來確實如此：我們用眼睛看，用耳朵聽，用鼻子聞，用舌頭嘗味道，用皮膚感受周遭的一切。

我們的感官之間有多少互動？這個問題的答案很重要，因為它關係到我們如何體驗周遭世界，也關係到那些體驗帶給我們什麼樣的感受。研究發現，我們的感官彼此間的聯繫遠遠超出我們的想像。在實務上，這代表我們只要改變眼前的景象，

就能改變我們聽見的聲音。另外，操縱某個東西發出的聲音，也能影響它帶給人的感受。只要添加合適的氣味，就可能左右我們對眼前事物的印象，精明的行銷專家太懂這些門道。我們所有人也都可以運用這些涉及多重感知的花招，也就是感官攻略，取得我們想要的結果。

在後面的篇章裡，我們會看到更多這種感官交叉對談的驚人例證。例如，在「約會」單元我們會討論到，你**看起來**多麼有魅力、多麼年輕，部分原因取決於你選用的香水（也就是你散發的**味道**）。我們還會學到，不好的氣味如何破壞愛撫帶來的愉悅感，宜人的氣味又如何增進那份愉悅感。[31] 在「居家」單元我們會發現，只要添加正確的香氛，清洗後的衣物就能顯得更柔軟潔白。另外，一杯咖啡苦不苦，除了咖啡豆本身和烘焙度，咖啡機的噪音也是決定因素。到了「通勤」單元，我們會看到你對汽車品質的觀感如何巧妙地（更別提下意識地）受到車門關閉的聲音影響，因為那種依據聽覺心理學調整過的可靠聲響能夠激發你的安全感。如果你的愛車屬於高價位車款，而你非常喜愛它的引擎低沉的轟隆聲，那麼很有可能那種特定聲響其實是合成而來。之後我還會提出建議，讓你明白只要加點「新車味」，就能提高舊車的價值。

大企業運用感官攻略已經幾十年，[32] 我們沒有理由不善用這些妙方讓自己吃得少又有飽足感。如果能夠利用「溫暖」的燈光與油漆顏色來降低你的暖氣費用，你難道會不想知道怎麼

做？我們每個人都可以利用感官攻略活得更好。本書會教你**怎麼做**，也讓你明白那些方法**為什麼**可行。感官攻略能提供最有效的方法，讓我們吃得少一點，活得久一點，盡情享受生活。我們都可以運用音樂、聲音景觀、氣味和顏色，讓自己更有效率、更放鬆、睡得更好，必要時還能增進我們的感知能力。[33]

感官攻略的發展，是因為我們越來越了解感官之間如何彼此聯繫，也明白維持感官刺激的均衡，對健康、工作效率和生活幸福有多麼重要。不管在家、在辦公室、在健身房、外出購物，甚至就醫，這都是不變的事實。感官的統合至關緊要，甚至有助於改善生活品質。事實上，已經有部分醫療機構正確運用均衡的感官刺激，幫助患者緩解疼痛加速復元。我們會在「醫療保健」單元提及這方面的感官攻略的顯著成果，比如讓病患聽音樂不但可以減少止痛劑的使用，還能加快康復的速度。

感官的融合

任何生物只要擁有兩種以上的感官，必定不會放任它們各自為政。花點時間思考一下：如果其中一個感官轉往某個方向，另一個卻朝相反方向而去，會發生什麼樣的災難。除非感官之間彼此溝通，否則這樣的問題根本無解。我們的知覺與行為，都由數百萬個感官神經元的活動控制。這些神經元連接

視覺、聽覺、嗅覺、觸覺和味覺五個主要感官。問題的重點在於，大腦究竟依循什麼樣的規則來整合不同感官傳送的訊息。唯有了解多重感知如何運作，我們才能有效運用我們的感官。在「居家」和「約會」單元，我們會討論許多實例，看看景象、聲音、氣味，甚至觸感如何結合，傳遞日常生活中非凡（以及平凡）的多感官體驗。那麼統轄多重感知的規則有哪些？好消息是，現階段你只需要知道其中三種：

一、感官支配：聽見你看見的

通常，我們某一種感官會支配另一種，藉此主宰我們的感覺。比方說，電影銀幕上演員的聲音看似從他們的嘴裡發出來，其實來自隱藏在觀眾席的擴音器。在這種情況下，我們的大腦運用眼見的證據推斷出聲音的來源。這就是所謂的「腹語效應」，在舞台和各種神祕祭儀應用已經有數千年之久。之所以如此，是因為我們的眼睛通常比我們的耳朵更擅長指出某個東西的位置。在生命發展過程中，我們的大腦學會依賴最可靠（或者最正確）的感官，幫助我們應付出生時撲面而來、「嘈雜喧囂的混亂」[34]。[35] 有些學者嘗試以純數學語言解釋視覺的優勢（也就是貝氏定理[36]），卻也有一些複雜的證據顯示，我們對眼前事物的依賴或注意，其實還有數學家無法解釋的更深層理由。[37] 這時人類學家、歷史學家、藝術家，或許甚至包括

社會學家，就可以助我們一臂之力，為我們解析感官排序的背景脈絡，方便我們探索這個排序是不是適合我們個人，甚至適合我們生活的社會。[38]

想像你看見某人的唇形讀著「ga」，同一時間聽見他發出「ba」的聲音。你會聽見什麼？大多數人聽見的是「da」[39]。你可以親自體驗一下這個名為「麥格克效應」（McGurk Effect）的錯覺。網路上也有無數絕佳案例。我們的大腦通常會自動組合不同的感官信號，沒有讓我們知道究竟怎麼回事。有時候即使你很清楚事情真相，也知道你的感官騙了你（就像麥格克效應的情況），但唇形改變後，你還是沒辦法阻止自己聽出不一樣的聲音。當白酒添加了紅色色素，品酒專家會突然聞到紅酒（或玫瑰紅酒）的香氣。[40]感官收到相互衝突的信號時，哪一種會占優勢？我們在各單元會陸續回來討論這個問題。

二、超加：當一加一等於三

你有沒有發現過，在喧鬧的雞尾酒會上，戴上眼鏡能讓你更容易聽清楚別人在說什麼？[41]很多學者認為這是「超加效應」（superadditivity）在日常生活中的實例。其中的原理在於，多個微弱的感官信號偶爾會相互合併，創造單一的多感官體驗，這種體驗會比個別感官單純相加可能產生的結果更豐富。正如我們會在「購物」單元討論到的，行銷專家興奮地發

現，只要正確配置商場裡的聲音、氣味和顏色，就有機會提升銷售額。

三、感知不協調

你記不記得曾經看過配音不良的外國電影，或聲音與唇形不同步的衛星節目？你看見的視覺畫面或許無比清晰，聲音品質也無與倫比，可是如果感官一時之間搭配不上，你的視聽體驗很容易就毀了。劣加（sub-additivity）是掌控多重感知的第三個規則，當不協調的感官印象被組合在一起，通常就會發生這種效應。事實上，這種組合產生的結果，極可能比不上個別信號的最佳呈現。不協調的感官信號組合通常很難處理，因此也代表它會得到負面評價。換句話說，我們不太喜歡這種感覺。42 商店或購物中心的擴音器如果播放叢林或森林的聲音，聽起來協調嗎？後面的單元我會繼續探討這方面的問題。

感官攻略的科學

只要避免感官超載、感官失衡和感官衝突，我們每個人都可以善用越來越多的科學研究，增進我們對感官協同作用的了解，藉此掌握感官攻略，讓自己活得更健康、更快樂、更滿足。為了達到這個目標，我們必須了解感官的文化建構、接受

大腦固有的多重感知本質，並且對我們所在（也喜歡）的這個感官世界裡的個別差異保持敏銳。這就是感官攻略的多重感知科學。我們來看看該怎麼做。

1 原注：Galton (1883), 27.
2 原注：Bellak (1975); Malhotra (1984).
3 原注：www.accenture.com/_acnmedia/accenture/conversionassets/microsites/documents17/accenture-digital-video-connected-consumer.pdf.
4 原注：Colvile (2017).
5 原注：至少，雜誌停止夾帶茫茫多試香紙之後就很少見了。
6 原注：Spence (2002).
7 原注：Montagu (1971).
8 原注：Classen (2012); Denworth (2015); Field (2001); Gallace and Spence (2014).
9 原注：Cohen et al. (2015); Goldstein et al. (2017).
10 原注：Sekuler and Blake (1987); US Senate Special Committee on Aging(1985–6), pp. 8–28.
11 原注：Classen et al. (1994); Herz (2007); *Touching the Rock: An Experience of Blindness*. London：Society for Promoting Christian Knowledge, www.brighamsuicideprevention.org/single-post/2016/05/08/Paving-the-path-to-a-brighter-future.
12 原注：*Financial Times*, 4 June 2013, 1; *New Yorker*, 26 October 2012, www.newyorker.com/magazine/2015/11/02/accounting-for-taste.
13 原注：參考www.johnsonsbaby.co.uk/healthcare-professionals/science-senses.
14 原注：Ho and Spence (2008); Spence (2012a).
15 原注：值得一提的是，根據2016年的預估數字，到了2020年，全球化妝品市場總值將高達6750億美元。（當然，由於疫情的關係，這個數字可能會降低。）
16 原注：*Businesswire*, 27 July 2015; www.businesswire.com/news/home/20150727005524/en/Research-Markets-Global-Cosmetics-Market2015-2020-Market.
17 原注：*Guardian*, 30 October 2017, www.theguardian.com/lifeandstyle/2017/oct/30/sad-winter-depression-seasonal-affective-disorder; 有關早年我與得利塗料和奎斯特香水公司（Quest fragrances）合作探討更高效率、更健康的室內環境的設計，請見Spence (2002)；後續的評論請見Spence (2020f)。
18 原注：Adam (2018); Huxley (1954); Walker (2018).
19 原注：Cutting (2006); Monahan et al. (2000); Kunst-Wilson and Zajonc (1980).
20 譯注：*Neighbours*，1985年3月在澳洲第7頻道首播的電視劇，至今已經播出超

過6千集，是知名的長壽劇。

21 原注：Hepper (1988); Schaal and Durand (2012); Schaal et al. (2000).

22 原注：Hoehl et al. (2017); LoBue (2014).

23 譯注：杜布藍斯基（1900~75），俄裔美籍演化生物學家。他曾經說過，脫離演化觀點，生物學的一切都沒有意義。在此作者將生物學改為心理學。

24 原注：Dobzhansky (1973).

25 原注：Batra et al. (2016); *New York Times*, 16 May 2014, www.nytimes.com/2014/05/17/sunday-review/the-eyes-have-it.html.

26 原注：Karim et al. (2017); New York Times, 27 November 2008, B3, www.nytimes.com/2008/11/28/business/media/28adco.html.

27 原注：另外，如果有人好奇廣告裡的iPhone手機為什麼總是顯示上午9點42分，最普遍的說法是，這是2007年賈伯斯（Steve Jobs）在麥金塔會議首度介紹iPhone的時間（太平洋標準時間）。

28 原注：Salgado-Montejo et al. (2015); Wallace (2015); Windhager et al. (2008).

29 原注：Spence (2020c).

30 原注：Sheldon and Arens (1932).

31 原注：Croy et al. (2015); Field et al. (2008).

32 原注：Cheskin and Ward (1948); Martin (2013); Packard (1957); Samuel (2010).

33 原注：Fisk (2000); Spence (2002).

34 原注：美國心理學家威廉‧詹姆斯（William James, 1842~1910）曾說：「嬰兒的眼睛、耳朵、鼻子、皮膚和內臟立即遭到襲擊，覺得外在的世界就像一大團嘈雜喧囂的混亂。」詹姆斯是實驗心理學教父級的人物，好像隨時可以說出經典名言。

35 原注：Gori et al. (2008); Raymond (2000).

36 譯注：指18世紀英國數學家貝葉斯（Thomas Bayes, 1702-61）提出的貝氏定理，以概率論評估未知事物發生的可能性。

37 原注：Hutmacher (2019); Meijer et al. (2019).

38 原注：Howes (2014); Howes and Classen (2014); Hutmacher (2019); Schwartzman (2011).

39 原注：McGurk and MacDonald (1976).

40 原注：Wang and Spence (2019).

41 原注：根據研究，只要看見說話者的嘴唇動作，言語的清晰度就有相當於15分貝的增幅。

42 原注：如果你有興趣進一步了解多感官知覺的規則，2016年紐約的說故事的未來學會（Future of Storytelling Institute）製作了一支精彩的短片：https://futureofstorytelling.org/video/charles-spence-sensploration.

第二章
居家

我們從門口開始。每回你外出度假回家、打開前門那一刻，有沒有納悶過家裡為什麼有一股陌生氣味？那個味道其實一直都在，只是我們長時間接觸，已經習慣了。只有在度完長假回來，我們才會真正知道自己的家是什麼味道。你多半已經發現，每個人的家都有獨特的建築物氣味（building odour，簡稱BO），你的家當然也不例外。因為我們待在家裡的時間太長，對那個氣味太熟悉，所以不像訪客那麼容易注意到。我們忽略的，通常就是我們天天接觸的東西。₁

不過，持續暴露在那個氣味下，對你和家人會有什麼影響？畢竟環境氣味會影響我們的情緒和幸福感，更別提我們的警覺度或放鬆度。₂雖然你沒有注意到那個氣味，卻不能對它的影響力免疫。事實上，有時候我們沒有注意到的氣味對我們的影響，反而比我們聞得到的更深遠。值得憂慮的是，證據顯示，住宅空氣裡的黴菌和其他不明顯的雜味，可能就是導致「病態建築症候群」的原因（至少部分）。在這樣的建築物裡工作或生活，可能會害你生病。₃

　　19世紀法國詩人波特萊爾（Charles Pierre Baudelaire）曾說，室內的氣味是「住宅的靈魂」[4]。我相信你也聽過這樣的建議：可能的買家來看房子時，可以煮點咖啡、烤個麵包或蛋糕，或者擺些鮮花。北美的房仲業者顯然特別喜歡香草的味道。雖然很難找到確切證據證明這些策略真的有效，想賣房子的人還是會設法為屋子添加香氣。不過，根據媒體報導，咖啡或現烤麵包的香氣失寵了。據說能幫助房屋銷售的完美氣味，是以白茶和無花果調配而成。同樣的，這個說法也沒有經過印證。在此同時，佛羅里達州某房地產公司總裁指出，香菸和寵物（我們指的是貓和狗，不干金魚的事）的味道特別惹人嫌，房價可能因此減少10%。[5]

　　2018年一棟豪宅的屋主共同委託聯覺（Synaesthesia）[6]香氣設計師唐恩·高茲沃希（Dawn Goldsworthy），為他們剛買下、價值2900萬美元的全新公寓設計專屬香氛。這棟公寓大樓位於邁阿密的陽光島海灘。他們打算透過空調系統讓香氣散布在整棟公寓裡，藉此為公寓打造獨一無二的嗅覺特色。這樣的策略顯然只有超有錢的富豪能採用，但我們其他人照樣能夠用比較經濟的方式為自己的家添加香氣，比如鮮花、乾燥花草香氛袋或以電池供電的擴香器。香氛蠟燭是另一個選項，只是有人擔心燃燒蠟燭會衍生空汙問題，用不用你自己決定。

　　如今不少花店銷售「幸福花束」，這些精心搭配的花束不但漂亮，散發的香氣還能對我們的情緒和健康發揮正面效

益。[7]因此，不管你想賣房子，或只是來個春季大掃除，仔細思考一下該讓屋子瀰漫什麼樣的香氣，也許是個不錯的點子。慎選居家香氛不無道理，畢竟有那麼多證據顯示芳香療法可以影響我們的情緒、靈敏度，甚至幸福感。同樣的道理，現烤麵包、咖啡或柑橘之類的宜人氣味更能增進我們的利社會行為（prosocial behaviour）：比如幫別人撿起掉落的物品，或吃完東西自己動手收拾殘局。[8]

很明顯在本質上，環境香氣的心理功效多於藥理功效。換句話說，它的效果來自聯想學習（associative learning）。[9]比方說，向日花香醛（heliotropin）的氣味對我們多數人都有安撫效果，很可能就是因為我們對這種氣味有心理上的連結。這種南美花朵的香氣是嬌生爽身粉氣味的主調。雖然成年以後在不同情境聞到這種味道，我們未必都能認得出來，但它卻可能勾起安心的記憶，或讓人聯想到嬰幼兒時期。另外，有些上了年紀的人不喜歡某些花的香氣，是因為那些氣味會讓他們聯想到等在我們所有人前方的終點：死亡與葬禮。這個領域發表的研究成果在不太具有統計學上的意義，也就是很難從中得出可靠的結論。然而，我們對環境香氣的反應，更大程度取決於我們是不是喜歡那個味道，或我們覺得那是人工或自然香氣，以及它的濃度會不會讓人招架不住。[10]

符合多感官頭腦的設計

許多年前，瑞士現代主義建築大師柯比意（Le Corbusier）提出一個饒富興味的觀點：建築形式「對我們的感官具有生理學上的作用」。[11] 在結合認知神經科學與建築的新興領域，最新的研究成果為這個觀點提供了強而有力的實證。[12] 例如在其中一個研究中，研究人員安排受試者在虛擬實境中接受社會壓力測試。心理學家偏愛的壓力測試是發源於德國特里爾市的特里爾社會壓力測試（Trier Social Stress Test，簡稱TSST），做法是讓受試者對一群面無表情的對象發表簡短演說。對象通常是真人，這個研究卻是採用虛擬人物。測試過程中研究人員發現，相較於在看起來較為開闊的虛擬環境測試的受試者，在虛擬封閉環境裡的受試者唾液皮質醇分泌有增加現象，而唾液皮質醇正是壓力的生理指標。這個研究告訴我們，開放空間讓我們覺得較有利於逃生。[13]

無論如何，氣味不佳的屋子也會讓人想逃跑。如果屋子裡有一股淡淡的環境香氣，在場的人不管是不是聞得到，都會覺得房間更為明亮、乾淨、清新。甚至，有宜人氣味的房間會給人更為寬敞的感覺。甚至有人主張，只要用對氣味，醜陋的室內裝潢都會顯得有品味，但我必須承認我對此有所懷疑。[14]

比起封閉空間，我們更偏愛開放空間，這可能跟大約半個世紀前演化心理學家提出的棲地理論（habitat theory）與瞭望

藏匿理論（prospect-refuge theory）有關。這些心理學家認為，我們傾向偏好過去有助於人類生存的景物與建築環境。比方說，根據藏匿理論，我們偏愛帶給我們安全感的環境。這或許可以說明數千年來我們為什麼喜歡擺放盆栽，用這種方式把大自然帶回家（因為高大的植物提供躲藏地點）。室內盆栽的歷史至少可以追溯到西元前3世紀的古埃及，龐貝古城遺跡也曾發現室內植物。[15] 除了這些，接下來我們還會看到，室內植物或許也有淨化空氣的功用。另外，基於先前提到過的大自然效益，它們還能讓我們的心更平靜。

　　圓形向來比多角形更吸引人，因此，我們家裡的房間有多麼溫馨，多麼迷人，很大程度取決於房間的形狀和家具。[16] 紐約創意公司IDEO前設計總監英格莉・費特・李（Ingrid Fetell Lee）指出，你在自家走動的時候，多角形物體就算沒有直接出現在你的路線上，也能在不知不覺中影響你的情緒。她說，多角形「看起來或許時髦又老練，卻會抑制我們的玩樂意願；圓形的效果恰好相反。圓形或橢圓形咖啡桌可以改變客廳氛圍，讓它從嚴謹拘束的互動環境，變身為適合交談與即興遊戲的活潑空間。」我們甚至可以在風水界找到呼應的觀點，因為風水專家告訴我們，居家盆栽選用有圓形葉片的植物會優於尖形葉片的植物。想像一下，用龜背芋取代棕櫚樹或更尖銳的仙人掌。[17]

　　曲線形態優於直線形態的說法也適用於餐桌。聽起來或許

很令人意外，但圍坐在圓桌旁的人，會比坐在正方形或長方形桌子旁的人更容易達成協議。專家的解釋是，圓形座位激發歸屬感的需求，而多角形座位讓人覺得需要顯得獨特。[18] 還有，如果你希望人們彼此靠近，不如來點音樂？因為根據蘋果和Sonos這兩家致力拉抬我們的音樂消費的公司，比起沒有音樂，在家裡播放音樂可以讓我們坐得更靠近彼此的機會增加12%（只是，這麼一來也很難確定我們是不是為了聽清楚對方說的話才坐得更靠近彼此）。[19]

一般認為家人圍坐在餐桌旁的時候容易發生爭執，那麼改變餐桌的形狀不失為紓解家庭緊張氣氛的簡單對策。[20] 具體來說，2017年美式墨西哥料理食品公司Old El Paso委託專家對2000名家長進行問卷調查，發現大多數家庭晚餐時間平均每晚發生2次爭吵，更有62%的受訪者坦承他們每天吃晚餐時都會跟家人爭吵。不過，我覺得想要改善這樣的問題，光是換個圓桌恐怕還不夠。[21]

天花板的高度也影響我們的思維模式。一般認為天花板比較高的房間比較討好，同時也讓人的思考變得更長遠、更不受限。尤其能幫助我們傾向關係性思考（也就是思考事物之間的關聯），而非鎖定個別事物的侷限思維。[22] 白色天花板看起來比深色天花板高，這也能說明我們裝飾室內時為什麼偏好白色油漆。[23] 世上第一間兼具展示功能的廚房，就在英國國王喬治四世攝政期間建造的英皇閣，天花板高達7公尺，以棕櫚樹造

型的柱子支撐。我們不禁好奇，這間廚房會讓工作人員激發出什麼樣的料理奇想。

圖說：世上第一間展示廚房位於布萊頓的英皇閣，是1818年英國皇家建築師約翰‧奈許（John Nash）為當時擔任攝政王的喬治四世建造而成。當時的知名法籍主廚馬里‧安托萬‧卡雷姆（Marie-Antoine Carême）率先在這些壯觀的金屬「棕櫚樹」下烹調。卡雷姆以利用甜點製作氣勢雄偉的建築物著稱，也許正是工作場所的空間帶給他的靈感。日本文學家谷崎潤一郎在他的作品《陰翳禮讚》裡，也用優美流暢的辭藻描述日本建築與烹飪藝術之間的驚人關聯。

感官生活

2019年《紐約時報》（*The New York Times*）刊登一則廣告，宣傳知名法籍建築師歐蒂‧黛克（Odile Decq）設計的全新住宅建案，承諾讓住戶體驗「感官生活」。廣告誠摯邀請民眾前往一棟可以「激發他們的感官」的住宅，也希望他們成為

屋主。像室內設計師伊爾澤‧克勞福德（Ilse Crawford）這類傳奇人物設計作品時竟然如此重視感官問題，實在叫人詫異。美國室內設計師凱薩琳‧拜伊‧唐（Catherine Bailly Dunne）在她的書《五種感官的室內設計》（*Interior Designing for All Five Senses*）裡強調，室內「不只要美觀、芳香、觸感好、悅耳，甚至美味，還得有某種不可捉摸的東西，讓你一走進去就安心自在。」也就是必須吸引、甚至挑逗全部五種感官。然而，我們大家雖然經常談論自己家的「感覺」，卻很少花心思去關照所有的感官。[24]

室內設計師經常強調質感對比的重要性。我們與不同質感與材質之間都有直觀的情緒連結，就算沒有真正觸摸到牆壁或各種表面，在家裡使用不同材料還是能帶給我們不同的觸覺印象。感官攻略設計師與建築師最常給的建議是，使用各種你忍不住想觸摸的自然材質。[25]比方說，我喜歡在書桌上放七葉樹果實、粗糙樹皮或任何自然界的東西，讓我待在冷漠光滑的辦公室時，還能保有一點真實感。[26]另一個常見的提議是，用織紋布套覆蓋光滑的椅子或沙發。

在此同時不能忽視另一個重點，那就是我們對某種材質的感覺會受到空間的環境氣味影響。根據我在牛津的團隊幾年前發表的研究報告，只要添加對的氣味，就能讓布料樣品感覺更柔軟。我們的研究發現，相較於不討喜的合成動物氣味，添加檸檬和薰衣草氣味的布料似乎更柔軟。那麼，你更應該讓剛洗

過的毛巾散發香氣，觸感真的大不同。[27] 2019年甚至有兩名德國學者提出報告，聲稱輕音樂可以影響人們對物品柔軟度的判斷。[28]

不過，走進家門之後，人們最先注意到的可能是色彩配置。說到（差勁的）色彩配置……

酪梨綠和巧克力色浴室是怎麼回事？

某個年齡層的讀者可能還記得，在1970年代，幾乎家家戶戶都有酪梨綠或巧克力色浴室。那時候的人到底在想什麼？這個例子正好說明，我們裝潢家裡時所使用的顏色通常是迎合時勢或流行，與那個顏色能對我們的心理產生什麼效應無關。每回我看見復古或舊式住宅的色彩配置，總是很難想像以前的人為什麼一窩蜂選用那些顏色。[29] 如今大型油漆公司會雇用時尚專家，每季發想最討喜的色彩名稱，讓產品聽起來充滿新鮮感，也讓油漆跟上時代的腳步。我們應該感謝他們還沒為這兩個倒胃口的顏色想出讓人重新愛上它們的酷炫新名字。

柯比意曾經以近乎道德的角度看待色彩的運用（或者該說色彩的缺席）。他在1923年寫道，「讓臥室、客廳和飯廳的牆壁保持潔白……只要在牆壁刷上白色塗料，你就是自己的主人。你會希望自己精準、正確，思路清晰。」柯比意好像看中白色的淨化功能，將它視為建築物的消毒劑，就像18世

紀的男士穿白襯衫不洗澡。[30] 只是，德國畫家約翰尼斯·伊登（Johannes Itten）曾經聲稱，「色彩是生命，因為沒有色彩的世界在我們眼中是死的。」[31] 我好奇柯比意對這句話有什麼看法。

在白色房間做校對，比在紅色或藍色房間更容易出錯。這好像跟柯比意的觀點有所抵觸。另外，有個研究針對不同國家將近1千名勞工進行調查，在彩色房間工作的人情緒通常比在沒有色彩的房間工作的人好一點。[32]

感官攻略

2018年義大利有一項大規模研究，對住在比薩郊區大學宿舍的443名學生進行調查，探索室內色彩如何影響他們的心理運作。6棟宿舍規格一模一樣，走道、廚房、休息區和臥房某些區域分別漆成6種顏色，大約一年後調查學生的反應。藍色最受歡迎[33]，接著依序是綠、紫、橙、黃和紅。男生比女生更喜歡藍色，女生則比男生更喜歡紫色。住在藍色建築裡的學生比其他顏色建築裡的學生覺得讀書更能專注。[34]

情緒的色彩

你家裡的牆壁該漆什麼顏色？你的選擇真的很重要，因為根據研究，房間的色彩確實對我們的心情和幸福感有顯著影響，畢竟我們長時間待在裡面。而能夠影響我們的包括顏色（紅、藍、綠等）、飽和度（色彩的濃淡、純淨和鮮豔度），

以及亮度（即色彩的明暗）。關於這點，我最喜歡的例子來自義大利知名電影導演安東尼奧尼（Michelangelo Antonioni），他曾經把餐廳漆成紅色，好讓演員在拍攝緊張情節之前進入狀況。這個改變環境的小動作顯然成效卓著，幾星期內已經有餐廳的常客發生爭吵。除了這類軼聞趣事，實驗室裡的研究也靠皮膚電阻反應（主要監控排汗反應）偵測到相同結果，證實受試者暴露在紅色光線下短短1分鐘，情緒就比暴露在其他顏色光線下的人更亢奮。[35]

　　研究顯示，牆壁與燈光的顏色會牽動我們的心情、情緒和興奮度。甚至有學者認為，我們的生理時鐘在紅色燈光下會比在藍色燈光下跑得快一些。幾世紀以來，演員都在漆成綠色的演員休息室（green room）等候登台。事實上，正是因為色彩能夠攻略感官、影響情緒，室內燈光才能左右食物與飲料的滋味。比方說，學者曾經研究環境燈光對葡萄酒的滋味的影響，發現「如果某種顏色能激發正向感受或情緒……那麼同一款葡萄酒在這種愉悅心情下品嘗起來，肯定比處於負面情緒時來得美味。」那麼，室內的色彩配置扮演的角色或許跟背景音樂相同。因為根據研究，我們越喜歡播放的音樂，入口的食物似乎就越美味。[36]室內燈光的顏色也會影響我們對燈光亮度和環境溫度的感覺，這就引出另一個問題……

我們為什麼喜歡家裡的溫度跟非洲一樣暖和？

19世紀以來，平均溫度大幅升高，夜間平均溫度也隨著時代腳步持續上升，室內空調的設定也不例外。比方說，從1978年到1996年，冬季室內平均溫度升高了攝氏1.3度。[37] 美國有超過85%的家庭擁有空調設備，人們因此能夠操控室內溫度。[38] 既然如今我們大多數人都有能力控制室內溫度，那麼接下來我們要自問的是，為什麼我們好像都喜歡把家裡弄得跟非洲一樣暖和？根據一項研究，這個年代我們大多數人相當一致地把家裡的溫度設定在攝氏17到23度。研究人員收集美國各地37名「民間科學家」一整年的居家溫度紀錄，拿來跟世界各地的陸地溫度做比較，找出最接近的數值。

特別的是，不管居家溫度紀錄來自夏威夷或阿拉斯加，寒冷的華盛頓州北部或潮溼的佛羅里達大沼澤區南部，調查所得的室內平均溫度最接近肯亞或衣索比亞中西部溫和的室外溫度，一般認為那裡是人類祖先的發源地。研究人員的解釋是，我們設定居家環境時，傾向模擬史前祖先的生活環境。倫敦大學學院（University College London）教授馬克・馬斯林（Mark Maslin）表示，這個結果突顯人類在東非演化500萬年的影響依然存在。[39]

感官的廚房

　　150年來，住宅內部空間在形式與功能上改變最多的，應該是廚房。在維多利亞時代，廚房通常藏在看不見的地方。然而，即使在那個時代，人們也相當在乎食物氣味瀰漫整棟房屋的問題。1880年蘇格蘭建築師史蒂文森（J. J. Stevenson）寫道，「除非廚房本身通風良好，味道和蒸氣能夠立刻消失，否則必定會鑽進屋子裡。那叫人作嘔的氣味會在走廊和門廳和我們相遇，就算有雙開彈簧門和曲折走廊等設施，也無法阻止它竄上最頂層的臥房。」柯比意跟他堂弟皮耶‧尚涅特（Pierre Jeanneret）在巴黎近郊普瓦西鎮（Poissy）建造知名現代主義建築薩伏伊別墅（Villa Savoy），採取的解決方案是把廚房安排在屋頂，避免烹煮時屋子裡充滿食物氣味。[40] 不過，要等到19世紀中葉抽水馬桶普遍化以後（早在1596年就發明了），人們才有閒情逸致考慮如何排除廚房氣味。[41]

　　時至今日，廚房和飯廳已經成為居家休閒空間，很多人會花不少時間待在這裡。因此，只要我們在家，嗅覺或視覺都越來越常接觸到食物，這種情況可能導致我們不知不覺飲食過量。[42] 不過別沮喪，已經有高明的設計師開發出NozNoz矽膠鼻片來解決這個問題，它雖然有點古怪，卻創意十足。根據產品使用說明，你只要小心把這種專利矽膠片塞進鼻孔，就能阻絕勾引你大快朵頤的家常食物香氣。耶！問題解決。有一項小

規模初步研究（據我所知沒有經過同儕審查）顯示，50歲以下的減重人士使用這種由以色列拉賓醫學中心開發出來的裝置之後，減重成果提升1倍。在為期3個月的試用期裡，使用鼻片的過重受試者平均減重8.2公斤（身體質量減少7.7%），對照組則減重4.5公斤。我屏息等待這個產品能夠流行起來，卻又隱隱覺得事情恐怕沒那麼容易。好消息是，壓抑食欲的感官攻略應該不只這一招。

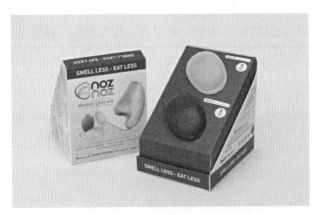

圖說：NozNoz，具有攻略嗅覺的潛在效力，可望幫我們隔絕周遭引人垂涎的食物香氣。（NozNoz）

貝克米勒粉紅真能抑制食欲？

美國炙手可熱的超級名模坎達兒‧珍娜（Kendall Jenner）曾說，把房間漆成貝克米勒粉紅（Baker-Miller pink）可以抑制食欲。[43] 珍娜是美國名媛金‧卡戴珊（Kim Kardashian）的妹

妹，目前是全世界最火熱的IG明星（我不久前查了一下，目前有7500萬人追蹤）。她觀賞過粉紅色的「蕭斯廚房」（Schauss Kitchen）[44] 展覽後，把自家客廳漆成粉紅色，立即造成轟動，至少在IG世代之間引起熱烈討論。不過，別急著採買這種最能抑制食慾的泡泡糖粉紅油漆，因為雖然這個觀點聽起來當然相當吸引人，可惜同樣沒有經過驗證。

這並不是說我們的視覺系統不會特別偏好某些光波，因為它幾乎肯定會。比方說，視網膜錐狀細胞的波長調節最適合偵測皮膚（無論何種膚色）的血氧濃度，而血氧濃度是情緒亢奮程度的指標。[45] 只是，粉紅色，特別是貝克米勒粉紅，或許提供重要的社交訊息，卻未必適合你家廚房，所以別緊張。學者專家一直無法確認這個顏色在諸如拘留室等場景對人類行為有何影響。再者，就算確實有影響，效果通常也十分短暫。[46]

你見過LED變色燈泡嗎？一顆燈泡就有超過24種顏色，可是你要那麼多顏色做什麼？如果你也有這種煩惱，我來給你一點靈感。根據我的同事徐漢碩（Han-Seok Seo）等人的研究，彩色燈光確實有助於抑制食慾。他們發現，在藍色燈光下吃早餐的人，吃掉的歐姆蛋和迷你鬆餅，比在一般的白光或黃光下的人明顯較少。不只如此，在藍光下吃早餐的人儘管吃得比較少，卻沒有影響他們的飽足感。這個有趣的結果有個可能的解釋，那就是藍光下的食物看起來不太美味。日本的Yumetai公司推出的藍色節食眼鏡也是運用這個原理。[47] 不管基於什麼原

因，藍色燈光抑制食欲的效果好像只發生在男性身上。參與研究的女性沒那麼容易被心理學家這種拙劣「光線花招」擺布，也許是因為她們原本就對自己餐盤裡的食物比較了解。不過，如果你想為早餐桌添購變色燈泡，或上網訂購藍色眼鏡，我覺得最好等一等，也許會有更可靠的研究確認藍色光線抑制食欲的時間有多長。

精心裝飾的餐桌能讓食物更美味？

我的哥倫比亞籍岳父里卡多生前常來英國看我們。有一回我和內人決定帶他到倫敦一家非常時髦（當然也非常昂貴）的餐廳，享用一頓奇妙的「分子美食」[48]。可惜的是，原本應該是難得的體驗，我的岳父卻無福消受。因為餐廳提供的是紙餐巾，更別提還少了熨燙平整的潔白亞麻桌巾。里卡多在哥倫比亞是知名建築師，當他看到桌上的餐巾，一切都完了。等他摸到那粗糙的質感，情況更糟。他根本沒辦法好好享用餐點。問題在於，他的注意力一直卡在餐桌布置上。我們花了不少工夫才訂到那天的座位，當時實在非常挫折。不過，最新研究顯示，他的表現很正常。精心布置的餐桌確實能讓食物更美味。

彩色餐巾、桌巾和餐具，都能對用餐者的情緒產生適度的影響，作用類似改變餐廳的燈光。[49] 即使只是鋪一塊桌巾，就能創造截然不同的效果。[50] 根據2020年發表的一篇研究報告，

比起沒有鋪桌巾，用餐的人覺得鋪了桌巾之後番茄湯好喝多了。這項研究的場景是輕鬆自然的社交聚會，幾個人一起用餐，食物滋味提升的程度達到不算小的10%，而且整體進食量也增加50%。研究人員也對照美觀的餐桌布置與燈光強度的改變各自對用餐的影響。[51] 傳統觀念認為，光線比較柔和、氣氛比較親密的環境比較適合用餐。也許是因為這種環境讓我們回想起遙遠的古早時代，史前家族辛苦獵捕野牛等動物。忙碌一天之後，終於可以回到洞穴放鬆坐在火堆前，至少享受暫時的安全感（相信我，這不是我瞎編的）。[52] 有趣的是，對於食物的評價，精心布置的餐桌比燈光（從浪漫的昏暗到明亮的光線）的影響更明顯。誰說餐桌布置不重要？

那麼，對於餐桌我有些什麼感官攻略妙招，可以讓精心安排的特別晚餐真的別出心裁？古典音樂聽起來好像不錯，因此它可以營造優雅和高級感。柔和的燈光也不賴。不過，我最鍾愛的建議始終是拿出你家最重的刀叉，因為這麼做可以讓客人對你為他們準備的一切留下好印象，就像我在上一本書《美味的科學：從擺盤、食器到用餐情境的飲食新科學》（Gastrophysics: The New Science of Eating）描述的。如果你非得開著電視，那麼盡量選擇古裝劇《唐頓莊園》（Downton Abbey）或歷史影集《王冠》（The Crown）。根據2013年德國連鎖超市品牌奧樂齊（Aldi）委託丹麥思維實驗室（Mindlab）所做的研究，觀看《唐頓莊園》（或任何同類型的節目），可

以讓人覺得葡萄酒、啤酒或白蘭地味道更高雅、更細緻。至少跟觀看《只有傻瓜和馬》（*Only Fools and Horses*）比較起來是如此。《只有傻瓜和馬》是一部情境喜劇，故事背景設在倫敦南區。同樣地，這可能也是感覺轉移（sensation transference）的作用，很像我們早先討論過的例子：美妙的音樂能影響布料的柔軟度。

你真的想要靜悄悄的廚房？

「安靜得像圖書館的廚房」，這是本世紀初德國AEG廚具一則平面廣告對顧客的承諾。強調廚房的寧靜算是少見，而且正如「通勤」單元會特別提到的靜音汽車，我不太確定我們大家會喜歡這個點子，至少仔細考慮之後多半態度保留。如果你知道我們那些看起來稀鬆平常的家電在設計時添加了多少感官攻略元素，一定會大吃一驚。從冰箱的關門聲到咖啡機研磨、煮沸、冒蒸氣的聲音，都有可能經過操縱，才會發出「正常」聲音。當然，如果你知道有些水壺煮水時，發出的噪音超過85分貝（相當於車水馬龍的交通，已經達到長期暴露可能造成聽力損傷的程度），就能明白為什麼很多人覺得家裡的電器太吵，希望它們安靜點。

不管我們有沒有注意到，在各種產品的使用上，聲音具有一定的功能。當工程師和設計師成功移除產品的聲音，讓洗衣

機、食物調理機或吸塵器變安靜,麻煩往往隨之而來,因為我們會覺得那個產品功能變差了。研究人員發現,消費者很難相信安靜的吸塵器吸附灰塵的能力不輸嘈雜的機種。[53] 我和我的團隊多年來花了不少心思修改廚房家電的聲音,比如咖啡機。聽起來很令人驚訝,不過研究證實,只要改變咖啡機聲音的尖銳度(也就是響度與頻率),就能改變人們對咖啡苦澀程度的感受。在高價位廚房家電市場,調出正確的冰箱關門聲也一樣重要。事實上,冰箱門與汽車門設計的共同點,比你想像中更多。比如這兩種門都需要牢固的聲音與觸感。或許這也不算太奇怪,因為在高價位市場,最合你心意的新款設計師廚房,要價甚至會比時髦的新車更高(內人想必樂於認同)。[54]

一個人在家

　　1930年代,廚房設計的發展趨勢是創造高效率工作空間。早期的家庭僕傭退場以後,這項考量變得格外重要。在維多利亞時代,廚房是個隱密場所,絕不能出現在訪客眼前。不過,第二次世界大戰後,廚房慢慢變成我們許多人居家生活空間不可或缺的一部分,甚至是住宅的核心,我們在那裡烹煮食物、工作、逗留,做各式各樣的消遣。[55] 時至今日,我們好像可以把人們分成兩大類,一是願意花錢改造更大、更好的展示廚房,另一種是新買的公寓裡已經沒有廚房。事實上,

就連建設公司也左右為難。2006年8月倫敦市長在《住宅空間標準》（*Housing Space Standards*）裡報告的這段話突顯這個問題：「有關廚房空間需不需要保留、能不能縮小（只用微波爐烹煮三餐，或者炊具和食材調理空間仍然有需要？），或需不需要擴大（因為家戶使用的電器越來越多），仍然存在許多不確定性。」56

取消廚房的趨勢肯定與單人住宅的增加密切相關。很多獨居的人寧可用微波爐加熱即食料理包，或直接叫外送。事實上，近幾十年來住宅環境最重大的變化，就是單人住宅迅速且持續增加。例如在瑞典，51.4%的家戶只有一個人（這是歐洲最高的數字）。英國目前大約是31.1%。獨居除了導致令人擔憂的孤單問題，獨自用餐的人口也比過去任何時代來得多。因此，未來幾年我們最大的挑戰，會是如何感官攻略共餐體驗。最有可能的策略，是利用數位科技連結在家獨自用餐的人。我覺得這會是未來幾年最值得探討的問題。57

聊過感官在居家生活與飲食扮演的角色，在本章結束以前，我還得快速探索一下住宅裡排名第一的多感官空間：衛浴。

泡個熱水澡

在這個時代，只有4%的人有足夠的時間定期泡澡，76%

的人選擇迅速方便又經濟的淋浴。根據一項問卷調查，英國有1/3的人1星期泡澡不到1次，而每5個受訪者就有1個坦承他們從來不泡澡。[58] 對很多人而言，這種對淋浴的偏好完全可以理解，特別是泡澡真的比較花時間。別忘了，選擇淋浴的人一生花在洗澡的時間已經長達6個月。你想想，整整6個月！[59]

關於泡澡這件事，肯定存在明顯的個別差異，文化差異更是不在話下。很多西方人喜歡一早起來淋浴或泡澡，而在東方，比如日本，人們更喜歡在一天結束之後泡個澡。正如我們稍後會在「臥室」單元討論到的，夜晚沐浴可能不是什麼壞事，因為在忙碌的一天之後，接觸熱水能幫助我們入睡。北美的人們熱愛他們的增壓蓮蓬頭，覺得英國人偏好泡在浴缸裡實在「反常」。北美讀者可能已經想到了，不過我得搶先說明，傳統英國人喜歡泡澡，無關英國蓮蓬頭的涓涓細流（至少比起標準北美蓮蓬頭的強力水柱相對微弱）。

說到這裡，我的立場恐怕有偏頗之虞，因為我得承認我自己也醉心於享受定期泡個熱水澡的好處。關於這點我完全贊同美國天才詩人普拉絲（Sylvia Plath）寫的這段話：「應該有不少問題是泡個熱水澡解決不了的，只是我知道的不多。」請注意，泡澡也是英國數一數二的偉大領袖邱吉爾（Winston Churchill）的最愛。他一天泡2次超高溫熱水澡，由揮舞溫度計的助理從旁監控。一開始的水溫是攝氏36.7度，等邱吉爾安全地躺進澡盆，水溫再升高到40度。[60] 我認為基本的問題在於，

為什麼人們會覺得泡熱水澡是件愉快的事？[61] 從健康的觀點來看，英國的羅浮堡大學和美國的奧勒岡大學研究發現，泡熱水澡不只有助於降低血壓、減少發炎反應，還能燃燒卡路里。比方說，有個研究證實，在40度的熱水裡泡1小時，消耗的卡路里等於快步走0.5小時，也就是140大卡。另外，熱水的好處不只如此，芬蘭一項研究顯示，經常做三溫暖，可以減低男性心臟病或中風發生率。[62]

在天平另一端，一早起來沖個提神醒腦的冷水澡，顯然也對我們有益。根據不久前一項隨機試驗的結果，早晨淋浴的水溫先熱後冷[63]，確實有助於提升我們的做事效率和健康。特別的是，成年人每天用冷水淋浴，至少持續1個月，請病假的比率減少29%。[64] 給個數字方便對照：規律運動減少35%的病假。矽谷科技業大老闆好像也身體力行，越來越多人信誓旦旦地說他們一早起來先沖個冷水澡，能減輕所謂的「正向壓力」。[65] 以推特的億萬富翁創辦人兼執行長傑克·多西（Jack Dorsey）為例，據說他一天泡2次冰水澡，跟三溫暖穿插進行，好讓自己思路更清晰。

姑且不論健康效益，近年來我們的泡澡習慣頻頻受到質疑，因為時事評論家好像有意鼓吹我們節約用水。（泡澡的用水量大約80公升，8分鐘淋浴則約62公升。[66]）到目前為止，節約用水的做法主要是鼓勵住在舊式建築的人在馬桶水箱放個橡膠磚，減少每一次沖水的耗水量。但也有人開始思考如何攻

略感官，以減少用水量。另一個可能的做法是提高水龍頭出水的音量。有個研究指出，這個簡單的感官攻略可以讓人們覺得水流量變大，藉此提醒他們用掉了多少水。[67]

你有沒有注意到，沐浴乳到浴鹽這類產品的香氣多麼濃郁。當心點，我們的住宅和個人衛生用品的氣味關係重大。正如毛巾的柔軟觸感，洗完頭髮後覺得髮絲柔滑亮澤（假設我們頂上有毛），同樣也是受到香氣的影響。[68]

另一項我最喜歡的研究顯示，潤膚霜之所以能消除皺紋（儘管效果短暫），主要得力於令人放鬆的氣味，而非其他任何成分。好了，現在我們都乾淨清爽，渾身玫瑰香氣，該穿上鞋走進庭園了。

1　原注：Dalton and Wysocki (1996); *Financial Times*, 3 February 2008 (House and Home), 1.

2　原注：Glass et al. (2014); Spence (2003); Weber and Heuberger (2008).

3　原注：*Independent*, 14 May 2018, www.independent.co.uk/news/long_reads/sick-building-syndrome-treatment-finland-health-mouldnocebo-a8323736.html.

4　原注：引用自Corbin (1986), p. 169.

5　原注：*Crafts Report*, April 1997, https://web.archive.org/web/20061020170908/www.craftsreport.com/april97/aroma.html; *Ideal Home*, 15 March 2018, www.idealhome.co.uk/news/smells-sellyour-home-scents-197937; McCooey (2008); *The Times*, 19 March 2014, 5.

6　原注：聯覺是一種罕見情況，指一種感官刺激會持續自動引發另一種特殊的同步感受。比如有些人看著黑白文字或聽見音樂時，會看見色彩。有創造力的人比其他人更容易發生聯覺現象。

7　原注：Haviland-Jones et al. (2005); Huss et al. (2018).

8　原注：Baron (1997); Holland et al. (2005).

9　原注：Herz (2009).

10　原注：Haehner et al. (2017); Spence (2002).

11　原注：Le Corbusier (1948).

12　原注：Spence (2020e).

13　原注：Fich et al. (2014).

14　原注：Clifford (1985); McCooey (2008).

15　原注：Appleton (1975), p. 66; Manaker (1996).

16　原注：Dazkir and Read (2012); Thömmes and Hübner (2018); Vartanian et al. (2013).

17　原注：Lee (2018), p. 142; McCandless (2011).

18　原注：Zhu and Argo (2013).

19　原注：'Music makes it home', http://musicmakesithome.com, in Lee (2018), p. 253.

20　原注：當然，享用過家人做的飯菜，誰來洗碗是常見的爭吵導火線。旗下品牌生產Fairy洗碗精的寶僑集團（P&G）2001年推出一項多感官宣傳活動，委託學者進行研究，強調居家生活最大的壓力來源是決定該誰洗碗。他們為這個周而復始的問題提出的有效解決方案，是推出一款更濃稠的彩色洗碗精，裡面添加了芳療精油，據說有助於舒緩壓力。

21　原注：Spence et al. (2019b).

22　原注：Baird et al. (1978); Meyers-Levy and Zhu (2007); Vartanian et al. (2015).

23　原注：Oberfeld et al. (2010).

24　原注：Bailly Dunne and Sears (1998), p. 3; Crawford (1997); *New York Times International Edition*, 31 August – 1 September 2019, 13; http://antaresbarcelona.com.

25　原注：Pallasmaa (1996).

26　原注：你不妨想像這是抱樹的口袋版。

27　原注：Etzi et al. (2014); Demattè et al. (2006).

28　原注：Imschloss and Kuehnl (2019).

29　原注：演化心理學家可能會說，這些顏色複製翠綠的大自然和棕色的土壤！

30　原注：時至今日，家中需要保持潔白的，好像只剩冰箱內部（外表已經不需要）。另外就是馬桶了。

31　原注：Itten and Birren (1970); Le Corbusier (1972), p. 115; Le Corbusier (1987), p. 188; Wigley (1995), pp. 3–8.

32　原注：Küller et al. (2006); Kwallek et al. (1996).

33　原注：既然這個實驗是在義大利進行，我們就得考慮暱稱藍衫軍（Azzurri）的義大利國家足球隊也穿藍色球衣。1980年代有人運用這個關聯，說明為何義大利男人使用藍色放鬆藥錠後產生反效果（也就是變得更振奮）。在全世界其他地區，藍色則是被視為舒緩色彩。

34　原注：Costa et al. (2018).

35　原注：Evans (2002), p. 87; Jacobs and Hustmyer (1974); Valdez and Mehrabian (1994).

36　原注：引用自Oberfeld et al. (2009), p. 807; Reinoso-Carvalho et al. (2019); Spence et al. (2014a).

37　原注：不過，1970年代的石油危機對這些數字可能不無影響。

38　原注：Mavrogianni et al. (2013); US Energy Information Administration (2011), www.eia.gov/consumption/residential/reports/2009/air-conditioning.php.

39　原注：Just et al. (2019); *The Times*, 20 March 2019, 13.

40 原注：引用自Steel (2008).

41 原注：Jütte (2005), pp. 170–72.

42 原注：Spence (2015).

43 原注：這種泡泡糖粉紅另一個名稱是「拘留室粉紅」，因為過去幾十年來，警方的拘留室都漆成這個顏色，藉此安撫躁動的嫌犯。這個做法的依據是美國科學家蕭斯（Alexander Schauss）在1979年發表的未經證實研究結果。

44 譯注：「蕭斯廚房」是美國藝術家雷諾茲（Christopher Reynolds）的互動式藝術創作，探討人的生理與心理對貝克米勒粉紅的反應。

45 原注：Alter (2013); Changizi et al. (2006); *The Times*, 3 February 2017, www.thetimes.co.uk/article/think-pink-to-lose-weight-if-youbelieve-hype-over-science-9rxlndnpv.

46 原注：Genschow et al. (2015).

47 原注：Cho et al. (2015). 並參考https://dishragmag.com/ (2019, Issue 2): Blue.

48 譯注：molecular gastronom，一種前衛烹調方式，將食材的分子重組，變化出形形色色的創意料理。

49 原注：Jacquier and Giboreau (2012); Essity Hygiene and Health, "What's your colour?" (2017), www.tork.co.uk/about/whytork/horeca/.

50 原注：英國作家西特威爾（William Sitwell）2020年出版的書《餐廳：外食的歷史》（*The Restaurant: A History of Eating out*）裡指出，桌巾最早出現在中世紀英國，1410年的詩〈倫敦消費者〉（London Lickpenny）提到西敏市一家餐館在桌上「鋪了一塊漂亮的布」。

51 原注：Bschaden et al. (2020); García-Segovia et al. (2015); Liu et al. (2019).

52 原注：Watson (1971), p. 151.

53 原注：*Smithsonian Magazine*, February 1996, 56–65; *Wall Street Journal*, 23 October 2012, https://www.wsj.com/articles/SB10001424052970203406404578074671598804116#articleTabs%3Darticle.

54 原注：*The Times*, 26 April 2019 (Bricks and Mortar), 6.

55 原注：Attfield (1999); Bell and Kaye (2002); Steel (2008).

56 原注：引用自p. 42, cited in Steel (2008), p. 197.

57 原注：https://fermentationassociation.org/more-u-s-consumers-eatingat-home-vs-restaurant/; Spence et al. (2019-a).

58 原注：聽起來很類似我外祖父的習慣。他一年泡一次澡，問題是，他從來不淋浴。

59 原注：Bailly Dunne and Sears (1998), p. 107; *Guardian*, 23 August 2017, www.theguardian.com/lifeandstyle/shortcuts/2017/aug/23/bathor-shower-what-floats-your-boat.

60 原注：*Daily Mail*, 19 October 2017, 19.

61 原注：想到演化心理學家會怎麼解釋這一點，腦子就打結。

62 原注：*i*, 24 March 2017, 33; Hoekstra et al. (2018); Kohara et al. (2018).

63 原注：一開始水溫多高、淋浴多久都無妨，只是最後以90秒的冷水浴劃下句點。

64 原注：在古羅馬時代，洗澡的流程先是在一連串熱水池裡清洗，最後泡進冷水池。到了現代，世界各地的三溫暖或溫泉浴場仍然保留「冷水池」這種傳統儀式。

65 原注：Buijze et al. (2016).

66 原注：不過這裡我們別忘了，某些增壓蓮蓬頭用掉的水可能多達136公升。因

此，究竟哪一種沐浴方式比較有效益，恐怕就難說了。

67 原注：*Guardian*, 23 August 2017, www.theguardian.com/lifeandstyle/shortcuts/2017/aug/23/bath-or-shower-what-floats-your-boat; Golan and Fenko (2015).

68 原注：Churchill et al. (2009).

第三章
庭園

　　我要招認一件事：小時候我非常調皮。從小學開始，我就會順手牽羊、扔臭彈，或把化學實驗室裡的東西炸爆。每回搗蛋被逮，校長佩恩先生用他的膠底帆布鞋打我屁股。我還清楚記得有一天我決定自備戒尺，帶著我的6號運動鞋到校長辦公室。佩恩先生見狀對我咆哮那不算鞋子，而後拿出他的13號巨無霸帆布鞋輕撫我的後臀！年復一年，我的行為表現愈漸失控。直到大約13歲那年命定的那一天，因為拿濃縮硝酸「砸」另一個男學生的臉，在全校老師和年級長面前挨一頓板子。容我辯解，原本我只是趁化學老師暫時離開實驗室，拿著硝酸瓶子嚇嚇那個倒楣鬼。很不幸地，當時我抓的是瓶子的玻璃塞，瓶身在緊要關頭滑出去，連同它的腐蝕性內容物掉在桌上砸個粉碎，波及那位同學。那是我的母校最後一次打學生板子，之後英國就禁止體罰了。我不知道是不是那種當眾羞辱讓我變好。不管原因是什麼，我在學校的表現開始變好。大約一年的時間裡，我在班上的成績從吊車尾變成名列前茅。接下來的事，就像老話說的：無須多言。

回想起來，那個時期還有另一個重大改變：我加入學校的定向越野社。我很快就入迷了。不久後大多數的傍晚和週末，我都在小樹林、溼地和森林裡到處尋找那些紅白旗子，為我的卡片蓋上戳章。[1] 突然間，我幾乎天天接觸多彩多姿的大自然。我的行為表現和學業成績之所以大幅改善，會不會是因為這種多感官刺激的改變？當時我絕不會有這種想法，不過越來越多研究顯示，不管你是誰，接觸大自然都能得到極大益處。

即使只接觸一點大自然的事物，都有助於改善我們的情緒、提升我們的表現和幸福感。[2] 增加停留在自然環境的時間，得到的好處也會增加，有點類似劑量與藥效的正相關。那麼，多年前扭轉我的行為和我的人生的，與其說是當眾挨打帶來的疼痛和恥辱，不如說是與大自然的大量接觸。[3] 正如我們開宗明義談到，目前這個時代最根本的問題是，我們好像跟自己的感官漸行漸遠。現階段大多數人都住在都市裡，待在室內的時間也越來越長。這麼一來，我們都面臨接觸不到大自然的危險，也得不到大自然為我們帶來的多感官效益。正如加州大學柏克萊分校建築系教授馬克‧特雷布（Marc Treib）在他的文章〈景觀一定要有意義嗎？〉寫道，「這個時代或許正適合重新探討庭園與感官之間的關係。」[4]

我們很多人多半是在自家庭園才能接觸到大自然。[5] 當然，大多數人也都能接觸得到住家附近的公園、樹林和森林。有趣的是，儘管統計數字顯示擁有庭園的人口數持續減少，家

有庭園的人蒔花弄草的時間，卻比過去任何時代都多。據估計，到了2020年英國大約有260萬戶人家沒有私人庭院（相較於1995年的160萬和2010年的216萬，等於擁有庭園的戶數每年減少約2%）。[6] 而在美國，2018年草坪與庭園相關商品零售額創下478億美元的紀錄。平均每戶的花費也高達503美元，比前一年的數字激增將近100美元。[7]

在這個單元裡，我會檢視大自然效益的科學證據。先前我們已經討論過將植物帶進住宅的正面效果，之後在醫療保健單元我們還會介紹幾世紀以來已經成為某些醫院重要特色的療癒庭園。不過，現在我先引用英國埃克塞特大學醫學院和皇家園藝學會的最新研究，說明善用自家庭園的好處。這項研究調查英國8千戶附有庭園的住宅，結果顯示經常在庭園活動的人之中，71%表示他們健康狀況良好。相較之下，不常踏進自家庭園的人之中，只有61%自認身體不錯。調查顯示，常接觸庭園的人心理更健全，活動量也增加。而某些針對高收入住宅區和相對低收入社區的差異所做的研究，得出的結論也大致相同。因此，花點時間走進庭園，不管是做園藝或只是放鬆一下，對我們真的都有好處。[8] 我們之所以對大自然的作用感興趣，很大部分來自北美知名社會生物學家愛德華・威爾森（Edward Osborne Wilson）影響深遠的觀點，他認為人類具有生物友善性（biophilic）。換句話說，人類天生喜歡親近其他生命體。

大自然的效益

幾千年來，人們直覺知道接觸大自然對自己有好處。兩千年前，東方的道家已經透過文字宣揚園藝與溫室對健康的助益。[9] 無獨有偶地，古羅馬的百姓也看重與大自然的接觸，認為這麼做可以抵消都市生活的噪音、擁擠和其他壓力。[10] 參與紐約中央公園設計工作的費德里克‧歐姆斯泰德（Frederick Law Olmsted）1865年寫道，「科學已經證實，偶爾靜靜觀賞宜人的大自然風光……對人的健康與活力有所助益。」[11] 到了更近代，無數浪漫主義詩人、小說家、哲學家和藝術家向我們演示與大自然融為一體的喜悅，因而在各自的領域功成名就。2019年12月芬蘭航空機上雜誌《藍翼》（*Blue Wings*）一篇文章的標題捕捉到這個概念：「當代真正的奢華，是與大自然連結，覺得自己的感官重新活過來。」

近來許多日本和韓國的學者專家鼓勵大家多做「森林浴」。所謂「森林浴」指的是全心全意沉浸在周遭環境裡，密切留意大自然的景象、聲音、氣味，甚至觸感。[12] 做森林浴的人的壓力程度明顯比較低，免疫反應也有所提升。[13] 這樣的結果不能隨便嗤之以鼻。說到「鼻」，做森林浴的時候，用心吸氣也是重要的一環。有趣的是，東方似乎特別重視嗅覺的好處。森林浴的重點其實在於吸收一種名為芬多精的揮發性物質，這種具殺菌效果的有機化合物是樹木散發出來的，含有諸

如蒎烯和檸檬烯之類的樹木精油。這裡有個明顯對比：東方注重嗅覺，而西方在這方面的研究結果卻似乎更重視大自然的景象和聲音。

研究發現，短暫接觸大自然能更迅速消除實驗室製造的壓力。實驗室製造壓力的標準模式是讓受試者執行高難度任務，並且告訴他們其他大多數人都能輕鬆完成；或者讓受試者觀看緊張刺激的影片。相較於在建築環境裡，在自然環境裡的受試者接觸這類壓力源之後，心跳和皮膚導電率（兩種都是壓力的生理指標）都更快下降到初始數值。[14]

大自然對人的益處不分年齡。不過，我們這些生活在現代工業社會的人，幾乎逃不過所謂的「大自然不足症」。[15] 經常帶孩子走進大自然，無論是上學時來點都市園藝，或者適合過去的我那種頑劣少年的野外探索課程，都有顯著的助益。事實上，根據各種研究，我們**所有人**都應該比目前更頻繁地接觸大自然。至於年長者，根據奧特森（Johan Ottoson）與葛蘭（Patrik Grahn）2005年發表在《景觀研究》期刊（*Landscape Research*）的報告，養老院的院民如果每天在庭園待1小時，會比花同樣時間待在室內更容易專注。

以上是控制性實驗得出的結果，那麼人們在非控制的情況下（也就是在真實世界）的行為呢？英國有個研究透過iPhone手機對2萬名受試者發出上百萬道提示，這項實驗為期半年，訊息提示的時間橫跨一天的各個時段。研究人員利用衛星定位

鎖定受試者的位置，範圍不超過25平方公尺。無論受試者在什麼地方，不管他們正在做什麼（但願開車除外），手機的應用程式會提示受試者回報他們當時在做什麼，心情如何。結果相當明確，在戶外的人比在室內的人快樂（根據該篇報告的作者，有顯著、大幅的差距）。不只如此，這個實驗甚至將天氣狀況、活動性質、誰來相伴、幾點幾分、星期幾等複雜狀況都納入考量。[16]

　　然而，這種實境研究很難排除因果關係的疑慮。比方說，我們不難想像這些結果都可以從另一個角度解釋，那就是我們心情低落時，通常比心情好的時候更不願意出門走走。不過，如果拿來跟其他數百個嚴密控制的介入性研究結果一起考量，因果關係多半恰恰相反。也就是說，是接觸大自然讓我們對自己和我們生活的世界感覺更良好。[17] 可是大自然的效益究竟該怎麼解釋？會不會只是因為置身大自然增加社交互動的機會？或者是從事運動或休閒娛樂帶給我們更多好處？或者，在某些更基本的層次，只是像威爾森的生物友善性假說所說，因為我們有更多機會接近動植物？或者像這個領域另一位舉足輕重的人物瑞典學者羅傑‧烏里賀（Roger Ulrich）的主張：大自然效益的精髓是幫助我們消除身心壓力。

　　也有學者嘗試用注意力恢復理論（Attention Restoration Theory，簡稱ART）解釋接觸大自然為什麼對我們有益。[18] 密西根大學心理學家瑞秋‧卡普蘭（Rachel Kaplan）和史蒂芬‧

卡普蘭（Stephen Kaplan）是這個觀點的主要擁護者。他們指出，相較於都市場景，自然環境更能有效幫助我們恢復集中注意力的能力，他們稱此種注意力為「直接注意力」（directed-attention）。基本上，他們認為大自然具有溫和的吸引力，或者像某些人所說的魔力，意思是大自然能以一種由下而上、刺激驅動的方式吸引我們的關注。[19] 這又讓我們能夠補足我們由上而下（即自主）的注意力資源，也就是消除我們直接注意力的疲勞（「直接」是自主的另一種說法）。在建築環境中，這些注意力資源通常極為活躍而忙碌，因為我們遊走在無數車輛、行人、廣告和其他分散注意力的事物之間，注意力免不了有疲勞或耗竭的危險。

　　為了證明這種論點，卡普蘭和他在密西根大學安娜堡分校的同事做了一系列後來被廣泛引用的實驗。在這些實驗裡，受試者必須在植物園或市區計時走路，事前事後分別填寫一份心境問卷調查表。走路的過程中也要執行各種耗費心力的任務，比如反向複誦連串複雜數字。一星期後，受試者交換路線，個別受試者接受到的指令都均衡調整。結果顯示在大自然走路能選擇性地增進受試者的執行能力，也就是他們做決定和排定任務優先順序的能力。他們的警戒和定向能力（大腦主要注意力網絡另外兩項關鍵功能）則維持不變。[20] 有個以12名受試者為對象的小規模後續實驗，受試者只是觀看並評價自然或都市圖片，同時執行各種任務，得到類似結果。我們會在辦公室單元

進一步探討這類研究。

值得一提的是，對於大自然效益的潛在原因，生物友善性假說與注意力恢復理論提出的推測不盡相同。根據生物友善性假說，親近生命體能帶來益處。而提出注意力恢復理論的卡普蘭卻認為，關鍵在於自然環境對我們的自主（也就是直接）注意力需求極低。兩種說法都不無道理。另外，也有學者主張，接觸大自然或許也有助於減輕壓力。[21]

到目前為止，我們在這個單元探討的都是接觸大自然的短期效益，不管是在自家庭園或其他地方。那麼長期的影響呢？根據最新研究，住家靠近某種自然環境，我們的大腦確實會產生變化。德國學者為了探討這個饒富興味的問題，掃描了柏林341名年長市民的大腦，拿來跟他們住處方圓1公里範圍內的森林濃密度兩相比對。比起住在市區或市區綠帶的人，住在森林茂密區域的人杏仁核明顯更為健全，也就是灰質密度更高。[22,23]（杏仁核是大腦中央一個小區域，與情緒的處理有關。）相較之下，住在開闊的綠地、荒原或靠近溪流的退休人員卻沒有這方面的變化。

那麼你可能會問，假使大自然明顯對我們的健康與幸福有益，那麼我們為什麼不肯多接觸？就算不能身歷其境做個森林浴，至少更常到庭園坐坐，如果做點園藝更好。或做其他同樣有益的事，比如到住家附近的公園散步或慢跑。部分原因肯定跟多年來市區自然環境持續消失有關。[24]另外，也跟我們的情

感預測能力受限不無關係。[25] 我們不擅長預測日常活動與生命中的重大事件（比如肢體傷殘或喪親）會帶給我們什麼樣的感受，當然也沒辦法預測自己置身大自然心情會有多愉快。就算你不是心理學家，也知道晴朗的天氣到戶外走走，多半會比在地下道散步同樣時間讓你心情更好。不過，我們比較不擅長預測的，是二者之間差別究竟有多大。既然大自然的好處這麼引人注目（因此也就顯而易見），那麼我們之所以沒有更常去接觸，原因大概就是這種想像力普遍不足。簡言之，我們就是沒辦法認清接觸大自然對我們多麼有助益。[26]

窗外有藍天：解構大自然效益

大自然最重要的是景物、聲音、氣味或觸感？研究結果想當然耳顯示，大自然的景色本身（排除其他感官信號）能大幅增進我們心理與生理的福祉。有個早期的小規模研究顯示，做過膽囊手術的患者病房窗外如果是自然景物（夏日落葉喬木的蓊鬱枝葉），復元的速度會比窗外只有磚牆的患者快。[27] 這個研究是在美國賓夕法尼亞州一家醫院進行，期間長達10年。[28] 同樣地，另一個在密西根一所監獄對受刑人所做的觀測研究顯示，牢房面對農地或森林的受刑人，在醫療方面的需求明顯低於面對庭院的受刑人。根據這些例子，大自然的**景色**很可能就是受刑人健康情況較為良好的關鍵。[29]

大自然的**聲音**也有助於我們身心康泰。當然,有不少研究
證實,噪音對我們健康有負面影響。所謂噪音,指的是不愉快
的聽覺刺激。[30] 以大自然的聲響取代噪音,我們肯定很快就能
感到心情愉悅。根據瑞典學者的研究,做高壓數學測驗時聆聽
大自然聲響的受試者,比遭受交通噪音襲擊的受試者更快恢復
正常。[31] 新冠疫情發生後,許多報紙專欄作家紛紛表示,城市
封鎖帶來不少小確幸,比如窗外的鳥叫聲不再被車輛的噪音掩
沒。[32,33]

不過,更令人驚訝的或許是,我們感知到的生物多樣性越
高,大自然的好處和療癒力就越明顯。以剛才的例子來說,就
是聽見的禽鳥種類聲音越多越有益。[34] 這樣的觀察結果,肯定
符合威爾森的生物友善性假說。然而,既然我們主要的活動範
圍都在室內,那麼這個年代我們在辦公室、商場、機場、芳療
溫泉浴場之類的地方聽見的任何大自然聲響,很可能都來自電
子設備。某些企業也開始在開放式辦公室試驗大自然聲景,希
望能避免員工注意力渙散,並且提供一點隱密感。

換句話說,我們越來越常接觸到仿造版的大自然。這就引
出另一個我們稍後會再探討的重要問題:「我們複製大自然
時,受到調節的感官會不會錯失什麼?」當建築師、設計師和
其他專家運用預錄的聲音與景色,甚至合成的氣味,以便捕捉
大自然的益處,這個問題就變得至關緊要。只是,我認為在機
場播放森林的聲音,或在玩具店播放叢林音效(這兩個例子我

們會在後面的單元討論）是很危險的事，聽見的人可能會覺得不協調。所謂不協調，是指我們聽見的聲音跟我們看見的景象幾乎沒有明顯關聯，跟我們聞到的味道也不搭調。這種不協調的感知組合對我們來說可能不容易處理，因而得到負評。也就是說，我們不喜歡這種感覺。

談到**嗅聞**大自然的效益，我們馬上會聯想到芳香療法。想想薰衣草、柑橘、松木和薄荷等為我們的健康和幸福帶來好處的精油，你可能會覺得其中某些香氛也能算是食物，但它們基本上都算是大自然的氣味。另外，我們也不能忘記，大自然也會有難聞的氣味，比如農家庭院的糞肥。諷刺的是，我們的大腦很能適應（因此經常予以忽略）我們判定為討喜或中性（比方說自宅的建築物氣味）的味道，卻好像永遠適應不了不喜歡的味道。這麼一來，住在養雞場或垃圾掩埋場附近的人就特別倒楣了。根據科學家的解釋，我們的大腦會將不討喜的氣味標記為具有潛在危險，所以才會保持警戒，方便持續監控氣味來源。但我們對待愉悅或中性氣味就不是這麼回事了。我們的大腦一旦將它們歸類為無害，就覺得可以放心忽視。[35] 為臭味所苦的人只怕得不到多少安慰，不過至少你總算弄懂緣由了。

我們至少還得聊一聊大自然的**滋味**。只要想想歷史悠久的倫敦切爾西香草園[36]，或大衛‧增本（David Mas Masumoto）2003年出版的書《五感四季》（*Four Seasons in Five Senses: Things Worth Savoring*）為他在加州的農場的桃樹所撰寫的輓

歌。如人類學者所說，在長遠的歷史中，99%的時間人類都靠狩獵或採集維生。相較之下，農業的存在只能算是短暫片刻，而都市景觀出現至今更是只有一眨眼。[37] 因此，追根究柢，大自然效益想必是來自一股與生俱來的驅力，鼓勵我們的祖先居住在更有可能提供糧食（於是愛上大自然的滋味）和安全感的環境。

接下來就剩下大自然的**觸感**。聽起來或許令人驚訝，觸摸植物的葉子（更別提抱樹），都能讓成年人或小孩在情緒和幸福感方面得到正面效益。[38] 就算你身陷都市叢林，經常做園藝會是接觸大自然的絕佳途徑。不管在任何地方，做園藝當然也是一種覺察活動，可以讓我們注意周遭大自然的感官特性，觀察它們如何隨著季節變化。確實，園藝愛好者經常聊起跟大自然接觸如何令人「陶醉」。學者認為，當我們觀看植物生長，這種刺激驅動（Stimulus driven）的注意力擷取，或許能提供我們恢復直接注意力所需的喘息空間。[39] 思考大自然的觸感時，我們或許也該停下來想想拂在皮膚上的微風，曬在背上的溫暖陽光，以及打在臉上的雨滴。換句話說，我們不但能碰觸大自然，大自然也能反過來觸摸我們。

大自然效益的排序

逐一討論過個別感官如何從大自然獲益之後，接下來我要

探討的問題是，各個感官是否存在先後順序？在第一個單元我們談到人類的感官是視覺優先。那麼，這是不是代表觀看自然風光的好處必定勝過聆聽大自然？那麼嗅聞大自然就肯定比觸摸更有益？對於這些問題，至今我們仍然沒有令人滿意的答案。總之，這是個相當微妙的問題，很難妥善解答。拿一種感官跟另一種感官做比較，有點像拿蘋果跟柳橙相比。不過，我覺得更重要（至少更容易解答）的問題是，如果我們用對的方式刺激更多種感官，能不能增進大自然的效益？同步體驗大自然的景物與聲響，會不會比個別感官的極致饗宴更有益？同樣地，不管我們是眼觀、耳聽、觸摸或嗅聞，這種多感官刺激的模式需不需要一致，或者根本無所謂？[40]

說得更具體點，如果有人一面在森林或公園裡漫步，一面聽著耳機裡的快節奏低音舞曲或死亡金屬（Death Metal），你覺得結果會是如何？那震撼心弦的音樂究竟是被抵消掉，或者會干擾或弱化景物帶來的大自然效益？[41] 如今有那麼多人全天候戴著耳機或盯著手機螢幕，又該怎麼說？他們還能從大自然獲益嗎？我騎著自行車穿越英國鄉間，到幾公里外的郊區療養院探望我母親時，總是不免想到這類問題。在那些時刻，我擔心的是交通要道上的噪音和廢氣。那些噪音和空氣汙染會不會抵消我騎車穿行美麗鄉間得到的好處？雖然還沒有人嘗試解答這個問題，但研究顯示，車輛噪音確實會削弱人們對自然風光的視覺享受或記憶。

不少研究告訴我們，看著美國國家公園圖片的人如果同時聽見交通噪音或直升機聲音，對那些景色的記憶會不完整，享受程度也會降低——很多有幸造訪大峽谷的人顯然就曾聽見直升機的轟隆聲。₄₂ 大多數人都覺得摩托車的聲音格外擾人，有個研究顯示，比起只聽見大自然的聲音，旅遊時聽見觀光勝地的引擎噪音，會降低人們對周遭景物30%到40%的好感。研究發現，受試者聆聽多種鳥類鳴叫聲的錄音時，會更喜歡螢幕上播放的靜態都市景觀。₄₃

這裡需要記住的重點是，我們的感官**隨時**都在互動。正如我們稍早討論過的，我們從任何一種感官所接收到的訊息，必定能影響、增強或掩蓋從其他感官所接收的任何訊息。沒有理由認為我們對大自然的感知或回應會有任何不同。在接下來的單元裡會有更多例子顯示，唯有透過同時評估多種感官的覺知，我們才能理解自身對某些特定環境所做出的回應。然而，我們如何判定來自大自然的刺激也是重要的一環。也就是說，我們覺得自己看見、聽見、聞到或觸摸到的，是真正的大自然，或只是數位或合成的複製品？

大自然的時鐘

大自然幫助我們建立身體的節奏。在室內待太久，感官刺激基本上都維持在固定模式，環境光線始終一樣明亮或昏暗，

大清早和夜晚沒有差別，我們很快就會感到吃不消。某種程度來說，我們欠缺的是同步存在的感官信號，比如周遭光線一天之內的變化，它可以讓我們的生理節奏跟大自然的節奏同步。因此，搭飛機到遠地遭受時差之苦時，曬點太陽會有幫助。[44]

一天之內，光線的色彩也一如預期隨著時間改變。攝影師最內行，他們知道人的皮膚在近晚的金黃色暖光下，會看起來比在清晨的冷調藍光下更美。[45] 事實上，運用室內彩色燈光模擬黎明的藍光，能帶來意想不到的效果，可以讓人反應更靈敏，甚至可以降低自殺率。[46] 由於我們演化的環境晝夜變化有其規律，或許我們長時間生活的環境應該經過精心設計，好讓感覺器官配合那種規律變化。在這方面，走進庭園確實能發揮功效。

可是，其他感官的自然節奏呢？我個人就經常讚嘆清晨時分窗外的大合唱，特別是夏天四點半曙光初現，鳥兒們就開始啁啾嘰喳。來自我窗外那棵大樹的喧鬧聲，肯定能讓我腦子更清醒、更靈活，效果就跟清晨的淡藍光線一樣好。只不過，偶爾我倒希望能賴個床。清晨鳥叫聲的組合跟黃昏時不同，那麼這種自然聲響提神醒腦的作用想必也不相同。換句話說，重點不只是聲音的強弱、高低或輕快度，聲音的類型也是重要因素。公雞的咕咕打鳴對我們有什麼作用？我倒是有興趣看看這樣的研究結果。

大自然的氣味多多少少帶點芳香，只是會依一天當中的時

段有些不同：白天和傍晚更明顯些，夜晚和大清早則較為清淡。這就是為什麼日落後才釋放醉人香氣的植物，比如夜丁香（或稱夜茉莉），在夜晚相對無味的中性嗅覺背景中（至少對我們人類而言）顯得格外突出。在過去的時代，英國地主會在莊園周遭築起圍牆，部分原因正是為了兜攏或留住他們種植的花草樹木迷人的香氣。如今這麼做意義不大，因為大多數的植物都是特別培育出來的漂亮品種（也就是萬紫千紅）。可惜的是，這麼一來大部分的香氣就消失了，因為好看跟好聞通常只能二選一。大多數植物傾注它們的珍貴資源，選擇其中一種途徑來展現自己，而不是雙管齊下。47 當然，很多人會說，我們也面臨同樣的問題，因為超市裡堆滿外觀美麗卻滋味寡淡的蔬菜水果。

美國學者康斯坦絲‧克拉森（Constance Classen）1995年出版《感官世界：探討歷史上與跨文化的感官》（*Worlds of Sense: Exploring the Senses in History and Across Cultures*），在書中分析我們對玫瑰的態度，以圖表呈現長久以來感官風貌的演化。她搜尋千百年來西方作家、詩人與園藝家的著作，發現諸如普林尼48 等古早作家對玫瑰的描述著重於它們的香氣，現代作家則強調它們的色澤和其他視覺特色。以《英國園藝史》（*A History of Gardening in England*）的作者艾麗西亞‧阿默斯特（Alicia Amherst）為例，她曾經說，「如今的玫瑰園會讓中世紀的庭園主人大為詫異，形形色色的玫瑰花會令他們目眩神

迷。只是，看著我們的嬌豔玫瑰，他們會找不到他們心目中玫瑰最重要的特質，那就是香氣！」

桑坦德希托：我的後花園

在這個時代，我跟很多人一樣，大部分時間好像都端坐在電腦螢幕前，或卡在從這場研討會或會議趕到另一場的路途中。不過，我太太是哥倫比亞人，我們有幸繼承波哥大郊外山區一片小莊園。在這個雲霧森林環境裡，花時間從事費力的園藝工作是常態。我花了很多時間鏟除生命力頑強的野草，這就是費力的部分。此外，我們也有足夠的時間栽種自家的水果

圖説：我在哥倫比亞雲霧森林的家。

和香草植物。水果包括看得人眼花繚亂的柑橘類（種類如此繁多的檸檬、柳橙、萊姆和橘子，恐怕超乎你能想像），還有辣度破表的紅辣椒（我必須承認我非常自豪），以及許多稀奇古怪的水果。我經常一連幾星期沒走出過大門。沒錯，很像《山居歲月》（*A Year in Provence*）的作者彼得‧梅爾（Peter Mayle）。不過，除了看和聽，還嗅聞、碰觸、品嘗大自然，效益實在非常強大，你真的看得到自己身上發生神奇變化。隨著我沉浸在這個熱帶花園天堂裡的時間越長，我寫作的方式，甚至思考的模式，都在潛移默化。還記得我們早先討論過的「劑量決定藥效」嗎？

　　不過，哥倫比亞蒼翠熱帶雲霧林的環境，跟英國鄉村必定大不相同。那麼問題來了：某種型態的大自然會不會勝過另一種？海邊比森林好嗎？觀賞用的花園呢？比起野外雜樹林、大草原或叢林，植物園更能讓人恢復健康活力嗎？再者，哥倫比亞的雲霧林會比我們在牛津家附近的沖積平原對健康更有益處嗎？想在建築環境裡以感官攻略大自然效益，就得先解答這些問題。此外，谷崎潤一郎在他闡述美學觀點的作品《陰翳禮讚》裡說到，日本人喜歡塞滿茂密植物的庭園，反觀西方人卻偏愛平坦的大草地。如果他的話是對的，那麼我們還得留意文化差異。

　　所幸，研究人員已經開始對照井井有條的空間和偏向自然風格的環境之間的不同。大致說來，他們的研究顯示，庭園的

布局越是跳脫正規，效果越好。₄₉研究同時顯示，人們喜歡森林或凍原的景象勝於沙漠或草原，植物園受歡迎的程度大約居中。₅₀當然，根據生物友善性假說，我們多半認為植物園應該比較有助於恢復活力。因為如果園裡植物種類夠多，就能讓遊客看到比原生林地更多樣的生物。然而，我們也得考量植物濃密度的問題，因為那會抵消置身大自然的益處。再者，大多數溫室植物園缺少大自然（也就是動物）的聲音，應該也值得思考。最後還有協調的問題，動物的聲音需要與植物的景觀互相搭配嗎？研究結果顯示有此必要，只是，現實中當然做不到。

讚揚大自然的優點的同時，當然也不能忘記，動物和植物都可能非常危險，或者身懷劇毒。₅₁這時我想到我的哥倫比亞庭園的大蜘蛛、極少見的致命毒蛇，以及某些植物的葉子。一不小心碰觸，皮膚就會冒出紅疹，連續幾星期奇癢難忍。那麼想當然耳，我們會「本能」地喜愛大自然（生物友善性），必然也會相對地有「生物恐懼症」，比如對蜘蛛和蛇之類，或者外觀或動作類似的動物，有一股強烈的恐懼。生物恐懼症似乎是針對這種遠古以來的威脅演化而來的戒備狀態，讓我們隨時對這類生物產生懼怕或嫌惡。₅₂我們很多感官反應都是經過調節、學習而來，或視情境而定。然而，我們卻傾向認為，正如黛安・艾克曼（Diane Ackerman）1990年的暢銷書《感官之旅》（*A Natural History of the Senses*）所說，我們對生命，或至少對某些自然環境的基本反應，不管是友善或恐懼，都源於與

生俱來的本能。[53]

　　雖然學界通常以演化觀點解釋大自然效益（也就是壓力恢復理論），另一種理論或許也不無道理，那就是感知流暢性（perceptual fluency）。這種理論主張，我們之所以覺得處理自然場景資訊特別容易，是因為大自然的不規則布局，正好與我們的視覺系統演化後所能處理的資訊相符。[54] 荷蘭學者喬伊（Yannick Joye）與范德柏格（Agnes van den Berg）曾說，「大自然環境與元素的不規則形狀清楚明瞭，因為這些形狀與景象，都是由不計其數由小到大的複本組合而成。」[55]

　　以樹木為例，所有的樹枝從最大到最小，都是整棵樹的縮小版。在實務上，這意思是說，大自然的一部分景象方便我們大略推敲出其他部分的景象。換句話說，自然環境的特色之一，就是具有高度重複性與感知可預測性，信號的處理也因此更為順暢。相較之下，都市景觀的信號組合通常變化多端，各不相同，所有不同的信號爭相吸引我們的注意，導致我們不容易找出某個場景的要點。人們好像能迅速處理並理解大自然景物，而這個假設似乎正好跟這個現象一致。處理流暢度通常與喜好度正相關。過去20年來奧斯陸大學心理學教授羅夫・雷伯（Rolf Reber）等人已經多次發表這個論點，據以說明不具威脅性的大自然景觀為什麼能吸引我們。[56] 我們會在接下來的單元重複談到處理流暢度這個概念。

感官攻略大自然，讓人生更美滿

關於大自然效益的原因與結果，當然還有更多重要問題有待探討。目前需要記住的重點是，任何有關感官攻略的考量，都必須根據我們對自然環境的反應，以及數千年來我們在演化過程中針對多感官刺激發展出來的應對模式。我們長時間在室內工作、運動、娛樂、購物、放鬆，這些環境越是脫離大自然的完美典範，我們就可能越不快樂，效率越低。不管你相不相信生物友善性假說，如今有越來越多科學研究證實，即使只是短時間（或說低劑量？）接觸大自然，都能帶給我們明顯的恢復效果（根據研究結果，這一點都不誇張），對我們的心境、健康與福祉也有所助益。[57]

體驗大自然無疑可以讓我們的心情更好，還能減輕認知疲勞、思慮過度與壓力等問題。[58] 有些評論家更進一步，連篇累牘頌揚跟大自然進行多感官深度交流對靈性的益處。[59] 其中不可或忘的關鍵是，我們是透過**所有**感官體驗大自然。那麼，盡可能讓來自大自然的多感官刺激保持均衡，可能是我們增進自己和身邊的人的健康與福祉的最佳策略。如果你幸運擁有庭園，就善用它，這可能是獲得這些益處的好辦法。

不過也別忘了，光是**知道**你靠近大自然是不夠的。你必須用所有感官去**體驗**它，才能得到全部的好處。不認同的人只要想想，如果度假飯店不像廣告傳單那樣面對海景或鄉村風光，

而是都市的水泥叢林，心情會是如何。[60]

我們必須明白，戶外的自然環境無論規模大或小，不管位在熱帶或溫帶，都能提供減輕壓力、增進福祉的最佳機會。也難怪自從疫情爆發以來，英國許多全國性報紙都在提倡「自己種」的好處。不過，無論你是在自家後院或附近公園與森林接觸大自然，別忘了用越多感官去體驗越好。不管你是不是察覺到自己從中獲得多少社交、認知與情緒上的益處，你付出的努力肯定值回票價。

1 原注：定向越野（orienteering）是一種戶外計時活動，類似尋寶遊戲，只是少了寶藏。

2 原注：Wilson (1984)；威爾森1984年出版《生物友善性》（Biophilia）這本書以前，已經得過兩座普立茲獎。「生物友善性」這個詞是他在1979年提出。(New York Times Book Review, 14 January, 43). 並參考 Kahn (1999); Kellert and Wilson (1993); Townsend and Weerasuriya (2010); Williams (2017).

3 原注：早年我在目前任教的牛津大學薩默維爾學院擔任訓導長，曾經提議進行一項體罰的對照實驗，探討該不該重新開放體罰，合情合理地被同仁否決。當時我肯定不知道我的改變恐怕跟體罰無關。

4 原注：Treib (1995).

5 原注：如果你住的房子靠近水域，那就更好了。就像英國女演員安德麗亞‧瑞斯波羅格（Andrea Riseborough）說的，「住在靠近水域的房子裡，有種非常樸實的田園氛圍。」

6 原注：Daily Telegraph, 12 July 2009, www.telegraph.co.uk/news/uknews/5811433/More-than-two-million-British-homes-without-a-garden.html.

7 原注：Globe Newswire, 18 April 2018, www.globenewswire.com/newsrelease/2018/04/18/1480986/0/en/Gardening-Reaches-an-All-TimeHigh.html.

8 原注：Ambrose et al. (2020); de Bell et al. (2020).

9 原注：Steinwald et al. (2014).

10 原注：Glacken (1967).

11 原注：Olmsted (1865b), www.yosemite.ca.us/library/olmsted/report.html; cf. Olmsted (1865a).

12 原注：不，這不代表你非得要去抱樹幹。不過，抱抱樹幹確實可能對你有好處！
13 原注：Li (2010); Miyazaki (2018); Morimoto et al. (2006). Park et al. (2007).
14 原注：E.g. Ulrich et al. (1991).
15 原注：Louv (2005); Pretty et al. (2009).
16 原注：Mackerron and Mourato (2013).
17 原注：Wilson (1984); Nisbet and Zelenski (2011).
18 原注：Kaplan (1995, 2001); Kaplan and Kaplan (1989). Berman et al. (2008).
19 原注：事實上，這與威爾森對「生物友善性」的定義「關注生命與類生命事物的本能」有相關性。
20 原注：Berman et al. (2008).
21 原注：Knopf (1987); Ulrich et al. (1991).
22 原注：解釋這類數據時有一點值得注意，林木較為茂密的區域通常位在都市近郊，我猜那裡的居民多半比較富裕。同樣地，因果關係恐怕不像研究者聲稱的那般清楚明確。

23 原注：Kühn et al. (2017).
24 原注：Seto et al. (2012). Fuller and Gaston (2009).
25 原注：Wilson and Gilbert (2005).
26 原注：Nisbet and Zelenski (2011).
27 原注：這個由瑞典學者烏里賀所做的研究發表在執科學期刊牛耳的《科學》期刊（*Science*），至今已經被引用不下4千次。我們仍然必須注意，這個研究的實驗組與對照組各自只有23名病患。以如今的標準而言，這是相當小的樣本數，也難怪烏里賀在標題裡用了「可能」兩個字。
28 原注：Ulrich (1984).
29 原注：Moore (1981).
30 原注：*New Yorker*, 13 May 2019, www.newyorker.com/magazine/2019/05/13/is-noise-pollution-the-next-big-public-health-crisis; Passchier-Vermeer and Passchier (2000).
31 原注：Alvarsson et al. (2010).
32 原注：有趣的是，這些年都市的鳥叫聲變尖銳了，因為野生禽鳥得賣力對抗都市的低頻交通噪音。
33 原注：Slabbekoorn and Ripmeester (2008).
34 原注：Fuller et al. (2007); Ratcliffe et al. (2016).
35 原注：Dalton (1996).
36 原注：Hill (1915).
37 原注：Lee and DeVore (1968), p. 3.
38 原注：Koga and Iwasaki (2013).
39 原注：Kaplan (1973).
40 原注：有趣的是，安德森等人（Anderson et al.）1983年的研究發現，雖然鳥叫聲增加人們對都會區種植樹木、高度綠化的好感，但最能提升都市景觀評價的，竟是交通噪音（也就是與景物協調的聲音）。
41 原注：或者更糟，聽鄉村音樂。因為研究顯示，收音機播放鄉村音樂的時間與美國的自殺率相關，至少史塔克（Steven Stack）和岡拉克（Jim Gundlach）1990年的研究得出這個結果。
42 原注：Anderson et al. (1983); Benfield et al. (2010); Mace et al. (1999); Weinzimmer

et al. (2014).

43 原注：Hedblom et al. (2014).

44 原注：我剛進學術界時在歐洲太空總署任職，經常讀到有關太空人連續幾個月住在洞穴裡，或隆冬時節待在斯堪地那維亞北端，接觸不到正常的晝夜變化，對身心有些什麼影響。這類研究結果顯示，少了外在的參考依據，我們的生理時鐘一天大約是22.5小時，而不是如你想像的24小時。

45 原注：Collins (1965); Romero et al. (2003).

46 原注：Matsubayashi et al. (2014).

47 原注：在這方面，野蘭花（指那些不是專門為花店培育的野生品種）好像是少數例外之一。巧的是，克勒特和威爾森（Kellert and Wilson）1993年合著的書《生物友善性假說》（*The Biophilia Hypothesis*），封面正是選用野蘭花的照片。

48 譯注：指古羅馬作家老普林尼（Pliny the Elder, 約23~79），關於玫瑰的描述出自他的著作《博物志》（*The Natural History*）。

49 原注：19世紀英國與北美的「鄉野花園」、20世紀日本的「漫步花園」和18世紀後期英國的「風景園林」，都屬於「非正規」的庭院。劍橋大學聖約翰學院後側開闊的荒野也歸在此類，我曾經有幸在那裡擔任次級研究員。

50 原注：Carrus et al. (2017); Han (2007); Twedt et al. (2016).

51 原注：Ames (1989); Frumkin (2001).

52 原注：Seligman (1971). Wilson (1984)也有一個標題為「蛇類」的有趣單元；Ulrich (1993).

53 原注：不過也要參考Diamond (1993).

54 原注：Hagerhall et al. (2004); Joye (2007); Redies (2007).

55 原注：Joye and van den Berg (2011), p. 267.

56 原注：Greene and Oliva (2009); Reber, et al. (2004); Reber, et al. (1998).

57 原注：還有更多研究我無法一一列舉。有興趣深入探討的，請參考Hartig et al. (2011). 統合分析的結果告訴我們，有關某些健康方面的效益，需要更進一步的研究，參考Bowler et al. (2010).

58 原注：Bratman et al. (2015).

59 原注：Kabat-Zinn (2005).

60 原注：這是英國作家福斯特（E. M. Forster）1908年發表的小說《窗外有藍天》（*A Room with a View*）裡的橋段。

第四章

臥室

　　不論你覺得睡覺是浪費時間，或者是一天最值得期待的事，我們花在睡眠的時間幾乎比其他任何活動都多。我們平均用掉一生1/3的時間來睡覺，或者努力達到這個數字。我們大多數人肯定都聽說過英國首相柴契爾夫人和美國總統雷根這兩位傳奇性人物，他們一天顯然只需要4到5小時的睡眠，就能發揮超高效率。這兩位重量級國家元首晚年都罹患失智症，或許純屬巧合。事實上，研究已經證實，如果我們想避免各種健康問題，每晚都需要7到8小時高品質睡眠（不管我們想不想睡）。睡眠不足可能引發的疾病不一而足，從肥胖到失智、從癌症到心臟疾病都有可能。在致死率最高的15種疾病之中，有7種與睡眠不足相關，包括心血管疾病、腦血管疾病和糖尿病等。[1]

　　睡眠研究是時下的顯學。這其實沒什麼好驚訝的，因為根據統計，北美和英國有1/3到2/3的人經常睡眠不足，其他很多工業化國家也有類似現象。[2]事實上，失眠已經被視為繼慢性疼痛之後的第二大心理病症，目前的盛行率大約是33%，其中

9%的人自訴每天都睡不好。₃

　　根據大眾媒體報導，我們比過去更缺乏睡眠。很多知名睡眠科學家也高分貝宣揚同樣論調。比如暢銷書《為什麼要睡覺？》（*Why We Sleep*）作者、目前定居加州的英國科學家馬修‧沃克（Matthew Walker）就曾說，「睡眠不足已經稱得上是一種流行病，」並且提出「災難性睡眠流行病」的說法。沃克指出，在1942年，只有不到8%的人口每天睡6小時或更少，到了2017年，這個數字變成50%。

睡得越少，壽命越短

　　睡眠不足6小時，對健康可能造成的危害相當嚇人。根據2016年美國智庫蘭德公司（RAND Corporation）一份報告，這些人任何時候的死亡率都比睡眠7到8小時的人高出13%。如果你超過45歲，睡眠不滿6小時，發生心臟病或中風的可能性多出一倍。₄德國慕尼黑大學睡眠專家提爾‧羅納伯格（Till Roenneberg）在頂尖的科學期刊《自然》（*Nature*）發表文章指出，我們的睡眠時間比50年和100年前的人分別減少1小時與2小時。難怪美國疾病管制與預防中心會說睡眠不足是「公共衛生問題」。₅綜觀所有證據就能理解，失眠導致的國家財政成本為什麼會居高不下。根據蘭德公司的報告，這個數字高達國民生產總額的幾個百分點（日本是2.92%，相當於1380億

美元；美國2.28%，相當於4110億美元；英國也不遑多讓，有1.86%，約500億美元）。[6]

每星期平均睡眠時間只要增加1小時，短期內個人收入大約可以增加1%，長期則約5%。另外，英國Vitality醫療保險公司2019年發布的〈英國最健康工作場所〉報告指出，收入與睡眠品質具有相關性：年收入低於1萬英鎊的民眾57%表示有睡眠問題；年收入超過15萬英鎊的人則只有23%自訴睡不好。同樣地，兩者間的因果關係有待商榷。[7]

越來越多人意識到良好的睡眠對社交、情緒與身體健康的重要性，「睡眠衛生」、「睡眠工程」之類的概念於是應運而生。名稱姑且不論，基本概念都是以科學為依據，找出正確方法幫助失眠族睡飽睡好。要注意的是，我們的睡眠大約90分鐘一個週期，先是非快速動眼期，緊接著是快速動眼期（這時我們除了眼球之外，全身肌肉鬆弛），而後是慢波睡眠期。如果想增強記憶力，你需要有足夠的慢波睡眠。

簡單的解決方案五花八門，從運動到性愛都有。[8]專家指出，睡前至少2小時以上不再進食，既能避免腰圍增加，也能增進「睡眠衛生」。夜晚喝酒也會降低睡眠品質，最好也遠離咖啡因或其他刺激物。[9]大多數人都知道這些道理，不知為何卻選擇忽略。因此，我要在這裡探討幾個提升睡眠品質的感官攻略。事實上，有不少我們都可以運用的感官妙招，可以幫助我們更快入睡，提升睡眠效能，第二天醒來生龍活虎。

說來可能有點難以置信，不過有個幫助人們改善睡眠的認知行為療法，竟是先限制睡眠。牛津大學研究人員開發出一個可以提升睡眠品質的應用程式Sleepio，有效幫助許多使用者建立睡眠模式與行為。這個應用程式協助使用者記錄自己的睡眠模式，提供有條理的睡眠時程，限制睡眠時間（至少一開始的時候）。這個應用程式成效卓著，正由英國保健署所屬部門全力推廣中。確實，在睡眠的長期治療方面，認知行為療法已經證實效果明顯。苯二氮平類（benzodiazepine-receptor agonists）安眠藥也可以短期使用。只不過，服用羥二氮平（Temazepam）之類的藥物可能引發的副作用包括成癮、記憶問題、男性女乳症與先天性畸胎。醫生曾經幫我開過這種藥，我只是胸部多點贅肉，算走運的！更嚴重的是，安眠藥促進的睡眠通常不對，也就是說，沒辦法增加慢波睡眠。如果這還嚇不倒你，它們還有致癌風險。[10]

2018年睡眠產業的產值達到300億英鎊，估計到了2020年，這個數字會成長超過一倍。這個產業也出現爆炸性成長，提供或多或少貌似可信的神經科學感官攻略，聲稱能幫助你改善睡眠品質。

入睡

你睡不著的時候數過羊嗎？如果數過，我很遺憾必須潑

你冷水，那是浪費時間。至少我的牛津前同事艾麗森‧哈維（Allison Harvey）教授的研究得出這樣的結果。哈維一直不認同這個道聽途說的方法，曾經讓一群失眠者睡前數羊，或者想辦法壓抑負面念頭，結果入睡的時間平均減慢10分鐘。那麼睡前你該想些什麼？有個研究證實，受試者依照指示在睡前幻想平靜放鬆的場景，比如瀑布或外出度假，比沒有得到任何指示的受試者提早20分鐘入眠。研究人員對這個結果的解釋是，保持愉悅的想像畫面可以適度消耗受試者（都有失眠困擾）的認知能力，避免他們反覆思索負面或擔憂的念頭。[11]

眩目的燈光

你帶著手機睡覺，或手機就放在床頭？別這麼做。根據2015年一項針對1千名北美民眾所做的調查，71%的人睡覺不離手機：其中3%拿在手上，13%放在床上，另外55%則放在伸手拿得到的地方。[12] 很多人都有不容易入睡的困擾，要想解決這個問題，我們必須知道，環境的感官面向可能也要負部分責任。確實，近年來越來越多證據顯示，夜晚接觸過多非自然光線可能會干擾睡眠，其中大部分是因為我們夜晚使用手機的時間越來越長。根據2015年一項研究，[13] 睡前在發光螢幕上閱讀電子書的人，比讀紙本書的人更難入睡，夜間比較沒有睡意，褪黑激素分泌較少，[14] 晝夜節律往後延，隔天早晨精神也比較

差。[15] 這種研究結果特別令人憂心,因為90%的人每星期有幾個晚上會在睡前幾小時內使用電子產品。事實上,越來越多人了解到長時間盯著螢幕的危害,某些專家認為,手機製造商或許應該負起責任,設法減輕螢幕藍光對我們的傷害。藍光的傷害特別大,因為它會讓我們的大腦誤以為這時候該醒過來。[16,17]

　　警告,睡覺時開著電燈或電視,可能導致體重增加和肥胖風險。這是美國北卡羅萊納州國家環境健康研究院發表的世代研究結果。研究人員追蹤超過4.3萬名年齡介於35到74歲的女性長達5年,相較於睡覺時沒有人工光源的人,睡覺時接觸光線的人體重平均多出5公斤以上。[18] 那麼,非自然光顯然會干擾或延後身體的晝夜節律時鐘,擾亂正常的荷爾蒙平衡。雖然受試者不認為視覺刺激對他們的睡眠有明顯影響,而且因果關係也難以界定,這些研究結果仍然告訴我們,睡前與睡覺時盡量關掉非自然光源,對身體有潛在好處。這麼說來,感官攻略不但可以增加感官刺激,也可以移除來自周遭環境不必要的刺激。

　　以下是幾個可以幫助你減少夜間接觸非自然光線的有效感官攻略。首先,睡前至少2到3個小時避免看明亮的螢幕,執行所謂的數位宵禁。然而,如果你跟我一樣,夜晚不得不使用各種電子產品,那就戴上專用眼鏡,或下載可以過濾藍光的應用程式。某些行動裝置有夜間模式,太陽下山後會自動把螢幕轉

為比較溫暖的色澤。如果你在臥室裡需要光線，那就選擇暗紅光夜燈，因為這種光線對褪黑激素分泌的影響比其他顏色的光線輕微。[19]

夜晚減少接觸光線的概念，好像跟法國Livlab公司推出的Dodow睡眠燈背後的原理相左。Dodow是一款助眠商品，可以對著臥室天花板投射一圈圈忽大忽小的藍光。有睡眠困擾的使用者可以隨著光線節奏調節呼吸，光圈放大時吸氣，縮小時吐氣，幾乎像在打坐冥想。只是，雖然很多媒體記者試用過Dodow，至今卻還沒有可靠的科學證據顯示這種裝置確實能助你好眠，至少我還沒看到。不只如此，這款睡眠燈選用短波藍光，似乎是個特別糟糕的點子。不過根據該公司的說法，那種藍光亮度太低，不至於害你睡不著。

牙膏也應該分日用型、夜用型？

我從事研究工作的過程中，花了不少時間思索牙膏的多感官設計。有件事我一直想不通，那就是我們為什麼早中晚都使用同樣口味的牙膏。我覺得我們清晨和夜晚的生理和心理需求想必大不相同。只要想想我們早餐和晚餐吃的東西多麼不一樣就明白了：早晨喝含咖啡因飲料，睡前喝甘菊茶或其他草本飲品，儘管幾乎沒有證據顯示甘菊茶有助睡眠。[20] 你們某些人可能知道，潤膚產品有分日用和夜用，成分差異極大。那麼為什

麼沒有日夜不同的牙膏呢？我們大清早起床後最需要打起精神，避免睡眠慣性（sleep inertia），我非常相信薄荷提振精神的氣味正符合需求。可是夜幕低垂後，我們需要放鬆身心準備就寢，肯定不需要覺得精神百倍吧？[21]

一夜好眠

你有多常三更半夜被莫名其妙的聲音吵醒？我們很多人面臨的最大困擾是環境噪音，它會導致肥胖與死亡率上升，特別是住在機場或其他重要交通設施附近的人。根據世界衛生組織統計，光是在西歐，每年因為環境噪音干擾而死亡的人數多達百萬人，這些人的死亡原因都跟噪音導致的睡眠困擾與煩躁有關。噪音不只妨礙你入睡，甚至會在你睡熟以後干擾你。研究顯示，夜間噪音對我們心血管健康的危害，比白天承受的同等噪音更嚴重。[22] 關於這點，我最喜歡的祕訣是使用大自然聲響來屏蔽夜晚突如其來的噪音，比如溫柔湧上沙灘的海浪。如果沒有大自然聲響，收音機對不上頻道時的白噪音也相當有效（市面上已經有這類白噪音助眠產品）。

有時候我使用這種收音機感官攻略，隔天早上醒來覺得四下靜寂，以為自己半夜把收音機關掉了。幾秒後，耳朵才重新聽見白噪音的聲響。[23] 說到這裡，如果隔壁鄰居收音機總是魔音傳腦，不妨把自家收音機調到相同頻道，相同音量。這不會

改變聲音的分貝值，你，或者該說你的大腦，卻會覺得身旁的低音量比遠處的高音量更容易忍受。聽起來有點瘋狂，但我相信這個古怪的感官攻略至少值得一試。不過，稍早我們討論過，開著電視睡覺的人體重有增加的風險，因此你最好買個有「睡眠」功能的收音機，在你入睡後自動關閉。

最近也有不少新奇助眠方法成為熱門新聞，包括美國網球明星約翰‧馬克安諾（John McEnroe）朗讀的《網球：愛的故事》（*Tennis: A Love Story*）或《網球規則》（*But Seriously: The Rules of Tennis*），可以在手機應用程式Calm聆聽。我不知道你怎麼想，但我寧可聽Pzizz。這個應用程式播放各式各樣的大自然聲響、放鬆音樂和冥想引導。另一個趨勢漸漸蔚為流行，那就是自發性顱內高潮反應（autonomous sensory meridian response）。美國女星伊娃‧朗格莉亞（Eva Longoria）和澳洲女星瑪格‧羅比（Margot Robbie）等人都錄製過相關內容，網路上可以搜尋得到。聽見別人輕聲細語或小心翼翼搓揉紙張，有些人會感受到一股震顫沿著後頸往下竄，據說可以幫助他們慢慢放鬆，進入夢鄉。YouTube上也能找到不少8小時循環播放的大自然聲響。

睡醒再說

我相信你們都聽過上面這句話，只是，帶著煩惱去睡覺真

的好嗎？根據某些發表在《自然》期刊上、耐人尋味的研究，在同等時間內，睡眠時間會比白天或夜間的清醒時刻更有助於解決深奧問題。這就是所謂的「靈光乍現」（ah-ha）時刻。事實上，一夜好眠之後，想出創新解決方案的機率增加3倍。不只如此，我們睡眠時還能學習聲音與氣味之間的新組合。此外，在慢波睡眠中接觸自己學習新事物時相關的聲音與氣味，有助於加深記憶。先別急著高興，我們應該記住，這些實驗所牽涉到的學習，本質上都相當簡單。因此，到目前為止還沒有證據顯示你可以在睡眠中學會新語言，但增加一點記憶單字的能力並非絕對辦不到。[24]

睡個好覺

睡前1到2小時沖個熱水澡或泡澡泡腳，就算只有短短10分鐘，都能讓不容易入睡的人更快睡著。[25]有個系統性文獻回顧暨統合分析研究發現，「被動身體加熱」對睡眠品質也有正面效果，可以延長慢波睡眠。夜間沐浴的理想水溫是攝氏40度到42.5度。只要掌握好沐浴時間，你入睡的速度能比平時快8.6分鐘，也就是快36%的時間。洗個溫水澡可以讓四肢的循環變好，進而降低核心體溫。身體的生理時鐘接收到這個訊息，就會判定睡覺時間到了。要知道，隨著睡眠時間接近，我們的體溫會自然下降，入睡後持續下降，到了大約清晨4點降到最

低。因此，不管採用什麼方式，只要能降低體溫（大約降低攝氏1度最佳）都有幫助，畢竟那是啟動睡眠的關鍵變數。正因如此，躺下來也能助眠，因為這個姿勢有助於身體的熱能散發到四肢末端。

《自然》期刊有篇文章的標題宣稱「暖和雙腳有助加速入睡」。文章內容指出，將雙腳弄暖保證可以讓難以入睡的人更快睡著。這個感官攻略之所以有效，是因為雙手雙腳和頭部的皮膚是身體以增加動脈血流方式調節體溫最有效率的部位。那麼，以實際情況來說，如果你夜晚喜歡帶著熱水袋上床，放在腳底下會比抱在胸前更快入眠。至於頭部，你可以試試搭載應用程式的Moona智能恆溫枕頭。至於更高科技的產品，不妨來個Somnox睡眠機器人。它是會呼吸的腰豆造形抱枕，有點重量，方便你抱著入睡。₂₆

關於睡眠品質，臥室的溫度也是重要因素。比方說，室溫升高到攝氏30度，睡眠品質就會降低。如果你睡覺的房間溫度從18度升到25度，你的睡眠時間就會減少30分鐘。綜合所有研究結果，如果你想要得到一夜好眠，最理想的環境必須是安靜、陰暗又涼爽。你應該盡量把溫度控制在相對涼爽的狀態，也就是16度到24度，房間通風良好。善用耳塞和白噪音來減少聲音干擾。選用厚窗簾、遮光百葉簾，或乾脆戴個眼罩，盡可能排除光線，因為光線是讓大腦清醒的最有效感官信號。[27] 近來研究人員發表的另一個祕訣是搖晃，就像哄孩子睡覺的搖籃

曲〈搖阿搖〉。[28]

何不在床頭櫃擺個盆栽？

在床頭櫃擺個盆栽對你的睡眠有所助益。特別的是，某些室內植物可以幫助你抵抗感冒、胸悶，甚至對治失眠。[29] 比如英國常春藤就能對付空氣中的黴菌，幾小時內就能清除絕大多數。另外，根據美國太空總署的研究，蘆薈是淨化空氣效率最高的植物，因為它整夜都能釋出氧氣，並且能吸收並分解空汙物質，比如許多清潔劑和塑膠製品成分裡的苯，以及亮光漆和地板蠟之中的甲醛。如果你正好看見馬達加斯加黃椰子，也許你會想知道這種植物消除空汙物質的效用名列前茅。此外，它還能增加空氣溼度，可以幫助罹患感冒和鼻竇問題的人呼吸更順暢。[30] 提升室內空氣品質有其必要，研究人員審慎提醒，歐洲每年至少有9.9萬人死於室內空汙引發的負面影響。[31]

你是夜貓子或晨型人？

你喜歡熬夜、隔天睡到10點、11點？或者你喜歡早點上床，跟雲雀一樣早起？關於睡眠模式的偏好，個別差異越來越明顯。大約30%的人口都是夜貓子，40%是晨型人，剩下的介於二者之間。研究人員與英國生物樣本庫（UK Biobank）和美

國基因檢測公司23andMe合作評估將近68萬人，並以活動監視器測量其中8.6萬人的睡眠時間。透過全基因組數據分析，發現有351個基因座跟早起有關。擁有最多「晨型」對偶基因那5%的人，比最少那5%的人平均提早25分醒來。對夜貓子不利的是，晚睡不但跟許多健康問題相關，也會造成情緒干擾、效率不佳，甚至增加死亡率。

有些研究人員持續探討該如何攻略夜貓子的感官，運用嚴謹的隨機對照實驗設計，調節他們的睡眠清醒週期。事實上，研究人員只是使用針對性光源接觸、設定較早的清醒與睡眠時間、精心調整用餐時間、咖啡因攝取搭配運動，就順利改造了22名夜貓子，讓他們的睡眠清醒週期平均提前2小時，睡眠時間並沒有減少。[32] 這些感官攻略長期下來是不是有助於降低死亡率，未來如果能夠繼續探討，會是有趣的主題。當然，前提是夜貓子願意維持新的作息。難怪大型藥廠急於取得23andMe的數據，以便依據人體的晝夜節律時鐘開發新的安眠藥劑。[33]

第一夜效應

如果你跟我同病相憐，那麼你每到一個新地點的第一個晚上就會認床。這真是我的一大苦惱，因為我經常一星期出門幾天，天南地北到處去「演講」，至少疫情爆發以前是如此。儘管我住的是豪華飯店，睡的是舒適床鋪，但陌生環境裡總有某

些因素無情地剝奪我的睡意。這其實是一種相當有名的現象，叫做第一夜效應（first night effect）。大約50年前研究人員首度發現這個現象，直到近年才慢慢找出背後的原因。根據睡眠科學家的說法，我們在陌生環境睡覺時，大腦會有半邊像夜間守衛般徹夜保持警戒。在這方面我們很像海洋哺乳動物和鳥類，比如海豚和鴨子，這些動物有時候也只用半邊腦子睡覺。比方說綠頭鴨，如果感受到被掠食的風險升高，睡覺時就可能會睜著一隻眼睛，只讓另一邊大腦睡覺。[34]

　　不管時差多麼嚴重，只要第一次入住新旅館，或借住朋友家，我們都躲不過認床的命運。這種演化而來的根深柢固反應如今顯然已經失去意義，畢竟，不管你住的是平價的旅客之家或高檔的香格里拉飯店，衣櫃裡都不太可能躲著掠食者。但謎團還沒解開，我們的大腦究竟根據哪些感官線索，認定某個地方是陌生環境？是氣味嗎？或者不尋常的聲響、關門聲、管線哐噹聲之類的？這裡有個可用的感官攻略，那就是盡量複製自己家的感官信號。比方說，如果你家裡使用空氣清新劑或寢具香氛，出遠門時不妨帶點。你可能會發現那些東西能幫助你攻略你的感官，讓你的「夜間守衛」放鬆一點警覺性。如果你經常去同一個地點，可以選擇入住同一家飯店，最好是同一個房間。如果房間牆壁漆成淡藍色就更好了，因為根據英國2千家旅客之家的調查，房客在淡藍色房間裡睡得最好。[35]

　　有個感官攻略已經相當普遍，那就是戴耳塞隔絕背景噪

音。關於這點，我的建議是將耳塞緊密地塞進右耳。為什麼？因為我們睡著以後，守夜的通常是大腦的左半邊，右腦則安然入睡，至少剛入睡時是這樣。因此，如果要感官攻略你的睡眠，就得將守夜的那半邊受到的感官干擾降到最低，免得它頻頻吵醒你。那麼你可能會納悶，明明守夜的是你的**左**腦，我為什麼建議你把耳塞緊密塞在**右**耳？原因在於，我們大多數感官都是對側投射。你身體某一邊碰觸到的，或某一隻耳朵聽見的，都在你大腦的另一邊處理，至少一開始是。唯一一個不投射到對側的感官，是演化歷程久遠得多的嗅覺。左側鼻孔接收的訊息，直接投射回同一側的左腦。這下你弄懂了！

下回你住進陌生環境，萬一耳塞和空氣清新劑都沒辦法讓你睡個好覺也別擔心。這種現象的名稱給了提示，第一夜效應名符其實，只持續一個晚上。之後除非時差問題，否則睡眠會恢復正常。

睡眠不足

新手爸媽迎接寶寶到來之後，最初幾個月通常必須咬牙苦撐，忍受睡眠不足的痛苦，有時甚至長達數年之久。任何人如果處於這種極度睡眠不足狀態，一定會覺得自己像參加了《崩潰》（*Shattered*）節目。《崩潰》是2004年英國第四頻道播出的實境節目，10名可憐的參賽者下場競爭，保持清醒最久

的人可以贏得10萬英鎊獎金。 36美國音樂電台主持人彼得・崔普（Peter Tripp）1959年就試過挑戰這個紀錄，他創下的紀錄是201小時，也就是超過8天不睡覺，之後便精神崩潰了。《崩潰》的勝利者名叫克萊兒・薩森（Clare Southern）是19歲的候補警官，她撐了178小時。 37

根據睡眠不足相關文獻，新手爸媽很可能會變得缺乏同理心，社交互動的能力也可能嚴重退化。彷彿問題還不夠糟似的，他們還可能變得極端易怒、不耐煩、精神無法集中，以及甩不開倦怠感。 38值得慶幸的是，新手爸媽如果想來點感官攻略，研究顯示青壯年使用各種感官妙招，效果會比老人或小孩來得好。

比方說，睡前來點按摩，搭配薰衣草香氛泡澡，不但可以提升新生兒和學步幼兒的睡眠品質和時間，也能改善媽媽的情緒。嬰兒與母親的壓力值也都會降低。開發這方面的有效感官攻略特別重要，因為家有稚齡孩童的父母最大的困擾就是睡眠問題，發生率大約在20%到30%。 39我曾經擔任嬌生公司感官發言人多年，經常到世界各地對小兒科醫護人員演講，讓他們了解均衡的感官刺激對新生兒和照顧者的睡眠多麼重要。 40

另外，也有研究顯示學齡兒童睡眠時間普遍不足。美國國家睡眠基金會指出，將近90%的中學生睡眠時間沒有達到建議量。更糟的是，他們的睡眠時間一年比一年少。研究人員認為，這會嚴重威脅健康和學業表現，而且後果可能無法逆轉。

在這種情況下，只要將上學時間延後，就能改善學業表現，而且屢試不爽。[41]

不過，有些青少年長期處於睡眠不足狀態，上學時間卻暫時調整不了，這時有個方法可以幫助他們每晚增加43分鐘的睡眠時間。這個方法是在他們睡醒前2到3小時，每隔20秒給他們類似相機閃光燈的連續閃光（有點像慢速頻閃燈），再結合認知行為療法。根據史丹佛大學一項隨機臨床實驗結果，這種方法可以在不吵醒孩子的前提下，有效重設他們的生理時鐘，試驗開始一個月後就得到正面效果。不只如此，針對同一組對象的後續研究顯示，比起最初實驗中的每20秒閃光一次，每隔8秒閃光一次可以讓晝夜節律時鐘調整的效果增加一倍。[42] 那麼，在更多學校延後上學時間之前，這或許是最佳解決方案。

至於老年人，研究顯示薰衣草的氣味對他們也有幫助，包括躁動的失智患者。[43] 有效的睡眠感官攻略對上了年紀的人格外重要，因為所有研究都顯示，年紀越大，睡眠時間越短。根據一項文獻研究，50%的老年人抱怨不容易入睡，也容易醒來。更令人擔憂的是，很多老年人原本只打算短期借助安眠藥，最後都變成長期依賴。

助眠的氣味

有個研究對4名老年精神病患進行干預，其中3人服用安眠

藥的時間各自是7個月、1年和3年。[44] 經過2星期的基準測試，病患又停止服用安眠藥劑2星期。一如預期，他們的睡眠平均減少1小時，這就是所謂的反彈性失眠。然而，神奇的現象發生在實驗的最後2星期，研究人員夜間在病房裡釋放薰衣草氣味，患者的睡眠狀況重新回到服用安眠藥時的水準。這個驚人結果讓研究人員好奇，比起目前以藥物對治老年人與病患的睡眠問題，使用氣味（也就是攻略嗅覺）會不會是比較經濟（更別提比較安全）的可行方案。[45]

英國健康專家菲斯默（Kate Louise Fismer）和西敏市大學教授皮爾金頓（Karen Pilkington）曾經對2012年以前發表的論文進行系統性文獻研究，認為可以「審慎樂觀」看待薰衣草香氣的益處。儘管統合分析似乎也總是得到相同結論，菲斯默和皮爾金頓卻表示，如果要確認薰衣草真能幫助人們放鬆，得到一夜好眠，最好能有更多研究結果來佐證。數百年來已經有無數戲劇、小說提到薰衣草在放鬆與助眠方面的功效，我們卻還沒有辦法提出更斬釘截鐵的證據，這點恐怕更令人意外。[46]

未來的研究或許有機會證明薰衣草的主要成分芳樟醇的藥理作用，也能告訴我們這種香氣的心理功效，以及我們曾經在什麼樣的情況下接觸過這種氣味。有個研究顯示，攝取高劑量咖啡因的老鼠接觸汽化的薰衣草精油後，活動力比沒有接觸精油的對照組減少92%。耐人尋味的是，嗅覺有問題的老鼠就沒有相同反應。[47] 芳香療法聲稱薰衣草具有放鬆助眠的效果，但

這方面的研究始終有個問題，那就是研究人員很少指明他們試驗的是將近500種薰衣草之中的哪一種。再者，我們甚至不知道合成氣味跟天然精油的功效，是不是有明顯差異。

感官攻略夢境

你是做清醒夢的人嗎？這種人好像有控制夢境的非凡能力。做清醒夢的人睡著以後知道自己在做夢，也能夠操控夢境。研究顯示，我們大多數人一生中總有機會做清醒夢。不過，越來越多人熱衷感官攻略他們的夢境，只為了更常做清醒夢。比方說，釋放香氣能不能影響夢境？多年來，研究人員試過各式各樣的方法，從對睡覺的人潑水到使用燈光、聲音、震動，甚至搖晃（躺在吊床上睡覺），只為了影響夢境的內容。不過，儘管越來越多科技與方法號稱可以增加清醒夢，科學證據仍然稱不上可靠。甚至，很多證實感官介入有其功效的研究人員最後都將研究結果商品化，[48] 不可避免地引發利益衝突疑慮。倒不是說其中必定涉及道德問題，但我寧可先看到經過同儕審查、嚴謹對照的獨立研究成果，才會掏錢買那些東西。[49]

起床嘍：是不是該醒來聞聞培根香氣了？

你害怕鬧鐘咄咄逼人的刺耳聲音嗎？如果怕，你一點都不

孤單。調查結果顯示，鬧鐘是我們經常接觸到最不討喜的聲音之一。沒辦法改善嗎？在過去的時代，叫醒工人的應該是工廠的哨音，在那之前則是破曉時分的短波藍光。在英國的春天，清晨的鳥類大合唱一度扮演大自然持續不懈的鬧鐘，不過我們已經越來越少聽見了。市面上一度出現泡茶鬧鐘，還記得嗎？這種產品依據的理論是，聞著喜歡的味道醒來，可能比被突如其來的響亮聲音吵醒來得愉快。如今甚至有各種未來鬧鐘，可以模擬清晨的明亮光線。[50]

現今大多數年輕人充當鐘錶使用的行動裝置搭載五花八門的鬧鐘模式。[51] 2014年美國知名培根品牌Oscar Mayer為iPhone手機推出限量版培根香氣應用程式。這款程式會發出滋滋聲，並且透過外掛膠囊釋出煎培根的香味。這款肉香四溢的程式吸引不少愛好者爭相下載，有將近5千名使用者收到這個強調嗅覺的多感官攻略產品。這是非常成功的行銷策略，搶占新聞媒體版面，成為網路熱議話題。儘管這場行銷活動的廣告詞宣稱：「當想像力大放光采，只有這個味道能夠讓你徹底清醒。」[52]但我不得不坦白說，煎培根的味道不太可能叫醒你。

值得父母們擔心的是，叫不醒我們的不只是味道。很多傳統煙霧警報器根本叫不醒在慢波睡眠中熟睡的孩子，研究顯示，個人化煙霧警報器效果好得多。比方說，在一項研究裡，父母預錄一段聲音先重複叫喚孩子的名字，緊接著是「醒來！下床！離開房間！」等指令，24個孩子之中只有一個沒有被喚

醒。使用傳統單音警報聲的對照組則只有半數醒過來。另外，聽父母聲音的孩子順利完成逃生指令的人數是對照組的2倍以上，而且平均在20秒內完成，相較之下對照組則是3分鐘。如果真的發生火警，這種簡單的感官攻略代表的就是生與死的差別。[53]

睡眠慣性

讓我們很多人飽受苦惱的不只是入睡問題，醒過來也可能困難重重。更麻煩的是，還有睡眠揮之不去的餘波，也就是所謂的「睡眠慣性」。或者如1986年研究人員在《自然》期刊發表的文章裡的貼切命名：「睡眠酩酊」（sleep drunkenness）。這種嚴重認知障礙持續的時間取決於兩個因素，一是你近來的睡眠狀態，二是你在哪個睡眠階段醒來。正如預測，如果你是從深度慢波睡眠中醒過來，睡眠慣性現象會更嚴重。曾有專家在《衛報》（Guardian）撰文評論一款能在淺度睡眠週期將人喚醒的應用程式：「效果溫柔可喜，感覺像是美人魚輕撫你的頭髮將你喚醒。」研究人員表示，即使睡足8小時，睡眠慣性對認知能力的負面影響仍然可能持續2到4小時。[54]

難怪大多數人一早醒來，會想來杯咖啡擊退這種司空見慣的遲鈍狀態。至於那些不管基於什麼原因寧可避開咖啡因的人，如果你剛好喜歡喝咖啡，好消息是，低因咖啡也能提升你

的反應力。再回到稍早提及的牙膏問題。一早起來刷牙時弄得滿嘴薄荷泡泡，是不是能消除睡眠慣性，應該是個有趣的研究主題。我猜答案是肯定的。不過，更好的選擇或許是幾年前一家新創公司推出的含咖啡因Power Energy牙膏。[55] 2013年高露潔棕欖公司也為一款內建咖啡因貼片的牙刷申請專利。搭配香噴噴的沐浴產品沖個澡，據說也能讓我們恢復活力。只是，到目前為止還沒有太多研究探討這種氣味妙招。[56]

　　對於太空人和長程航班的機師，睡眠慣性更是切身相關的問題。這兩種受過高度訓練的專業人員偶爾需要中途醒來，處理飛行時的突發狀況。事實上，有人認為2010年印度快捷航空空難造成超過150人死亡，部分原因在於機長小睡被叫醒後做的瑕疵決定。另外，包括三哩島和車諾比核災，以及美國油輪「艾克森瓦德茲號」（Exxon Valdez）漏油事件，據說也跟睡眠不足脫不了關係（不過漏油事件似乎也牽涉到飲酒問題），更別提挑戰者號太空梭的災難。待命的醫護人員值夜班時被叫醒，做出的決策可能也會受到影響。[57]

　　除了來一杯提神的咖啡，另一個或許能對抗睡眠慣性的感官攻略採用的不是咖啡因，而是充滿旋律感的音樂。根據2020年澳洲墨爾本一群研究人員發表的論文，聽著這種音樂醒來，可以消除清醒時昏沉乏力的困擾。他們請50名研究對象上網填寫問卷，自述聽著音樂清醒時感受到的睡眠慣性程度，藉此評估音樂的效能。旋律優美的輕音樂明顯勝出，至少效果比被一

般鬧鐘吵醒好得多。研究人員的解釋是，旋律優美的音樂能讓我們集中注意力。如果你好奇研究人員指的是哪種音樂，只要聽聽海灘男孩樂團（The Beach Boys）1966年的歌曲〈美妙振動〉（Good Vibrations），或怪人樂團（The Cure）1985年的〈靠近我〉（Close to Me）。如果你喜歡古典音樂為你揭開一天的序幕，不妨選擇貝多芬的《給愛麗絲》，或韋瓦第的《四季》。[58]

晨曦能喚醒你嗎？

另一方面，有相當多文獻顯示，清晨接觸明亮的陽光，對主觀幸福感、情緒和認知能力有好處。有個研究比較以明亮的非自然光模擬的晨光和單色藍光之間的差別。當睡眠時間只有6小時，明亮的非自然晨光對認知能力的好處顯然只出現在第一個晚上，在接下來的兩晚，主觀情緒與幸福感的評等都比較高。另外，接觸單色調藍光會出現晝夜節律時鐘週期重設的現象。某些觀念先進的機場會用藍光迎接剛結束長程飛行走下飛機的旅客。最後，如果你聽說過以明亮光線照射膝蓋後側能夠重設晝夜節律時鐘，很遺憾研究結果無法證實這種說法。所以，我建議你暫時不需要換穿短褲。[59]

越來越多證據證實規律的高品質睡眠對社交、情緒和身體的好處，早起少眠的熱潮終於開始退燒。因此，找出最好的方

法讓更多人睡得更久一點，同時盡可能提高睡眠品質，就是非常重要的任務。我大膽猜測，未來幾年內睡眠的感官攻略將會與認知行為療法結合。運用最新的行動科技，鎖定睡眠的不同階段實施多感官策略，應該也不會太遙遠。事實上，目前已經有SleepBot、Somnuva、Zeez和Simba Sleep等睡眠應用程式，號稱可以達到這個目的。

另一個選項受到前矽谷失眠人士歡迎，那就是Oura Smart Ring智能戒指。它能夠追蹤各種生理數值，透過搭配的應用程式提醒你什麼時間該上床睡覺。難怪全世界趴趴走的英國王子哈利2018年到澳洲時，手上就戴著這款戒指。推特創辦人兼執行長多西也是愛用者。無論我們是夜貓子或晨型人，只要有興趣使用，這樣的解決方案，應該很快能幫助我們將自己的睡眠保健最佳化與個人化。[60]

睡眠不足的情形真的比過去嚴重嗎？

結束睡眠這個話題以前，不妨再來聊聊睡眠不足的問題是不是真的比過去嚴重。媒體和眾多睡眠專家顯然都抱持這種見解。強調我們長期處於睡眠不足狀態，當然也有助於推動迅速發展的睡眠攻略產業。很明顯不少人都在擔心睡眠問題，而睡眠不足對我們的健康與福祉極為不利也是不爭的事實。然而，宣稱我們大多數人的睡眠都比過去差，這種消極論調跟知名認

知科學家史蒂芬・平克（Steven Pinker）等人提出的廣博論點恰恰相左。平克認為，儘管很多人不認同，但以大多數標準來說，如今的生活比過去好得多。回顧歷史，從亞里斯多德到拿破崙到英國作家狄更斯，抱怨睡眠品質不佳的名人比比皆是。

問題的關鍵在於，睡眠會不會剛好跟普遍的正面趨勢逆向而行。或許不是，但至少我在牛津大學的同事所做的最新調查研究就呈現出這樣的結果。他們詳細分析1974到75年、2000到01年、2014到15年等三個時間點共1.8萬多名英國人的時間使用睡眠日誌（time-use sleep diaries），結果顯示，如今的睡眠時間其實比1970年代**多出**45分鐘。那麼，或許情況不像某些人宣稱的那麼嚴重。除此之外，近期一項預先登錄世代研究（cohort study）[61] 的結果也告訴我們，夜晚使用螢幕的時間，對孩子睡眠時間長短的影響是可以忽略不計的。[62] 這倒不是說比目前多一點睡眠對我們沒有好處。這只是提醒我們，比起過去的人，我們的睡眠狀況可說是史無前例地好。所以，放下手機和安眠藥，好好享受睡眠吧。

1　原注：Kochanek et al. (2014); *Guardian*, 24 September 2017, www.theguardian.com/lifeandstyle/2017/sep/24/why-lack-of-sleep-healthworst-enemy-matthew-walker-why-we-sleep.

2　原注：Hafner et al. (2016); www.aviva.com/newsroom/news-releases/

2017/10/Sleepless-cities-revealed-as-one-in-three-adults-sufferfrom-insomnia/; www.
nhs.uk/live-well/sleep-and-tiredness/whylack-of-sleep-is-bad-for-your-health/.

3 　原注：Morin (1993); Walker (2018).

4 　原注：Hafner et al. (2016); Lamote de Grignon Pérez et al. (2019); Roenneberg
(2012); Taheri et al. (2004).

5 　原注：*Guardian*, 24 September 2017, www.theguardian.com/lifeandstyle/2017/sep/24/
why-lack-of-sleep-health-worst-enemy-matthewwalker-why-we-sleep; Hafner et al.
(2016); Roenneberg (2013); Walker (2018).

6 　原注：Hafner et al. (2016); Understanding sleep, *Raconteur*, 4 July 2014.

7 　原注：Gibson and Shrader (2014); Sleep will never be a level playing field, *Raconteur*,
4 July 2014.

8 　原注：或者，如同哈佛醫學院提供的正經又不失戲謔的睡眠妙招：「在臥房裡
如果只睡覺和做愛，可能會有幫助。」

9 　原注：Harvard Medical School (2007). Twelve simple tips to improve your sleep,
http://healthysleep.med.harvard.edu/healthy/getting/overcoming/tips; Wehrens et al.
(2017).

10 　原注：www.nhs.uk/apps-library/sleepio/; Arbon et al. (2015); Kripke et al. (2012);
Walker (2018).

11 　原注：Harvey (2003); Harvey and Payne (2002).

12 　原注：Huffington Post, 29 June 2015, www.huffingtonpost.co.uk/entry/smartphone-
behavior-2015_n_7690448?ri18n=true.

13 　原注：Chang et al. (2015).

14 　原注：褪黑激素是松果體分泌的重要荷爾蒙，幫助人體控制睡眠與清醒週期。
白天時分泌較少，太陽下山後開始增加。

15 　原注：不過，參與這個研究的受試者必須把電子閱讀器的亮度調到最高，連續
閱讀4小時。

16 　原注：Fighting the blue light addiction, *Raconteur*, 4 July 2019.

17 　原注：清晨的藍光波長跟其他時間的藍光略有不同。

18 　原注：Park et al. (2019).

19 　原注：*Guardian*, 21 January 2019, www.theguardian.com/lifeandstyle/2019/jan/21/
social-jetlag-are-late-nights-and-chaotic-sleep-patternsmaking-you-ill.

20 　原注：Chamomile tea, will you help me sleep tonight? *Office for Science and Society*,
8 March 2018, www.mcgill.ca/oss/article/health-andnutrition/chamomile-tea-will-you-
help-me-sleep-tonight.

21 　原注：在某些國家，牙膏有不同口味，比如柳橙和甘草。

22 　原注：Basner et al. (2014); World Health Organization (2011).

23 　原注：這個特殊現象背後的原因可能是，我們的大腦傾向忽略持續不斷的刺激
源。清晨起床後，我們的注意力通常需要幾秒的時間才能正常運作。

24 　原注：Arzi et al. (2012); Schreiner and Rasch (2015); Wagner et al. (2004).

25 　原注：Haghayegh et al. (2019).

26 　原注：Kräuchi et al. (1999); Maxted (2018); Muzet et al. (1984); Raymann et al.
(2008); Walker (2018), pp. 278–9.

27 　原注：Chellappa et al. (2011); Czeisler et al. (1986); Lockley et al. (2006).

28 　原注：Perrault et al. (2019).

29 　原注：至少《Elle Decor》雜誌和英國The Joy of Plants公司在一份根據美國太

空總署和美國過敏、哮喘和免疫學會（American College of Allergy, Asthma, and Immunology）發表在園藝雜誌《植人》（*The Plantsman*）的研究提出的報告裡如此建議。

30 原注：Wolverton et al. (1989).

31 原注：Holgate (2017).

32 原注：Facer-Childs et al. (2019).

33 原注：Molteni (2017). www.wired.com/story/nobel-medicine-circadianclocks/.

34 原注：Agnew et al. (1966); Branstetter et al. (2012); Rattenborg et al. (1999); Tamaki et al. (2016).

35 原注：'Best bedroom colors for sleep' (2020), 4 February, https://oursleepguide.com/best-bedroom-colors-for-sleep/; Costa et al. (2018).

36 原注：《金氏世界紀錄》已經停止認證這項紀錄，以免鼓勵危險行為。這實在有點諷刺，畢竟他們還在認證在活火山口走最長鋼索的紀錄！

37 原注：*Guardian*, 4 September 2018, www.theguardian.com/lifeandstyle/2018/sep/04/shattered-legacy-of-a-reality-tv-experimentin-extreme-sleep-deprivation; 不過，事後消息傳出，參賽者每隔一段時間可以小睡45分鐘。

38 原注：Kyle et al. (2010).

39 原注：Field et al. (2008); Mindell et al. (2009).

40 原注：Johnson's *Science of the Senses Report* (2015), www.johnsonsbaby.co.uk/healthcare-professionals/science-senses

41 原注：American Academy of Pediatrics, School start times for adolescents, Policy Statement, August 2014. www.startschoollater.net/success-stories.html; National Sleep Foundation (2006); Walker (2018).

42 原注：Kaplan et al. (2019).

43 原注：Holmes et al. (2002). Burns et al. (2002).

44 原注：請注意，這個研究的樣本數非常小。

45 原注：Crowley (2011); Hardy et al. (1995).

46 原注：Fismer and Pilkington (2012).

47 原注：Harada et al. (2018); Spence (2003).

48 原注：也就是出售諸如DreamLight、DreamLink和NovaDreamer等智能眼罩，以及由美國Hearne電子公司推出、名稱相當耐人尋味的「做夢機器」。

49 原注：Stumbrys et al. (2012); *Wired*, 31 March 2014, www.wired.co.uk/news/archive/2014-03/31/touch-taste-and-smell-technology.

50 原注：Lovato and Lack (2016).

51 原注：在2011年，16到34歲的人口之中，將近60%靠手機查看時間（請見 https://today.yougov. com/topics/lifestyle/articles-reports/2011/05/05/brother-do-you-have-time），如今這個數字肯定高得多。

52 原注：https://today.yougov.com/topics/lifestyle/articles-reports/2011/05/05/brother-do-you-have-time; Badia et al. (1990); *AdWeek*, 6 March 2014, www.adweek.com/adfreak/wake-and-smell-bacon-free-alarm-gadget-oscar-mayer-156123; Carskadon and Herz (2004); *Guardian*, 6 March 2014, www.theguardian.com/technology/2014/mar/06/wake-up-and-smell-the-bacon-scented-iphone-alarm-clock; *Intelligencer*, 29 November 2018, http://nymag.com/intelligencer/2018/11/iphone-bedtime-features-has-hidden-alarm-sounds.html.

53 原注：Smith et al. (2006).

54 原注：Broughton (1968); Jewett et al. (1999); Trotti (2017).

55 原注：牙齦吸收咖啡因的速度比胃黏膜快，只是效果比較短暫。

56 原注：Fukuda and Aoyama (2017); Hilditch et al. (2016); *Vice*, 21 December 2015, www.vice.com/en_us/article/3dan5v/caffeinated-toothpasteis-the-closest-youll-ever-get-to-mainlining-coffee.

57 原注：Anderson et al. (2012); Government of India, Ministry of Civil Aviation, *Report on Accident to Air India Express Boeing 737-800 Aircraft VT-AXV on 22nd May 2010 at Mangalore*, www.skybrary.aero/bookshelf/books/1680.pdf; Schaefer et al. (2012); Tassi and Muzet (2000); Walker (2018).

58 原注：McFarlane et al. (2020).

59 原注：Gabel et al. (2013); Wright and Czeisler (2002).

60 原注：根據2019年數位保健平台Lenus Health的調查，目前英國每4個人就有1個在追蹤自己的睡眠狀況。

61 譯注：又稱追蹤性研究、前瞻性研究或縱貫性研究，是一種探索病因的流行病學研究方法。其做法是在人群中抽取一個樣本，按是否暴露於某種可疑病因（危險因子）或暴露程度分組，經過一段追蹤觀察，最後比較各組的發病率或死亡率，對因果關係做出估計。（文字摘自國家教育研究院https://terms.naer.edu.tw/detail/1316511/）

62 原注：Lamote de Grignon Pérez et al. (2019); Morosini (2019); Pinker (2018); Przybylski (2019).

感官攻略

第五章

通勤

　　我們打開天窗說亮話，開車是我們從事的活動之中最危險的一項。我會在心理學課堂上對女大學生說，她們就學期間最有可能的死亡原因，跟她們開車的男朋友脫不了關係。[1]另外，開車也是幾十年來少數速度沒有增加的活動之一。[2]人口超過千萬的超大城市越來越多，而目前這些城市的平均車速大約是每小時14公里，預估到了2030年會降低到每小時3公里。換句話說，到時候走路或騎自行車都比開車快。難怪很多開車上下班的人覺得通勤壓力大。[3]北美的開車族平均一天用在開車的時間是1小時。[4]所以，開著嶄新車輛馳騁在平直大道上，放眼望去沒有其他車輛（汽車行銷廣告的常見畫面），跟事實真相背道而馳：更可能的情況是卡在某個地方的車陣裡吸著廢氣，挫折又煩躁。

　　除了房子之外，汽車是我們很多人會花大錢購買的最高價商品。無怪乎汽車製造商已經把感官攻略玩到極致，變成一門藝術。外觀、聲音、氣味甚至觸感，都經過精心設計，只為了在消費者心中留下完美印象。不過，通勤也處於變動階段：疫

情改變了大眾運輸的使用狀況；電動車與油電車搶占市場；半自動甚至無人車的時代也不遠了；或許過不了多久就會出現飛天車。不過，雖然實現這些概念的難關快速被克服，我們不能忘記，開車畢竟是非常不自然的活動，存在不少根本上的心理挑戰。我們的大腦肯定沒有演化出開車能力，這也許可以說明為什麼有那麼多人受暈車之苦。

什麼是真？什麼是假？

汽車是典型的多感官設計，所有的一切都是為了透過景象、聲音、氣味甚至觸感，在不知不覺中把對的感覺傳達給駕駛人。從引擎聲到令人安心的關門聲；從駕駛人手裡的車鑰匙重量，到美妙的新車味，一切的一切都是精心設計的成果。二次大戰後，科學家積極研究如何透過感官攻略，讓駕駛人在開車時獲得最佳多感官體驗。這方面的研究因此比任何環境的感官攻略來得多，也沒有任何領域的感官攻略像汽車界一樣變成一門藝術，或者該說是一門科學。只要用心想想駕駛汽車的多感官體驗如何被攻略，你就能夠洞悉哪些攻略可以如何運用在其他領域（事實上也不乏這樣的例子）。比如汽車或第一章插圖顯示的其他物品上的「笑臉」。[5]

那麼我們就從「新車味」開始。新車散發的味道可能是世上最受好評的氣味之一。這實在有點好笑，因為車輛的「天

然」味道是一種不太好聞的腥臭味：汽車的塑膠內裝在太陽下曝曬後，會產生各種揮發性有機化合物。除了有錢人之外，現在早就沒有人開著配備真皮座椅和胡桃木邊框的汽車。在這個時代，「新車味」幾乎可以確定都是某個香氛實驗室調配出來的人工氣味。即使你的車子裡真的有皮革，那通常也是薄薄一層麂皮，不會是真材實料的東西，而且肯定添加了合成牛皮氣味。對汽車業而言，弄好汽車內部的氣味是重中之重。汽車大廠有一整組人員專門負責確保汽車內部瀰漫正確的化學成分組合，好在交車時讓車主享受到那股特別討喜又值回票價的宜人氣息。聽起來或許奇怪，車迷甚至有個年度最好聞新車排行榜。

不過，新車味本質上並不討喜。我們應該沒有人天生喜歡那種味道。我們只是學會去喜歡某些跟獎賞相關的味道，不管是食物的美味，或諸如汽車等高價商品的味道。我們大多數人賦予新車味的正面評價，正是聯想學習的有力例證。只要找對方向，帶給人的體驗確實會大不相同。關於這點，我最喜歡的例子是以下這則趣味報導。據說英國有些勞斯萊斯車主把自己引以為傲的愛車送進英格蘭中部的原廠保養或維修，等到車子出廠，他們會驚呼，「哇！跟新的一樣！」當然，汽車經過細心檢修，說不定還打了蠟，但最重要的改變是新車味。那是一種皮革與原木的混合氣味，專門為重現1965年勞斯萊斯銀雲的氣味而設計。車廠在車主取車前會將這種汽車古龍水（可以這

麼稱呼）噴在車廂裡。勞斯萊斯汽車製造商S. C. Gordon公司的總經理休·黑德朗（Hugh Hadland）表示，「車主說他們不明白我們到底做了什麼，車子回去以後感覺不一樣，比以前更好了。」所以，下回你想賣車的時候，何不跟專家學個祕訣，在車裡噴點新車味，一定能提升你的車在試車的潛在買家心目中的魅力指數。味道不該有什麼影響力，可是所有的研究都顯示它確實有。想辦法攻略感官，一次一種氣味。[6]

轟隆隆：引擎的聲音到底有多重要？

汽車製造商心裡很清楚，高檔車款的車主希望他們愛車的引擎聲跟其他廠牌同等級車款有所區別。賓士的引擎聲聽起來確實跟BMW或保時捷不一樣。不過，工程學已經進步到一定程度，汽車內部的隔音效果幾乎可以隔絕外界一切聲響。在實務上，這意味著汽車可以做到讓車子裡的人聽不到外面的聲音。只是，這肯定不是車主想要的效果。他們花大把鈔票，也不是為了買一台靜悄悄的車子。他們想要聽得見引擎的特殊聲響，每一陣轟隆聲都讓他們覺得自己的錢花得不冤枉。難怪心理聲學專家投注大量心血，研究引擎聲該具備何種特點。[7]在實務上，這代表工程師先是成功地把所有噪音隔絕在汽車外，又花同樣多的心力想辦法把引擎聲放回去。所以，你聽見的引擎聲很可能是假的，有人認為這有點像對嘴配音。

2015年通用汽車為一項電子合成引擎聲響技術申請專利，福斯也為Golf幾款車輛安裝Soundaktor。Soundaktor是一款汽車引擎模擬系統，可以突顯引擎的轟隆聲。工程師如今也開始為某些家庭房車增添引擎聲，好讓車主覺得他們的愛車馬力好像更強了。[8]比方說，寶獅（Peugeot）308 GTi有各種不同的駕駛設定，如果駕駛人選擇「跑車」模式，引擎就會開始怒吼。不只如此，車廂裡的背光燈也會從白色轉變成鮮亮的紅色。這麼簡單的花招真的可以讓人相信他們開的車馬力更強？嗯，根據研究結果，確實有此可能。

　　實驗室裡的研究顯示，學生玩模擬駕駛遊戲時如果引擎聲比較大，車速似乎也比較快。[9]另一個研究發現，降低車內真實聲響5分貝，觀看模擬駕駛影片的人就會覺得車速比較慢，將原本的每小時60公里車速低估10%。[10]這可能是因為駕駛人以引擎聲響來判斷車速。另一方面，經過多感官整合，聲音也可能直接影響我們如何判讀速度的視覺線索（例如車窗外的景物向後飛馳的速度）。至於紅色背光，研究顯示看見紅色車輛和火車的人，確實比看見其他顏色車輛的人覺得引擎聲比較大聲。[11]

　　近來電動車潛藏的危險性引起熱議，越來越多人因此察覺到，我們聽見的引擎聲可能不是「真的」。靜音汽車聽起來或許不錯，尤其人們對道路交通噪音抱怨連連。但我們不能不注意到，靜音可能有致命危險。電動汽車低速行駛時可說相當安

靜，導致行人與視障人士等用路人根本察覺不到車輛接近。事實上，2018年一份報告指出，行人被油電車或電動車碰撞的機率，比被傳統柴油車或汽油車撞上的機率高出40%。[12] 難怪已經有不少國家要求電動車低速行駛時必須搭配人為引擎聲。不過，電動車到底應該發出什麼樣的聲音，正是心理聲學家和行銷商仍在苦思的問題。[13]

品質聽得見嗎？

車門的聲音情況不大相同：關門從來就不是安靜無聲。不過，正如廣告業者所知，在汽車展示間，品質良好的車門關上時安全牢靠的「砰」聲，能讓消費者相信自己面前的車輛物超所值。那正是有助於敲定買賣的聲響。像福斯、雷諾這些汽車公司花了不少時間設計車門的聲音，福斯甚至在找到他們心目中的完美聲音之後，就毫不保留地運用在這款車的電視廣告「就像Golf」（Just like a Golf）裡。這支廣告背後的概念是，福斯Golf車款獨特的關門聲，就是比業界其他類似車款優越得多。廣告隱含的訊息是，品質確實聽得見。

除了車門聲之外，另一個我最喜歡的聲音設計，跟我們之中1/3的人走進汽車展示間都會做的動作有關：敲敲儀表板，聽聽指節敲出的聲音。任何腦子正常的人買了車以後，都不會再做這樣的事。可是當消費者走進汽車展示間，在各種車款之

間舉棋不定，這個動作就足以左右大局。[14] 因此，汽車商當然也會使出渾身解數，讓儀表板在敲擊下發出最恰當的聲音。意想不到的是，儀表板和汽車喇叭聲竟是汽車銷售的重要功臣。[15]

在頂級車市方面，一丁點細節都不容出錯。比如賓利汽車的Continental GT，方向燈的聲音經過精心構思，模擬古董旅行鐘的滴答聲。之所以選擇這個聲音，是因為它代表歷史、傳承、文化與階級。

「讓它舒適地躺在手心」

車輛的觸感也很重要，想像你拿在手裡的車鑰匙的重量。感覺必須恰到好處，不是嗎？正如我們剛才討論過的聽覺和嗅覺信號，觸感也可以做為促成交易的微妙感官信號。這時我想到羅伊‧謝爾登（Roy Sheldon）和艾格蒙‧阿倫斯（Egmont Arens）在大蕭條時期提出的對策。1932年他們合作發表《消費者工程》（*Consumer Engineering*），書中有個重要建議：「讓它舒適地躺在手心」。這兩位開創新局的研究人員值得我們在這裡忠實引用他們的話，因為他們考慮到汽車觸感的重要性：

繼眼睛之後，雙手是第二道審查關卡。如果雙手判定不喜歡，就算是最吸引人的物品，也得不到應有的讚賞。另一方面，商品本身如果觸感良好，就能得到首肯。這種認同我

們或許永遠意識不到，卻會促成額外購買。購買汽車的決定因素或許不在流暢的操控性或晶亮的小配件，而在車門握把、方向盤和內裝的觸感。[16]

「你要什麼顏色都行，只要是黑色就沒問題。」如果你沒聽過這句話，這是美國汽車業鉅子亨利・福特（Henry Ford）的名言。[17] 可是車子的顏色很重要，也許比你認為的更重要。根據一項針對網路上200萬輛待售車輛的分析，消費者願意為金色二手車出的價格比其他顏色來得低。黃色的車子可能是因為比較稀有，最為保值。不過，我猜在某些國家，黃色可能容易讓人聯想到計程車。另外，經常招惹交通警察的駕駛人注意了，紅色可能不太適合你，因為人們認為紅色車子比其他車輛速度更快，噪音更大。[18]

鐵克諾跟交通事故有什麼關係？

影響人們對車速的判斷的，不只是顏色和引擎聲。有個研究讓玩駕駛遊戲或模擬駕駛機的學生聽不同音樂，得出這樣的結果。你一定猜得到，聽快節奏鐵克諾（Techno）電子音樂的學生，比聽和緩音樂的學生開得更快，違反更多虛擬交通規則。[19] 有趣的是，這並不是因為駕駛人處於亢奮狀態下全然忽略交通狀況，而是他們的視覺注意力變狹窄，完全集中在車輛

正前方的道路上。也就是說,他們更容易忽略周邊的狀況。[20]
另一項美國的研究顯示,很多年輕男性開車時將車上的音響開
得震耳欲聾,高達83到130分貝。綜合前面的研究結果,這樣
的數據值得我們憂心。[21] 當然,喜歡鐵克諾的人,可能原本就
愛開快車。

至於如何攻略感官以提升駕駛時的安全性,南韓的現代汽
車在2018年日內瓦汽車大展指出,他們考慮在某些車款建置放
鬆音樂,協助對抗飆車問題。如果汽車探測到駕駛人精神緊
張,就會搜尋Spotify之類的串流服務,播放「舒緩」音樂(或
者該說安撫),在此同時或許也將車內光線調暗。[22]

科技擾人心:拉回分心駕駛人的注意力

開車時講電話,發生事故的機率會提高到4倍。這個數字
大約跟酒測值達到很多國家處罰門檻的危險性差不多。[23] 值得
注意的是,開車講電話的主要問題與手機的使用方式關係不
大。不管手持與否,風險大約一樣高。基本問題在於,駕駛人
沒辦法同時注意眼睛與耳朵接收到的訊息。在這方面特別的困
難點在於,我們的聽覺注意力集中在跟我們說話的對象(也就
是行動裝置),而我們的視覺注意力應該放在路況上。很多現
代科技的主要問題是,它會讓不同的訊息同步從不同方向傳遞
過來。[24]

對我們的大腦而言，將注意力分散在兩個不同位置是非常困難的任務。1990年我就是以這個主題展開學術研究生涯。[25] 當時我在大學部做了一個研究，證實在吵雜的環境裡，如果說話的人的聲音和唇形的開合來自不同位置，聽的人就比較難聽懂他在說什麼。畢竟，我們演化而來的能力應該只能注意到來自同一個位置的所有感官信號，整合不管是掠食者或獵物的影像與聲音，才能迅速反應。很不幸地，根據我的經驗，工程師設計介面和警示信號時，很少考慮到人類注意力資源的認知限制。

　　在2000年代早期，我有幸跟里茲大學莉莉·瑞德博士（Dr Lily Read）合作，將大學時期在心理學實驗室做的研究延伸到更真實的場景。我們運用高逼真模擬駕駛機，讓受試者駕車行駛在虛擬道路系統的高難度路線，過程中在兩個說話聲之中選擇一個複述。有時候他們必須複述從正面而來的言語，忽略來自側面的聲音，其他時候則是相反。當聲音來自正前方時，開車時同時做兩件事的能力比聲音來自側面時略高一些，但差距仍可謂顯著。[26] 這個結果隱含的意思不言可喻，未來如果跟我們對話的人的聲音來自會說話的擋風玻璃，駕駛人會比較容易同時注意兩件事，行車安全應該也能提高一點。可惜的是，這個概念始終沒有普及。不過，雖然同時看或聽來自同一個方向的事物確實比較容易，但如果路況變複雜，而說話的聲音也來自你正在看的方向，聲音就會更難屏蔽。[27]

「沒那麼急」

開車時收發文字簡訊是奪命率最高的交通事故原因。駕駛人收發簡訊時，根本意識不到自己的視線離開道路多久。這確確實實是一種致命行為。根據研究，邊開車邊傳送文字訊息，發生事故的機率會升高到驚人的23倍。[28] 更糟的是，雖然研究不斷證實收發簡訊的駕駛人視線離開道路的時間約8秒或更久，駕駛人卻總是錯誤地認為，周遭的一切完全在自己掌握之中。最嚇人的是，駕駛人自認他們的視線只是離開一瞬間。看過這些數據，你大概就能理解我為什麼經常在各種研討會上強調這件事的危險性，並且呼籲立法機關修法因應。不是只有我擔心這個問題。手機及電信業者擔心青少年開車收發簡訊發生事故導致傷殘或送命的事件影響公司形象，於是推出令人醍醐灌頂的公益廣告，強調開車傳簡訊的危險。比如美國電信龍頭AT&T強有力的「沒那麼急」（It Can Wait）廣告。

只是，既然暫時無法杜絕開車傳簡訊的行為，要避免駕駛人因為科技產品分心，只能開發更有效的警告信號，不管剛收到的簡訊多麼令人振奮，都能讓駕駛人的注意力重新回到道路上。為了達到這個目的，過去20年來我和我在牛津大學跨感官研究實驗室的同仁持續跟世界汽車大廠合作，希望設計改良版汽車警示音，以期更有效地攻略駕駛人的大腦。[29]

比方說，我和團隊已經證實，比起只刺激單一感官，多感

官警示更能有效將分心駕駛人的注意力拉回來。我們同時也發現，多感官警示信號若設計成模擬大腦演化後得以處理的外在刺激，也就是大約同時出現在同一方向的多感官信號，那麼這種警示信號的效果就比較明顯。同樣地，大多數工程師好像還沒有掌握這方面的觀念。

試想，如果有人偷偷從背後嚇你，你會跳得多高。我和同仁用一款新的警示信號捕捉到這個現象。我們研究發現，只要在駕駛人頭部後側發出警示音，也就是在座椅頭枕安裝擴音器，比目前其他任何方法都更能有效讓駕駛人把視線轉回道路上。為什麼從這個特定位置發出的聲音如此有效？那是因為大腦有特殊迴路專責監控我們頭部後側的區域。我們只有在照鏡子的時候才看得到這個區域，所以很少想到它。寬頻噪音如果出現在頭部後側70公分內，也就是認知神經科學家所謂的近後側體周圍空間，就會不由自主地觸發大腦的自動防衛反應。[30]那麼，如果你想要攻略駕駛人的大腦，讓他們把注意力拉回馬路上，這就是發出警示信號的理想位置。

開車打瞌睡

開車時昏昏欲睡是現今交通安全的另一個重大議題。用幾個數字讓你了解這個問題的嚴重程度。根據澳洲一項針對1千名駕駛人所做的問卷調查，80%的駕駛人表示曾經有開車睏

倦的情形，而有20%承認自己開車時經常精神不濟。 [31] 大約有10%到30%的交通安全事故肇因於駕駛人開車睡著。 [32] 在這種情況下，我們需要能有效叫醒駕駛人的警示信號。在冷戰時期，如何引導民眾進入核戰掩體是迫切問題，當時美國軍方出資贊助，設法找出最有效的警報聲響。1963年歐伊爾（H. J. Oyer）和哈爾迪克（E. J. Hardick）發表他們大規模研究數百種警示音的潛在效果，這些聲音從霧角聲到舊式汽車喇叭聲、從純粹的單音到吵雜的爆裂音都有。我個人最喜歡的是潰逃的大象和尖叫的嬰兒。我得趕緊補充一句，這兩種聲音都沒有被採用過。 [33] 雖然某些警示音比其他的更有效，問題卻在於，聲音吸引注意力的效能（也就是潛在的警示效果），向來跟不悅耳的程度呈正比。 [34] 因此，困難點在於如何讓警示音既能有效叫醒駕駛人，又避開100分貝汽車喇叭的不愉快感受。別忘了，駕駛人聽見這個警示音的頻率，多半比普通百姓聽見示意他們立刻前往附近核戰掩體的警報高得多。我們在研究中廣泛探討汽車喇叭聲是否能變成有意義的語義符號，讓人本能地、即時地辨認出來，有效地讓駕駛人知道當下發生了需要立即注意的情況。 [35]

也有人討論以電擊方式讓駕駛人清醒的可能性。 [36] 或者，當車子的智能運輸系統監測到車子慢慢偏離車道（這表示開車的人打瞌睡），就震動駕駛人的臀部。 [37] 比起過去，如今已經有更多車輛能夠利用震動傳達訊息或警示。聽起來或許有點瘋

狂，但不妨花點時間思索一下。皮膚是你最大的感知器官，占身體質量的16%到18%，開車時卻很少派上用場。研究人員試過震動車內的任何物品，從踏板到椅背，從安全帶到方向盤。事實上，駕駛人能接觸到的任何表面都試過。

我一直很喜歡加拿大科學家約翰‧森德斯（John W. Senders）1967年發表的研究，他安排受試者戴著讓視線變模糊的遮光罩在測試軌道上開車。當遮光罩拉下來，森德斯就按下碼表，看看駕駛人可以在視線模糊的狀態下繼續開多久。他也試過用厚厚的耳罩妨礙駕駛人的聽覺，用厚手套隔絕他們的觸覺，以及用鼻夾阻斷他們的嗅覺。想當然耳，視線模糊後能繼續駕駛的時間，比阻斷聲音、觸感或氣味之後短得多。有個在駕駛研究中被廣泛引用的數據就來自森德斯的研究：「90%的駕駛行為是視覺活動。」[38]

這個研究聽起來或許很嚇人，森德斯後來又再做一次實驗，這回找波士頓的計程車司機在寬敞的馬路上測試，藉此評估駕駛技術扮演的角色。這種實驗只存在道德審議會誕生前的年代。不過，我說話可得小心點，因為我曾經拿森德斯的研究開玩笑，無意中惹惱他女兒。當時我在劍橋的微軟分公司演講，不知道她就坐在台下。老先生本人最後一次跟我聯絡時仍是老當益壯，年近百歲依然熱衷做研究。他在2019年過世，在那之前我們一直互通電子郵件，討論各種科學話題。

操控大自然效益

不過，除了思考如何讓警示音更有效地喚醒昏沉的駕駛人，我們不妨多用心考慮道路兩旁的景物。基於這個想法，2018年英國公路管理局宣布，他們決定投入150億英鎊，在2021年以前改善部分高速公路和重要A級公路。他們認為單調筆直的公路會讓駕駛人昏昏欲睡。依照這個邏輯，讓道路變得更美麗，可避免駕駛人開車時睡著。換句話說，就是運用我們稍早討論過的大自然效益提升行車安全。然而，開車時接觸大自然對我們有什麼作用？研究結果當然告訴我們，比起在半都市化區域或建築環境裡行駛，在大自然之中開車，對我們的大腦功能比較有利。

有個研究顯示，相較於觀看在綠化公路或快速道路行駛的影片，觀看開車穿越風景區幹道的等長影片的駕駛人用更多時間思索解不開的字謎，也就是說他們比較不容易感到挫折。[39]在另一個實驗裡，駕駛時觀看綠化景物，會比觀看都市景物更容易消除壓力，憤怒感、攻擊性與恐懼感也都比較低。[40]但我們不免擔心，真正在道路上開車的人，注意力必然持續鎖定在前方道路上，再美的景物都會淡化為背景。另一方面，開車經過為避免噪音干擾兩旁住宅而設的隔音牆路段時，情況會更糟糕。既然很多人都覺得在隔音牆路段行駛是不愉快的經驗，意味著宜人的景觀對駕駛人而言多麼重要。[41]

早在汽車問世以前，文藝復興時期建築師阿伯提（Leon Battista Alberti）就曾經寫道，建設道路必須搭配「豐富的優美風光」。 42 1920年代晚期，紐約州塔康尼克州公路委員會就遵循這個提議，建造一條全長160公里的公路，連接紐約市和多個州立公園、卡茨基爾山與阿迪朗達克山脈。這條公路不尋常之處在於，當初建造的主要目的，就是為了讓有朝一日開在這條逶迤路線上的人享受一段愉快的駕駛經驗。媒體人馬克・希利（Mark Healy）曾經在《紐約時報》撰文指出，他從威徹斯特走這條景觀園道前往哥倫比亞郡，過程「彷彿置身夢境」。另一位作家則形容它是「160公里長的明信片，是我見過最美的路道，不分季節。」希利說，「塔康尼克上沒有廣告看板，沒有醜陋的休息站，沒有收費站，沒有護欄，也沒有卡車。那裡有的是樹木，多不勝數。道路兩旁樹木林立，中央分隔島上則是一簇簇橡樹、松樹和楓樹。」 43 時至今日，很難想像還有誰願意投資大筆經費建造這樣的公路，我們不由得讚賞當初發想者的遠見。這條道路得到當時的羅斯福總統全力支持建造，即使坐在駕駛座，也能見證大自然歷久不衰的魅力。不過，如果能多了解這類景色優美的道路和乏味道路之間事故率的差別，應該會很有意思。

在1938年出版的《美國公路與道路景觀》（*American Highways and Roadsides*）裡，作者哥伯斯（J. L. Gubbels）如此描述駕駛行為的改變：

兩地之間的最佳道路是省錢、安全又有趣的道路。據估計，65%上公路的車輛是為了出門玩樂，而樂趣來自變化。開車的人怎麼會在乎兩地之間的距離究竟是65公里或70公里？只要多出來的路程能看見遠方蜿蜒的溪流，或在山頂上看見開闊谷地裡的牛羊馬匹在吃草，看見農夫在收割牧草或在深色草地上翻土，或者發現前方道路神祕地彎進蔽天樹冠，就不會吝惜多開幾分鐘路程。[44]

都市環境不只樣貌跟自然景觀有別，聲響和氣味也大不相同。[45] 不管開車時能不能感受到樂趣，我們不免好奇，這類聽覺與嗅覺信號能不能影響我們的情緒與心神狀態。畢竟，比起沿著哈德遜河谷徜徉在蜿蜒的塔康尼克州公路上，在市區塞車時鼻子聞到的大有可能是汽機車廢氣。研究人員相信，嗅覺確實有其重要性，並且提出洛杉磯交通事故件數與空汙指數的正相關加以佐證。[46] 仔細想想，這個現象或許不算太出乎意料，因為在其他條件相等的情況下，空汙指數越高，代表可能有更多車輛在路上製造廢氣。

另一方面，即使開車經過氣味宜人的鄉間地帶，只要緊閉車窗空調全力運轉，駕駛人可能就嗅不到大自然的氣息。正因如此，幾年前英國一家公司才會決定研究為自家生產的車輛開發氣味配置器的可能性。他們的想法是，利用衛星定位系統週期性地偵測車輛的位置，指示氣味配置器在車內釋出恰當的合

成自然氣味。想像一下，當你駕車經過森林，鼻子聞到的是松木香氣，或雨後泥土的迷人清香。聽起來很吸引人，如假包換的多感官協調情境。

如果你覺得氣味配置器聽起來太不現實，那就想想法國汽車大廠雪鐵龍，幾年前他們發表了C4，通風系統配備內含9種氣味的配置器。9種氣味分為3組，分別呼應「旅遊」、「活力」和「幸福感」三種概念，各含3種氣味。[47] 第一套三組替換匣免費贈送，也就是半年內汽車都會香氣宜人，之後才需要付費填充。2014年賓士汽車的部分新車款也提供氣味配置。[48] 只是，我覺得到時候要車主花錢填充的難度頗高。[49]

當然，想釋出合成的大自然氣味，一點都不需要高科技裝置。添加香氛的硬紙板小松樹已經在照後鏡前晃盪幾十年。不過，這個方法的問題在於我們的大腦會很快適應愉悅或中性氣味（就像我們在居家單元探討過的）。所以，你打開車門時也許會注意到那個氣味，我猜之後你大概就會將它拋到腦後。[50] 基於這個原因，如果是為了保持景物與氣味一致，週期性釋出可能比較有機會達到目的，至少能讓駕駛人注意到飄進鼻孔的氣味。

執行各種重複性的枯燥動作時，每隔幾分鐘輸送幾秒薄荷氣味，有助於提升受試者的認知表現。[51]（我有資格這麼說，因為我也發表過這方面的實驗結果。）因此，我樂觀地認為，比起我們之前討論過、喧鬧惱人的聽覺警示，氣味配置未來更

有機會被運用來喚醒瞌睡連連的駕駛人。釋出肉桂、薄荷、迷迭香、尤加利葉或檸檬等提神醒腦的環境香氛，可以達到跟警示音同樣的效果，但給人的感受卻愉悅得多。

刺激兩種感官通常比只刺激一種來得有效果，這就讓我們想到日本的研究團隊想方設法叫醒昏昏欲睡的卡車駕駛。比如透過方向盤來個電子指尖按摩、來一陣氧氣或葡萄柚香氣，主菜則是供駕駛人嚼食的魷魚乾。[52] 不過，根據參與這項實驗的9名卡車駕駛的口頭報告，同一時間的感官信號越多種，越能讓他們保持清醒。[53] 當然，駕駛人只要覺得疲倦，最好還是停車休息。但在我們確定駕駛累了就會休息以前，來點嗅覺提神劑（也別忘了魷魚乾），也許是攻略駕駛人感官最有效的方法。

在另一個類似的研究裡，研究人員使用諸如薰衣草之類的安撫香氛來緩和駕駛人暴躁的情緒。[54] 釋出芳療精油的氣味或許能夠幫助精神緊繃的駕駛人平靜下來，提升行車安全。[55] 當然，如果精油能掩蓋空氣汙染的難聞氣味，那就更好了。[56] 如果可以透過座椅提供一點按摩，我相信駕駛人馬上會覺得精神抖擻。

所謂的智能運輸系統如今已經可以藉由監測到的生理信號，判定駕駛人壓力多高、多放鬆或多想睡。壓力值的指標包括方向盤握得太用力或突然煞車。頻繁眨眼，說話時音色或抑揚頓挫出現變化，同樣是判定駕駛人大腦狀態的有利線索。不

過，這裡牽涉到的不只是駕駛人的聲音。只要改變語音指令的聲音，駕駛人聽從指令的可能性也會發生改變。駕駛輔助系統像電影《金甲部隊》（*Full Metal Jacket*）裡的軍隊教育班長一樣吼出指令，得到的反應可能會跟亞馬遜或蘋果公司的語音助理Alexa或Siri那種柔和音質大不相同（也就是更即時）。[57]

高風險解決方案

最後，不管採用什麼樣的安全措施，真正的挑戰來自風險補償問題。研究顯示我們習慣性調整駕駛行為，以趨向某種程度的可知風險。因此，只要出現某種新的干預措施來提升行車安全，比方說強制規定繫安全帶或安裝防鎖死煞車系統，駕駛人就會主動冒更高的風險。因為他們知道，不管他們開車時做些什麼，車子（應該）會保護他們。[58] 有個解決方案聽起來違反常理，卻是我最喜歡的，那就是在方向盤安裝一根尖刺，不管是真實或虛擬都無妨。[59] 這會大幅增加開車這個動作的可知風險，駕駛人就會更謹慎。聰明吧？

坦白說，在方向盤安裝金屬尖刺不太可行，那麼我們還有什麼辦法可以讓駕駛人的風險感知更為均衡？幾年前我跟某全球汽車大廠合作過這樣的計畫，目標在攻略駕駛人的大腦，讓他們在不明所以的情況下增加一點恐懼感。方法很簡單：我們在駕駛人不知不覺的狀況下，在他那側擋風玻璃投射驚悚

畫面。認知神經科學研究顯示，當恐怖的臉孔（比如只露出眼白）出現，[60] 即使只是一閃而逝，速度快得沒有被察覺，還是能啟動大腦的恐懼迴路。[61] 可惜的是，這個感官攻略始終沒能在實務上發揮作用。不過國際媒體聽說我們這個點子時儘管感到困惑，倒也還是爭相報導。

「暈頭轉向」：我們到底為什麼會暈車？

當車輛平穩行駛，我們的身體覺得我們沒有在移動，其他的感官卻知道我們在動。這時我們對身體的位置和動作的感覺（分別稱為本體感覺與運動感覺）會通知大腦我們處於靜態。然而，內耳三半規管裡湧動的液體卻會告訴大腦，我們其實**正在移動**，這稱為前庭覺（vestibular sense）。某些神經毒素也會造成感官不協調或衝突，因此從演化的角度來看，把稍早吃下肚的東西吐出來，消除潛在的毒性物質，是合理的反應。[62] 另外，暈車時要避免嘔吐，最好的辦法是視線緊盯兩旁的景物，好讓視覺做它該做的事，也就是支配其他感官輸入的不一致信號，讓它們**全部**相信你確實在移動，儘管感覺好像沒在動。[63]

我們的大腦在演化過程中並未納入駕車這個考量，所以才會有這麼多人飽受暈車之苦，尤其是搭車時把注意力放在路況以外的事物，比如看書。再怎麼說，就演化觀點而言，把我們上一餐吃的營養食物吐出來，實在不太理智。對於這種適應

不良現象，牛津大學教授米歇爾‧崔斯曼（Michel Treisman，1997年我開始在牛津大學執教，接下他的實驗室[64]）曾經提出有趣的解釋。他在聲譽卓著的《自然》期刊發表的文章裡推測，大約有25%到50%的人會暈車，可能是各個感官收到的信號不協調所致。

如果你因為不暈車沾沾自喜，先別得意。等我們大家開著半自動車輛到處轉，這個問題可能會給你來個大反撲。想像一下：你坐在車上，等著你的車子難得一次要求你採取手動駕駛。這對認知人因工程學家（cognitive ergonomists）是個極大挑戰。駕駛人在車子裡隨時做好駕車的準備，大部分時候卻無事可做，可能會覺得無聊透頂。[65] 不過，如果駕駛人有別的娛樂，比方看最喜愛的電影或網飛劇集（Netflix），就能幫助他們熬過枯坐的時間，同時保持清醒，必要時還可以立即改用手動操控。不過，這樣的情況恰好創造了誘發暈車的完美條件，也就是知覺專注在某件事物上，而非車輛的移動。不過倒也不必絕望，科學家已經提出專利申請，聲稱他們找到有效的感官攻略來應付這個問題，做法是利用智能眼鏡在駕駛人的周邊視野投射光線，模擬車窗外的景物，讓大腦意識到車子在移動。根據估計，到了2035年，無人車市場規模將達到630億英鎊，所以找到有效策略來解決這個問題可說刻不容緩。[66]

前方的道路

如果說哪件事是確定的，那應該是未來幾年出行這件事（包括通勤）即將風雲變色。電動車已經不算罕見，2017年電動汽車公司特斯拉（Tesla）又推出幾款新車，包括到目前為止最低價的Model 3。儘管特斯拉偶有事故傳出，美國有些州政府已經核准半自動車上路，其他國家也可望在不久的將來採行類似方案。正因為變局將至，就連汽車大廠都不知道未來幾十年內傳統汽車的市場還會不會存在。以現階段來說，個人運輸產業的顛覆比較有可能來自谷歌（Google）或蘋果公司、無人車新創公司nuTonomy、網約車Lyft和Uber之類的企業，而非來自福特或豐田這些汽車龍頭。[67] 不管是電動車、汽車共享或自動駕駛的興起，汽車大廠多年來不惜斥資以行銷廣告打造的傳統品牌顯然越來越脆弱。如果人們越來越傾向使用隨叫隨停的交通共享應用程式，老品牌的地位難免日漸式微。[68] 無論未來如何發展，這個市場的最大贏家勢必得找出攻略通勤者大腦的最佳方法，畢竟我們的大腦並沒有演化出開車去上班（或前往任何地方）的技能。

1 原注：Redelmeier and Tibshirani (1997).
2 原注：Colvile (2017).
3 原注：Novaco et al. (1990).
4 原注：www.volpe.dot.gov/news/how-much-time-do-americans-spendbehind-wheel.
5 原注：我的職業生涯很大一部分正是從汽車相關研究獲取創新理念和啟發，將它們應用在從洋芋片到止汗劑瓶罐的設計上。
6 原注：Aikman (1951).
7 原注：哈雷機車甚至曾經想保留他們的機車「砰噗砰砰噗砰」的引擎聲，可惜沒有成功：Michael B. Sapherstein, The trademark registrability of the Harley-Davidson roar: A multimedia analysis, http://bciptf.org/wp-content/uploads/2011/07/48-THE-TRADEMARK-REGISTRABILITY-OF-THE-HARLEY.pdf.
8 原注：*Sunday Times*, 12 June 2016. 並參考*Washington Post*, 21 January 2015
9 原注：Hellier et al. (2011).
10 原注：Horswill and Plooy (2008).
11 原注：Menzel et al. (2008).
12 原注：*The Times*, 7 May 2018, 6.
13 原注：這個問題不免讓人想到，最早的《星際大戰》電影布景設計師想必也有過這樣的苦惱，也就是光劍該發出什麼樣的聲音。
14 原注：Montignies et al. (2010).
15 原注：BBC News, 14 January 2005, http://news.bbc.co.uk/go/pr/fr/-/2/hi/uk_news/wales/4174543.stm.
16 原注：Sheldon and Arens (1932), pp. 100–101.
17 原注：這句話其不算正確，因為黑色其實是無彩色，也就是沒有色彩。這句話的出處也同樣受到質疑。
18 原注：Guéguen et al. (2012); Hanss et al. (2012). Feldstein and Peli (2020).
19 原注：Brodsky (2002); North and Hargreaves (1999).
20 原注：Beh and Hirst (1999).
21 原注：Ramsey and Simmons (1993).
22 原注：*The Times*, 7 March 2018, 17.
23 原注：Redelmeier and Tibshirani (1997).
24 原注：如果你覺得這和駕駛人跟乘客說話沒有不同，那麼你就錯了。乘客能掌握前方路況，所以會知道駕駛人什麼時候需要專心開車，可以配合調整或暫停談話。
25 原注：Spence (2014).
26 原注：Spence and Read (2003).
27 原注：所以很多駕駛人遇到複雜路況時，會將音響音量調低或關閉。
28 原注：*New York Times*, 27 July 2009, www.nytimes.com/2009/07/28/technology/28texting.html; Driver distraction in commercial vehicle operations, Technical Report No. FMCSA-RRR-09–042, Federal Motor Carrier Safety Administration, US Department of Transportation, Washington, DC, 2009.
29 原注：Ho and Spence (2008).
30 原注：Ho and Spence (2009).
31 原注：Obst et al. (2011).

感官攻略

32 原注：Ashley (2001); Graham-Rowe (2001); Mitler et al. (1988); Sagberg (1999).

33 原注：Oyer and Hardick (1963).

34 原注：McKeown and Isherwood (2007).

35 原注：Ho and Spence (2008).

36 原注：*The Times*, 19 January 2018, 35.

37 原注：Ho and Spence (2008).

38 原注：Senders et al. (1967); Sivak (1996).

39 原注：Cackowski and Nasar (2003).

40 原注：Parsons et al. (1998).

41 原注：Bijsterveld et al. (2014).

42 原注：*De re aedificatoria* (1485)，引用自 Lay (1992), p. 314.

43 原注：*New York Times*, 5 July 2002, F1, www.nytimes.com/2002/07/05/travel/driving-just-drive-said-the-road-and-the-car-responded.html.

44 原注：Gubbels (1938), p. 7.

45 原注：不過正如艾波亞（Donald Appleyard）、林區（Kevin Lynch）和梅爾（John R. Myer）在他們1965年共同發表的書《道路的景觀》（*The View from the Road*）中寫道，「駕駛車輛的感覺主要在於動態與空間，是一種持續不斷的體驗。主要的感官是視覺，而非聽覺或嗅覺……相較於行人的體驗，開車族對聲音、氣味、觸感和天氣的感覺都比較薄弱。」

46 原注：Ury et al. (1972).

47 原注：*New Atlas*, 26 January 2005, https://newatlas.com/go/3643/.

48 原注：2014 Mercedes-Benz S-Class interior is 'the essence of luxury', https://emercedesbenz.com/autos/mercedes-benz/s-class/2014-mercedes-benz-s-class-interior-is-the-essence-of-luxury/.

49 原注：Spence et al. (2017).

50 原注：Forster and Spence (2018).

51 原注：Ho and Spence (2005); Warm et al. (1991).

52 原注：嗯，魷魚乾的效果我也不確定。

53 原注：Fruhata et al. (2013); *Wall Street Journal*, 6 May 1996, B1, B5.

54 原注：Fumento (1998); James and Nahl (2000); 2011 AAMI Crash Index, www.yumpu.com/en/document/view/51279966/2011-aami-crashindex.

55 原注：Mustafa et al. (2016).

56 原注：Schiffman and Siebert (1991).

57 原注：Ho and Spence (2013).

58 原注：Evans and Graham (1991); Peltzman (1975); Wilde (1982).

59 原注：Spence (2012a).

60 原注：有個更好的比喻，那就是電影《鬼店》（*The Shining*）最驚悚的「強尼來了！」片段之中，扮演飯店管理員的影星傑克·尼可遜（Jack Nicholson）的臉孔。

61 原注：Whalen et al. (2004).

62 原注：Treisman (1977).

63 原注：我自己通常不會暈車，卻記得10歲左右從里茲去伊爾克利旅遊時的經驗。這段路程將近18公里，我坐在沒有車窗的廂型車後座，面對後方。天哪，我們到目的地的時候，我難受極了！以這個例子來說，我覺得問題出在加速與

減速（因為我面向車尾）的不尋常模式，加上當時我的視覺沒有接收到移動的信號。我可以跟你保證，那種感覺一次就夠受了！我後來沒再犯過同樣的錯誤。因為生病而學乖，肯定是我們最迅速又強大的反應。

64 原注：如果你還記得我在第一章提到的那些教授，謹此聲明，他不是其中之一。

65 原注：Körber et al. (2015).

66 原注：*The Times*, 24 January 2018, 26.

67 原注：Deloitte, *Driving Connectivity. Global Automotive Consumer Study: Future of Automotive Technologies*, https://www2.deloitte.com/content/dam/Deloitte/uk/Documents/manufacturing/deloitte-uk-driving-connectivity.pdf, March 2017.

68 原注：Where to, sir? *The Investor*, 95 (2017), 7–10.

第六章

工作場所

　　日本人用「過勞死」形容賣命工作把自己累死的人。這個問題實在太嚴重，2018年日本政府不得不立法規範勞工加班時間的上限，一個月不超過100小時，一年不超過720小時。工時過長的現象或許在日本比較嚴重，但世界各國大多數上班族在生命中清醒的時刻裡，待在室內的時間比待在其他任何地方來得更長。以美國為例，目前每週工時大約34小時。相較之下，平均時數最長的是墨西哥，每週將近43小時；最短的是德國，每週26.5小時。另外，2019年媒體報導指出，英國工時之長居歐洲之冠，報紙的標題寫道：「辦公時間過長，『時差』可能會找上你。」[1] 這些全國平均數值無疑包含大幅度的個別差異，因為很多人表示他們經常每週工作60到70小時。根據《哈佛商業評論》（_Harvard Business Review_）一篇報導，62%的高收入族群每週工作超過50小時，35%超過60小時，更有10%超過80小時。[2] 有一點相當諷刺，至少根據史丹佛大學經濟學家約翰‧彭卡維爾（John Pencavel）的研究，第一次世界大戰期間（這是經典田野調查研究）軍需品工廠的女性員工每週工作

70小時，分析結果發現，她們的生產力並沒有比每週工作56小時來得高。[3]

如果工作的人真的樂在其中，那麼工時過長或許不算太糟，可惜情況通常不是這樣。層出不窮的調查研究發現，勞工的壓力和無心工作的程度已經來到歷史新高。根據2011到12年一份蓋洛普調查，光是在美國，員工心不在焉、無心工作導致生產力降低，就造成企業每年4500億到5500億美元的損失。那篇報告的作者表示，「到了2012年底……只有30%的美國勞工對自己的工作投入、專注、熱忱、忠誠。」剩餘的70%當中，52%工作不投入，最後那18%坦承上班積極打混。另外，2017年一份調查顯示，超過70%的澳洲人表示工作帶給他們壓力。[4]

在如今的都市型社會裡，工作壓力是很多非傳染疾病的重要原因。這些病症從心血管疾病到憂鬱症、從骨骼肌肉疾病到背痛，無所不包。某些新潮辦公室引進各種設施對治這個問題，比如溜滑梯或攀岩牆（例如倫敦市主教門街22號摩天大廈裡的玻璃攀岩牆），以及小型賽車場或射擊場。很多員工的反應則是，他們更喜歡得到支持與認可。[5]其他的策略還包括按摩，因為菲爾德和她在佛羅里達州的同仁研究發現，午休時間做15分鐘按摩，有助於提升下午工作時的專注力。參與這項研究的幸運兒是一家醫學研究機構的員工，連續5星期享受每天按摩15分鐘的福利。是不是美滋滋？[6]

工作場所的感官失衡

如果你知道90%的時間都待在室內不符合我們的演化結果，就不會對這些負面後果感到驚訝。研究顯示，這麼長時間待在室內（因為工作的關係），導致不少跟感官失衡相關的健康問題。例如在北半球高緯度地區，季節性情緒失調（seasonal affective disorder，簡稱SAD）是個大問題。冬季那幾個月長期缺乏自然光，白晝時間太過短暫，上班時間幾乎無法外出的上班族很容易就會心情沮喪。我們用實例來說明問題的嚴重性。根據估計，光是曼哈頓就有多達200萬名上班族可能在冬天蒙受陽光不足的負面影響。幸好，解決方案很簡單，只要增加照射模擬自然光的人造燈光的時間，或者移居到陽光明媚的溫暖地帶就行了。事實上，想提升我們的工作表現和幸福感，確保充足的光照是最簡單也最有效的感官攻略。 7

有誰喜歡精實設計？

近年來工作場所的本質已經有所改變。比方說，被譽為英國陶瓷之父的18世紀英國工業家約西亞‧威治伍德（Josiah Wedgwood）主張，工作場所應該乾淨整齊。如今廣為流傳的「精實」（lean）辦公室設計，始作俑者可能就是他。 8 不過，2019年《經濟學人》（*The Economist*）一篇報導指出，辦

公室設計的走向與時俱進：

20世紀初期的辦公室為了取得最佳工作效率，聽從早期美國管理顧問費德烈・泰勒（Frederick Taylor）的觀點，模仿工廠的布局，讓辦公室裡的打字員和職員排排坐，便於監督。到了1960年代，比較寬鬆的「辦公室景觀設計」概念從德國橫渡海峽而來。1980年代吹起「隔間農場」風。到如今流行的是開放式設計和不指定座位的「共享辦公桌」，以期消弭階級觀念，營造輕鬆隨性的氛圍。9

說到病態建築

再來個縮略字：SBS，意思是病態辦公室症候群（sick building syndrome）。所謂病態辦公室，指的是在裡面工作的人健康出狀況的比率高出預期。1982年世界衛生組織對這種狀況的定義是，「室內環境不良的建築物居住者出現的一般性、皮膚與黏膜症狀。」最常見的症狀是倦怠、頭痛、鼻子和喉嚨不適、眼睛不舒服。根據瑞典的評估，大約有12%的女性員工受到影響，男性則是4%。到了21世紀初，這個問題對英國經濟的影響據估計每年約6億英鎊，換算成薪資差不多占個別公司薪資總額的2%。

西方國家有關病態辦公室症候群的報告最早出現在1970年

代石油禁運期間,當時很多辦公建築調降了通風標準。在門窗大多緊閉、自然通風不良的辦公建築裡,病態辦公室症候群的問題通常比可以開窗讓空氣流通的建築物更普遍。辦公室建築的家具和塗層會釋出揮發性有機化合物,通風不良很容易導致這些物質的累積。這類建築物的二氧化碳含量也可能過高,因為裡面的人持續呼出這種氣體。很多病態辦公室症候群都跟空氣汙染或空氣中的「怪味」(也就是陌生氣味)有關。至於你該提防的是什麼味道(如果味道可以提防的話),大多數人的描述都不明確,只好稱之為「怪味」。[10]

近年來病態辦公室症候群的案例確實好像減少了。再者,這個問題的致病機制始終無法確認,某些評論家不禁懷疑,早期許多紀錄詳盡的病態辦公室症候群大規模爆發的案例與其說是環境造成,不如說是集體歇斯底里的結果。更有人質疑,「生病」的究竟是員工或建築,意思是這種症狀的原因可能是身心失調。不管原因是什麼,只要能夠降低室內空汙程度,就有機會減少病態辦公室症候群的發生,如此一來就能提升辦公室的生產力(有個研究顯示,員工打字速度可以增加6%)。[11]

不過,探討光線不足、空氣品質不良和過多背景噪音(我們稍後會討論這個主題)對健康的危害之餘,我們還能做些什麼來攻略辦公環境,以利維持靈敏的反應,降低壓力,增進創造性思考?[12]鑑於早先提及的各種研究結果,不難想見有不少

研究人員致力探討將大自然帶進工作場所的好處。不過，繼續討論之前我想先聊聊環境的各種基本感官面向，看看它們如何影響我們的工作表現和福祉。如果我們不設法改變，到最後可能會變成辦公室用品公司Fellowes根據研究報告打造的人偶艾瑪（Emma）。[13]

圖說：艾瑪，上班族的未來。紅眼、駝背、頭痛，外加一籮筐的健康問題。根據最新的「工作的未來」報告，如果我們不改變工作方式，這就是我們很多人未來的模樣。研究人員訪談了法國、德國與英國超過3千名上班族後指出，如果工作環境沒有改變，90%坐辦公室的上班族就會飽受上述問題苦惱，也很難專心工作。已經有50%的受訪者表示眼睛疼痛，49%背痛，48%則是頭痛。

空調也有性別歧視嗎？

關於溫度的調節，你很難不注意到性別差異。氣溫太高的辦公室雖然可能讓人越來越疲倦，但女性通常不太介意溫度高。她們的困擾通常恰恰相反，也就是辦公室空調設定的溫度

太低，她們必須添加衣物才不覺得冷。兩性對氣溫的感受差距不算小。根據一項研究，差距最大的是歐洲與北美男性與日本女性。日本女性喜歡的溫度比西方男性喜歡的溫度（22.1度）平均高出3.1度。背後的原因是，男性通常比女性擁有更多能製造熱能的肌肉，所以他們的新陳代謝率高得多（最多可以高出30%）。對女性上族班不利的是，幾十年前建立的建築物室內溫度規範，是以70公斤的40歲男性覺得最舒適為原則。近年來女性不再甘心暗自顫抖，有越來越多高分貝抗議聲出現，直呼空調有性別歧視。仔細想想，空調可能也有年齡歧視，因為我們的新陳代謝率會隨著年齡下降，所以年長的上班族可能也喜歡比較溫暖的辦公室。

最直接的解決方法就是調高溫控的平均溫度。只是，以辦公室溫度而言，恐怕永遠找不到皆大歡喜的中間值。然而，溫控之爭牽涉到的不只是氣溫的舒適度，因為環境溫度也會影響我們的工作績效。有個研究探討超過500名男女在16到31度的環境的工作表現，發現當環境溫度較高，女性在算術與口頭任務上的表現比較好，反之則男性比較優秀。鑑於升溫後對女性表現的助益比降溫對男性表現的助益來得大（每升高1度，女性在算術與口頭任務的表現提升1%到2%，男性表現則只降低大約0.6%），研究人員因此認為，在兩性共處的辦公室，溫度如果升高，整體表現會得到改善（前提是男女人數大致相同）。然而在此同時，辦公室能源效率的環保議題也愈發受到

關注，在暖氣上投注更多經費顯然越來越站不住腳，儘管上述研究證實提高辦公室溫度有助於提升工作表現。[14]

有些思維創新的設計師在考慮，利用「暖」色調的油漆和燈光，能不能既降低冬季暖氣費用，又維持室溫的舒適度。確實，有少數證據顯示，比起冷調藍光，在溫暖黃光下的人比較能接受低一點的溫度。只是，在真實環境裡，這種視覺帶來的加溫效果（大約相當於升溫0.4度）到底能產生多大的差別，還是需要深入探討。[15] 不過別忘了，使用暖色調可能不只讓我們感到暖和，因為亮色油漆和燈光也會影響我們的心境和情緒（正如我們在居家單元探討過的）。[16]

鑑於調溫器之爭暫時還不太可能落幕，溫控座椅或許是個前瞻性的解決方法，很多高價位汽車已經配備這樣的功能。研究人員已經證實，紅外線監控裝置可以用來感測辦公室人員的體表溫度，針對個人調高或調低空調溫度。這種提升溫感舒適度的個人化措施可以降低20%到40%的空調費用，效果不俗。由於辦公室能源效率的議題勢必越來越受重視，這種節省成本的策略將變得更加重要。[17]

誰上班時間從來不覺得累？

你上一次工作時想睡覺是什麼時候？本世紀初美國一項針對將近3萬名勞工所做的全國代表性調查發現，受訪者被問

到「過去2星期內你是否曾覺得無精打采、睡眠不足或疲倦乏力？」時，將近40%的人給出肯定答案。一天之中我們的靈敏度會隨著身體的晝夜節律可預期地起伏，很多人會在早晨或午後覺得睏倦，尤其是吃過豐盛的餐點之後。根據心理學家的說法，當靈敏度處於中等水準，我們會有最佳表現。那麼問題來了：我們能不能運用環境信號來調節或操控我們的靈敏度。[18]研究證實，接觸明亮的光線與背景音樂都有幫助。比方說，一天之內不管什麼時間，明亮的非自然白光（也就是多色光）都能提高主觀靈敏度。名稱恰如其分的期刊《睡眠》（Sleep）2006年一篇報導指出，午後來點明亮光線（來自某種特別燈具，效果就像待在陽光燦爛的戶外一樣），可以克服午後的睡意。[19]另外，研究證實播放音樂有助於減低乏味感，讓工廠員工和打字員的工作效率提升10%到20%。只是，要找到大家都喜歡的音樂通常不太容易。所以有人建議，只要情況允許，不妨利用耳機播放個人喜愛的音樂。[20]

　　同樣地，接觸薄荷或柑橘之類有助於提神的環境香氛，或許能提振我們的精神。覺得壓力大的時候，薰衣草之類的舒緩香氛則可以幫助我們平靜下來。說到這裡，開完壓力緊繃的會議之後，在辦公桌換個香氣是個不錯的點子。這個簡單的感官攻略也許能讓你恢復精神。不過，柑橘之類的愉悅香氛沒辦法讓你亂糟糟的辦公桌變得乾淨整齊（雖然我太太會希望它們有這種功效）。[21]

我們很多人需要的工作環境不但要能在午餐後讓我們保持靈敏度，下班回家前也要能放鬆身心。這種對環境刺激持續變動的需求，或許可以說明固定的環境屬性對於我們工作時的幸福感和績效幫助有限。因此，雖然某個顏色的油漆也許可以讓你保持靈敏，但到了一天工作結束時，那恐怕不是你想要的效果。智能燈具可以在一天之內調整不同模式的環境刺激，多了點彈性。這方面最饒富興味的研究，就是我們稍早提到的清晨藍光。執行各種不同任務時接觸這種短波（460nm）藍光，即使時間相對短暫，都能夠提升靈敏度和認知表現。[22] 那麼，如果我們瞌睡連連，這似乎是個完美對策。

過去15年來我跟塗料和香氛產業合作，評估環境對人的影響，並且設計多感官策略來增進工作表現。「有沒有特定的塗料顏色可以提升員工的生產力？」這是將近20年前我為得利塗料探討的問題之一。關於色彩對我們的智力表現在各個面向的作用，已經有不少人做過研究。[23] 在牛津大學，我們花了很長時間努力證實，某些顏色的塗料可以讓人在工作場所的表現明顯提升。我們卻也發現，改變燈光或螢幕的色彩與亮度，幾乎都是比塗料顏色更有效的感官攻略。更明亮的燈光不負所望地打造更有活力的環境。

某些研究聲稱盯著彩色螢幕會產生某些效益，引來媒體爭相報導。比如拉維・瑪塔（Ravi Mehta）與朱睿2009年在《科學》期刊（Science）發表的文章指出，盯著紅色螢幕可以提升

校對效率，盯著藍色螢幕則能提升解決問題時的創造力。[24] 不過這些研究的結果都不太容易複製。

感官攻略創造力

說到創造力，我應邀參加過不少企業創新講座，不得不承認結果大多令人失望。因為我擔任諮詢顧問的大部分時間都被監禁在還算豪華的飯店無窗的地下樓層，有時候一連好幾天。白色牆壁、多角桌椅、沒有窗戶、沒有自然光。除了被遺棄在角落看似哀傷的盆栽，當然也沒有其他大自然的蛛絲馬跡。哪個人覺得這樣的環境能促進創新思考？很多負責籌備這類活動的人好像都有個錯誤觀念，那就是只要把對的人集合在一起夠久的時間，環境本身並不是那麼重要。他們實在大錯特錯。

工作環境的具體特質對思考能力的影響，遠超出我們的想像。其中很多作用單獨來看或許微小，但再小都有幫助。加總在一起，或許最終能對我們的表現產生重大影響。比如說，我們在居家單元提過，如果希望家人意見一致，就讓他們圍坐在圓桌旁，如果你希望激發高遠思維，串連不同觀點，就弄個挑高天花板。

我喜歡拿企業創新研討會和時髦廣告公司（以及後來的矽谷科技公司）的創意空間做個對照。我有個大學同窗好友在洛杉磯那棟極具代表性的雙筒望遠鏡大樓[25] 上班。超過25年前我

曾去拜訪他，那時還只是收入微薄的年輕學者的我羨慕得不得了。我記得當時看見辦公室隔出一塊專門用來激發創意和創造性思維的區域，覺得很受震撼。雪白的落地窗簾被加州的溫暖微風吹拂著，搖曳擺盪；柔軟的白色椅墊尺寸如此之大，幾乎把坐進去的人吞沒；整個空間非常寂靜。一點都不難想像，環境經過如此這般的改造，創意將會如何迸發（研究結果顯然也證實這點）。[26] 話雖如此，關於寂靜這點，企業負責人的做法未必正確。因為瑪塔等人的研究指出，添加一點背景音（據描述是以咖啡館的顧客談話聲、交通噪音和遠處建築工地的噪音混合而成），或許有助於提升創造力。瑪塔等人做了5個實驗發現，相較於50分貝與85分貝，噪音值在70分貝時（大約是淋浴或洗碗機的音量），最有助於提升工作表現。[27]

有時候這種事可能過猶不及。谷歌蘇黎世辦公大樓裡有個假滑雪坡，上面有供員工開非正式會議的吊艙，我個人就覺得這不是什麼好點子。值得注意的是，市面上越來越多WeWork這類新創公司提供的共享辦公空間，這些空間也喜歡融入標準辦公室少見的時尚特色。

大多數會議有個重要特點，那就是飲料，好像無一例外都是咖啡、茶和其他咖啡因飲品。事實上，調查結果顯示，大多數員工期待會議提供飲品。這是為什麼？來杯熱飲真的能增進我們的推論能力？我們很多人工作時需要咖啡或可樂提振精神，熱飲或咖啡因飲品卻可以促進團隊合作。不只如此，想減

少咖啡因攝取的人有福了,研究顯示,如果我們相信咖啡的提神功效,那麼光是咖啡的味道就能提升我們的智力表現。 [28] 感官攻略人體的化學感覺或許比你想像中重要得多。

開放式辦公室

如今很多上班族面臨的最大挑戰,是從過去最多容納3人的小型隔間辦公室,趨向越來越普遍的開放式辦公室。目前美國已經有超過70%的上班族在開放式空間辦公。 [29] 做這個決策的人總是宣稱,這種格局不但節省花費,也能促進員工互動。只是,研究結果通常恰恰相反。研究人員反覆再三證實,改成開放式辦公室可能會增加工作壓力、**減少**員工互動,員工的主觀幸福感也會降低。 [30] 換成開放式辦公空間後,員工的疲勞、頭痛和壓力相關疾病都有增加趨勢。正如一項針對員工健康與表現的系統性文獻回顧指出,「有明確證據顯示,在開放空間工作會降低工作滿意度。」難怪各大報紙經常出現提供感官攻略的文章,幫助上班族應付工作時分心的問題。 [31]

近來我系上辦公室因為石棉含量過高突然封閉,我也因此體驗到開放空間的缺失。大多數同事都暫時從我們在舊大樓的個人辦公室搬到新的開放式辦公室。負面效應清楚可見,因為研究生更常遠距工作,理由是辦公室的噪音害他們分心。研究顯示,在開放式辦公室工作的人,一天之內因為干擾損失的時

間大約是86分鐘。根據我的短暫經驗，我樂意相信這個數字。我跟很多同事一樣，不久後就開始在家工作。事實上，這本書大部分就是那段時間在家完成的！只有這樣才能得到一點安詳和寧靜，更別提隱私。

只是，不是所有人都能享有這種選擇。可嘆的是，在大學校園裡，開放式辦公室漸漸蔚為流行，因為學術界也慢慢效法企業界，致力打造所謂的「學術中心」。[32] 當然，過程中我們最好順便淘汰開放式辦公室，以便提升員工的幸福感與生產力。然而，我估計這件事一時半刻還不會發生。開放式辦公室可以節省短期成本、增加彈性運用，這個優勢讓管錢的人很難抗拒。

感官攻略開放式辦公室

如果不幸趕上開放式辦公室的潮流，你的第一要務就是盡量選個靠近窗戶的座位。這真的有助維持你的滿意度。可能的話，最好選個高隔板位置，隔開辦公室同仁，減少來自周邊視覺的干擾。[33] 不過，開放式辦公室最大的問題是噪音，尤其是別人交談的聲音。絕對的安靜幾乎也一樣糟，因為那太像圖書館，充滿壓迫感。根據調查，在開放式辦公室上班的人，有25%到30%對辦公室裡的噪音感到不滿，所以目前迫切需要有助於減輕聲音干擾的感官攻略。丹尼爾・列維廷

（Daniel Levitin）在他的著作《大腦超載時代的思考學》（*The Organized Mind*）裡提供的第一招是耳塞，能夠讓背景噪音降低30分貝。他也建議使用降噪耳機進一步消除談話聲。他說，比較直接的做法是請同事不要打擾你，並且要求大聲說話的人閉嘴！只是，不需要我說，你多半知道這種策略對你在辦公室的人緣有什麼影響。[34]

另一個已經在這個領域運用的方法是使用布朗雜訊（brown noise）。[35] 這裡有個祕訣，那就是這種噪音的音量要能掩蓋談話聲，卻又不能太高，免得說話的人得拉高嗓門。只是，恐怕不是所有人都喜歡整天聽著類似收音機雜訊或抽風機噪音的聲音。

另一個經過試驗的辦法是使用大自然聲響。鑑於之前的單元討論過的證據，我們有理由相信這個辦法會有效果。關於這點，2017年芬蘭科學家分別以4種不同的大自然水聲跟普通的布朗雜訊做比較，評估它們對開放式辦公室員工的效用。大自然聲音景觀分別模擬瀑布、平緩的河水、汩汩的溪流和偶爾夾雜鳥鳴的流水聲。每一種聽覺屏障至少對77名員工播放3星期，音量大致調在44分貝（比潺潺小溪的聲音大不了多少）。結果或許出乎大多數人的預料，因為比起已經在辦公室運用的布朗雜訊，大自然聲響並沒有帶給員工更多主觀聽覺滿足感，分心的情況也沒有減少。事實上，在各種主觀滿意度和表現評量上，布朗雜訊的聽覺屏障效果居冠。[36] 這些結果具有某種程

度的代表性，研究人員真心認為，布朗雜訊雖然不悅耳，卻最能減輕大多數開放式辦公室聽覺干擾導致的壓力。

不過，對於這些研究結果，我們（至少我會）不免吹毛求疵地懷疑或提問：大自然水聲在其他地方已經證實有正面效果，為什麼在這裡卻不管用？其中一個原因可能在於，在辦公室播放流水聲，本身就是一種感官不協調。聽見水聲的人可能會覺得哪裡漏水，或馬桶故障，不會聯想到大自然。（或者，他們會一直有尿意！）相較之下，就像我們在庭園單元討論過的，這些大自然水聲如果是在戶外播放，比如某些研究用它們來遮蔽公園裡的交通噪音，效果通常好得多。這可能是因為水聲跟戶外的大自然景觀比較一致，至少聽見的人覺得比較協調。

談判背景聲響或噪音對我們的影響，就不能不提聲音所創造的心理意象，就跟聲波本身的物理屬性一樣重要。我用2016年瑞典一項研究來說明這個觀點。研究人員對三組受試者播放粉紅噪音，間或穿插白噪音。[37] 其中一組沒有任何說明，另一組則被告知他們聽的是工業機械的聲音，第三組得知他們聽的是以瀑布水聲為主的大自然聲響。有趣的是，認為自己聽的是自然聲響的人，主觀復原的表現明顯比以為自己聽的是工業噪音的人來得好。一如預期，沒有收到任何指示的對照組的復原表現落在二者之間。[38]

將大自然帶進工作場所

　　辦公室族群上班期間如果能到戶外接觸大自然，即使只是午休短短幾分鐘，午後的表現就會更好。接觸大自然不只能夠減輕壓力，也讓我們在回到辦公桌後更能發揮創造力解決問題。然而，不是所有人上班時都有時間或機會接觸到大自然。對於這些人，第二個最佳策略就是選擇靠窗的座位，最好窗外是豐富的自然景觀，充足的採光也就不在話下。大自然的景物和光線都對我們的主觀幸福感和壓力的緩解有極大的正面效益。[39]

　　只是，同樣不是所有人都能選到靠窗位置。那麼還有什麼辦法可以將大自然的元素帶進工作場所？傳統的做法是利用盆栽或大自然海報。辦公室牆壁上如果掛著風景畫或抽象藝術海報，男性員工的憤怒與壓力值通常比較低。[40]

　　矮樹（也就是盆栽植物）在工作場所的功效長期以來沒有定論，2014年一項研究提供了目前為止最可信的證據，證實綠化（相對於精實）辦公室的益處。研究人員在荷蘭和英國大型開放式商業辦公室展開3項田野調查（雙關語請別見怪），比較同一間辦公室裡綠化與精實的效果，發現員工在綠化辦公室時，對環境的主觀滿意度和生產力的客觀評量都比較高。這些結果顯示，比起精實辦公室，綠化辦公室無論對員工的主觀或客觀表現都有明顯助益。[41] 以雇主的角度來看，綠化辦公室裡

的員工效率提高將近25%。此外，員工表示他們覺得空氣品質變得更好，專注力也提高了。所以，這是雙贏局面。

「塑膠樹有什麼不好？」

1937年《自然》期刊一篇文章如此提問。文章作者緊接著用委婉語氣回答自己的問題：「塑膠樹本身應該沒什麼不好。我們可以善用塑膠樹之類的產品（相較於真實植物），讓人們覺得自己體驗到大自然。」[42] 可是塑膠樹帶給人的好處真的跟有生命的樹木一樣嗎？假樹也許可以提供心理上的助益，[43] 卻肯定沒有淨化空氣的功能。畢竟室內植物和根域微生物小宇宙（基本上指土壤裡的所有生命體），可以消除不少揮發性有機化合物。這些化合物據說是室內空氣品質相關疾病和病態建築症候群的禍首。

室內植物和根域微生物也能吸收二氧化碳，讓空氣更為清新。2007年一項研究顯示，在自然通風的建築物裡，室內植物大約讓空氣中的二氧化碳含量降低25%，在空調辦公室則是降低10%。不過，吸收二氧化碳的究竟是植物的葉片，或存活在植物上和土壤裡的細菌，卻一直沒有定論。如果你想知道該挑選哪些植物，我的建議是略帶香氣的小型綠色植物，這種植物對我們的健康與幸福感最有益。不過，在辦公室最好避開紅花植物，因為紅色花朵儘管賞心悅目，一段時間後卻也容易造成

視覺疲勞。[44]

　　我清楚記得自己某天載著滿車盆栽進辦公室，學生臉上是什麼表情。他們顯然認定我在使用某種心理戰術，擺盆栽不是為了綠化，而是為了讓他們多交幾篇報告。他們的擔心有理！畢竟植物提升工作表現的潛在功效不容小覷。根據世界綠建築協會，工作場所只要改善通風、減少汙染，員工生產力就可望提升8%到11%。[45] 這麼驚人的結果或許可以說明，2018年亞馬遜公司在西雅圖市區新設的總部為什麼看起來像溫室，不像傳統辦公大樓。這棟名為玻璃球（The Spheres）的三棟球形玻璃溫室裡除了有超過400個品種、共4萬多棵植物，還有亞馬遜總部！[46] 如果大自然效益也有所謂的劑量過高，指的就是這個了。

圖說：西雅圖市區的亞馬遜總部。（Joe Mabel）

大自然之美盡在電腦桌面上？

　　很多辦公族看電腦螢幕的時間比看任何東西都長，於是我們不免好奇，能不能利用螢幕上的畫面獲得大自然效益。（想想微軟Windows作業系統中那些美得令人屏息的桌布和螢幕保護程式。）近來我只要離開一段時間後重回辦公桌，迎接我的就是接連不斷的大自然影像。我不免好奇，每隔一段時間看幾分鐘這樣的畫面，對我有好處嗎？是不是有助於注意力資源更迅速恢復，或在緊繃高壓的工作會議之後更快減壓？或者，以我的情況來說，能在收到電子郵件通知我最近申請的補助金或寄出的學術論文被無禮拒絕時，迅速找回愉快心情？我覺得有此可能，至少如果我盯著那類畫面夠久的話。[47] 當然，問題關鍵在於，需要盯多久才夠。

　　現階段勉強能用來評估這方面效益的研究，是讓受試者在電腦螢幕上觀看據說有恢復作用的自然圖片，並在事前事後執行認知注意力任務。為了對照第二回合任務的效果，觀看自然圖片的受試者的工作表現，都拿來跟觀看都市場景或類似幾何圖案的中性畫面的受試者做比較。這類研究的結果已經確認，觀看電腦螢幕上的自然景觀畫面[48] 的確有助於恢復注意力，從受試者在各種標準化測驗的表現有所改善就能看得出來。[49]

　　不過，最少需要看自然圖像多久時間，才能對注意力的恢復產生顯著效益，目前還沒找出答案。根據一項研究，受試者

感官攻略

只觀看花葉扶疏的屋頂花園照片40秒，執行任務的能力就比觀看水泥屋頂有明顯提升。[50] 不過，觀看自然圖片究竟有多大助益，取決於看的時間和螢幕大小。至少另一個研究告訴我們，螢幕越大、看得越投入，處於輕度壓力下的受試者就恢復得越快。在這個研究中，受試者的壓力來源是在工業背景噪音下連續做16分鐘的高難度算術題。[51]

雖然盯著超大尺寸自然風光螢幕保護程式宜人又愉快，但工作還是得做，而你的電腦螢幕大部分時間呈現的畫面恐怕都沒那麼養眼舒心。那麼，還有什麼辦法可以將大自然的效益帶給座位不靠窗的上班族？有個這方面的感官攻略相當有意思，那就是在牆壁上裝個虛擬窗戶（也就是現場直播大自然景物的螢幕）。這種方法也跟真實景物一樣，能增進我們在工作場所的幸福感嗎？華盛頓大學西雅圖校區的研究人員探討過這個問題，他們讓受試者在做完引發輕度壓力的測驗後分別面對窗戶、高畫質電視畫面和空白牆面，評估他們認知能力恢復的情況。結果相當明顯：面對窗戶的受試者心跳速率回到基本值的速度快得多。令人失望的是，電視螢幕播放的內容雖然與窗外景物大致相同，效果並沒有比空白牆面來得好。[52]

如我們所知，少了多感官刺激，大自然就不是大自然。螢幕景觀最明顯的不足，就是它通常只能呈現大自然的景致，卻沒有聲音。2013年一項探索研究（意思是只有少數受試者接受測驗）的結果呼應這個現象。研究發現受試者接受特里爾社會

壓力測試（參考居家單元）後，接觸的如果是兼具視聽效果的虛擬大自然，恢復速度快得多。[53] 同樣地，研究結果也顯示，播放虛擬大自然畫面（比如無聲的森林），效果並不比盯著空白牆面好。[54] 對於這個結果，研究人員偏愛的解釋是，用越多感官體驗大自然越好。[55] 但有個問題還是沒有解答，那就是究竟什麼時機觀看數位大自然畫面才會有效果——想想我們稍早討論的螢幕保護程式研究。

展望未來，我覺得將大自然的氣味和觸感一併納入工作場所，應該也相當有意思。畢竟研究人員已經發現，柑橘與薄荷這類氣味不但能提振情緒，也能讓人在處理各種不同任務時表現得更好。[56] 森林地面的氣味也能增進實驗室受試者的恢復能力嗎？我覺得可以。不妨來點土臭素，這是溼土氣味裡的主要揮發性物質，也就是乾燥土壤遇雨後散發的熟悉芳香。

另外，也可以為你的辦公椅加一層織紋椅罩：至少椅罩可以吸收一部分背景噪音。我喜歡在辦公桌上擺放來自大自然的東西，比如石頭、松果、栗子或樹皮，任何有大自然觸感的東西，以便跟我辦公室所有人造的光滑表面形成反差。在提升主觀幸福感的效益上，觸摸大自然也許不像觀看或聆聽大自然那麼明顯，但至少是個起步。正如我們先前反覆再三討論到的，結合多種相互協調的感官，才能為我們的健康與福祉帶來最大益處。[57]

創造力與共食之間有什麼關係？

矽谷最成功的科技公司，比如谷歌、皮克斯動畫、蘋果公司、雅虎和Dropbox雲端儲存等等，都有至少一個共通點，那就是都提供員工全額或高額伙食津貼。不只如此，員工都坐在超長餐桌旁一起用餐（仔細一想，倒是有點像牛津和劍橋大學的餐廳）。這種慷慨大方的措施顯然成本龐大，卻是公司高層深思熟慮後的決定。至少上回我在一個餐旅業研討會遇見的谷歌餐飲部主管麥可·巴克爾（Michael Bakker）是這麼說的。這樣的安排可以提供互不相識的人偶遇的機會，不管是在餐桌或咖啡機旁。[58] 這種工作場所的創新設計，正好與近年來知識創造（Knowledge creation）的價值越來越被認同的趨勢吻合。[59]

有個評論家在《富比士》雜誌（*Forbes*）撰文指出，谷歌公司免費提供膳食「不只是為了吸引員工用餐時間留在公司，真正的目的在激發員工的創新思維。」換句話說，這個措施是為了增進員工的互動！[60] 只是，如果提供的食物太受歡迎，也可能衍生問題，畢竟沒有人喜歡在員工餐廳大排長龍痴痴等候。針對這個問題，日本知名設備製造公司島津製作所（Shimazu）想出創新對策。他們利用辦公大樓的通風系統，在不同時段於不同樓層送出食物香氣，藉此疏散餐廳的用餐人潮。由於食物的香氣可以刺激我們的食欲，這想必是個有效的策略。

相較於吃不同食物的人，吃同樣食物的人在信任遊戲或勞資談判之類的場合都比較容易合作或達成共識。因此，膳食的供應如果妥當運用，也能促成業務的洽談。美國巴布森商學院教授拉席蜜・巴拉強德拉（Lakshmi Balachandra）做過一項研究，讓132名企業管理碩士班學生商討一項複雜的假想合資計畫，結果發現談判時供應餐點，達成的金額比沒有提供飲食高出11%到12%，換算成金額相當於670萬美元。並非只有創意族群能因為同桌用餐獲益，至少前康乃爾大學研究人員布萊恩・溫辛克（Brian Wansink）等人這麼認為。他們研究發現，用餐時間共食（也就是一起吃飯）的消防隊員，表現明顯比較好。

某些政治人物得到啟發，也開始用更嚴肅的態度看待用餐這件事。比方說美國前第一夫人希拉蕊（Hillary Clinton）就相當重視這個觀點，在擔任國務卿時採取新的供膳計畫，做為她所謂的「靈巧外交」（smart diplomacy）的一部分。正如美國國務院禮賓處副處長娜塔莉・瓊斯（Natalie Jones）所說，食物舉足輕重，「因為棘手的談判通常是在餐桌上進行。」[61] 美國前總統柯林頓（Bill Clinton）接待外國元首和重要賓客時，既利用用餐時間推廣北美料理和在地農產品，也不忘強調對外國口味與風俗習慣的尊重，希望藉此增進對彼此文化的認識。

我們也不能忽略飲食在工作場所扮演的基本角色。就算不提供免費午餐，雇主也應該重視化學感覺在營造成功的工作環境方面扮演的角色，尤其是知識經濟與創意等產業。所以，在

思考該怎麼做的時候，不妨效法那些大手筆補助員工伙食的大
企業，或類似牛津和劍橋這樣的大學。這些企業或學術單位之
所以有如今的成就，就是因為精心考量員工上班的多感官環境
的每一個環節。不過，工作議題聊到這裡就夠了，就像那句老
話（可以追溯到1659年）說的，「只工作不玩耍，誰都會變
傻。」

1　原注：*Daily Mail*, 30 March 2006.
2　原注：Hewlett and Luce (2006).
3　原注：*The Economist*, 22 December 2018, www.economist.com/finance-and-economics/2018/12/22/why-americans-and-britons-work-suchlong-hours; Pencavel (2014); *Wall Street Journal*, 29 June 2018.
4　原注：*The Australian*, 7 December 2017; Business Journal, 11 June 2013, www.gallup.com/businessjournal/162953/tackleemployees-stagnating-engagement.aspx; Pencavel (2014).
5　原注：*The Australian*, 7 December 2017; Béjean and Sultan-Taïeb (2005); *The Times*, 19 June 2017, 3.
6　原注：Field et al. (1996).
7　原注：Rosenthal (2019); Terman (1989).
8　原注：Dolan (2004); Hirano (1996).
9　原注：*The Economist*, 28 September 2019, www.economist.com/business/2019/09/28/redesigning-the-corporate-office; ibid., www.economist.com/leaders/2019/09/28/even-if-wework-is-in-troublethe-office-is-still-being-reinvented; Haslam and Knight (2010); Knight and Haslam (2010).
10　原注：Burge et al. (1987); Wargocki et al. (2000).
11　原注：*Independent*, 14 May 2018, www.independent.co.uk/news/long_reads/sick-building-syndrome-treatment-finland-health-mouldnocebo-a8323736.html; Wargocki et al. (1999).
12　原注：Baron (1994).
13　原注：www.fellowes.com/gb/en/resources/fellowes-introduces/workcolleague-of-the-future.aspx; The work colleague of the future: A report on the long-term health of office workers, July 2019, https://assets.fellowes.com/skins/fellowes/responsive/gb/en/resources/work-colleague-of-the-future/download/WCOF_Report_EU.pdf. 並參考

https://us.directlyapply.com/future-of-the-remote-worker.

14 原注：Chang and Kajackaite (2019); Kingma and van Marken Lichtenbelt (2015).

15 原注：Spence (2020d).

16 原注：Küller et al. (2006).

17 原注：Kozusznik et al. (2019); Pasut et al. (2015).

18 原注：Pencavel (2014).

19 原注：Kaida et al. (2006); Souman et al. (2017).

20 原注：Fox and Embrey (1972); Oldham et al. (1995); Ross (1966); *Time*, 10 December 1984, 110–12.

21 原注：Spence (2002, 2003).

22 原注：Gabel et al. (2013); Lehrl et al. (2007).

23 原注：Kwallek and Lewis (1990); Mikellides (1990).

24 原注：*New York Times*, 5 February 2009, www.nytimes.com/2009/02/06/science/06color.html; Steele (2014).

25 譯注：即谷歌洛杉磯辦公室，以雙筒望遠鏡造型著稱。

26 原注：*Wired*, 13 February 2019, www.wired.co.uk/article/how-workplacedesign-can-foster-creativity.

27 原注：Mehta, Zhu and Cheema (2012).

28 原注：Einöther and Martens (2013); *Guardian*, 5 January 2014, www.theguardian.com/money/shortcuts/2014/jan/05/coffice-future-ofwork; Madzharov et al. (2018); Unnava et al. (2018).

29 原注：BBC News, 11 January 2017, www.bbc.com/capital/story/20170105open-offices-are-damaging-our-memories.

30 原注：Bernstein and Turban (2018); Otterbring et al. (2018).

31 原注：De Croon et al. (2005), p. 128; *The Times*, 10 October 2017, 6–7.

32 原注：*Guardian*, 16 October 2015, www.theguardian.com/higher-education-network/2015/oct/16/the-open-plan-university-noisy-nightmare-or-buzzing-ideas-hub.

33 原注：Yildirim et al. (2007).

34 原注：Levitin (2015). 並參考 *Forbes*, 21 June 2016, www.forbes.com/sites/davidburkus/2016/06/21/why-your-open-office-workspacedoesnt-work/#188f073a435f; Evans and Johnson (2000); The Times, 10 October, 6–7.

35 原注：布朗雜訊是經過篩選的類隨機噪音，很像收音機或電視對不上頻道時的雜訊。不過這種噪音的頻率接近人類的說話聲，不像白噪音一樣平均分布在聲音頻譜上。

36 原注：Hongisto et al. (2017).

37 原注：粉紅噪音的所有頻率強度相等，而白噪音聲音通常比較刺耳，因為高頻聲音通常比較大聲。

38 原注：Haga et al. (2016).

39 原注：Leather et al. (1998); Mitchell and Popham (2008).

40 原注：Bringslimark et al. (2011); Kweon et al. (2008).

41 原注：Nieuwenhuis et al. (2014).

42 原注：Krieger (1973), p. 453. 並參考 Wohlwill (1983).

43 原注：我還沒看到過這方面的嚴謹研究。

44 原注：Qin et al. (2014);不過，近年有研究人員質疑辦公室盆栽淨化揮發性有機

化合物的實質效益，參考Cummings and Waring (2020).

45 原注：Guieysse et al. (2008); Wood et al. (2006).

46 原注：*Raconteur*, 24 April 2019, 8, 討論生物友善辦公室設計。

47 原注：先前提過，關於大自然對我們的可能效益，有兩種比較普遍的觀點。一是烏里賀提出的消除壓力說。另一個是卡普蘭等人倡導的注意力恢復理論。正如我們在庭園單元討論過的，這兩派學說並非不能並存。

48 原注：其中有個研究的受試者看了6分15秒，另一個觀看10分鐘，每一幅圖片顯示時間介於7到15秒。

49 原注：Berman et al. (2008); Berto (2005).

50 原注：Lee et al. (2015).

51 原注：De Kort et al. (2006).

52 原注：Kahn et al. (2008).

53 原注：Annerstedt et al. (2013).

54 原注：有趣的是，有幾名受試者甚至表示，他們覺得無聲的森林給人威脅感，彷彿即將發生不好的事。

55 原注：不過，評論者可能會說，研究人員沒有測試只有大自然的聲響時的效果。另外，如果你好奇斯堪地那維亞人為什麼如此熱衷多感官辦公室設計，問題就在那裡冬季冰冷漆黑的漫漫長夜，對上班族的幸福感有著特別不良的衝擊。

56 原注：Spence (2002).

57 原注：Gillis and Gatersleben (2015); Spence (2002).

58 原注：時下有人提出「咖啡辦公室」（coffice）的概念，因為咖啡館已經漸漸變成適合上班族開會的地點。

59 原注：Spence (2016).

60 原注：引用自*Forbes*, 2 July 2015, www.forbes.com/sites/davidburkus/2015/07/02/the-real-reason-google-serves-all-that-freefood/#7e426b603e3b.

61 原注：*New York Times*, 2 July 2012, D3, www.nytimes.com/2012/07/04/dining/secretary-of-state-transforms-the-diplomatic-menu.html?_r=0.

第七章
購物

誰沒有過出門買某樣物品，回家卻多帶了原本沒打算買的大包小包物品？或者，在購物網站點選琳瑯滿目的商品，最後卻發現根本不需要，退回一大部分。你或許不必太內疚。對零售業而言，感官攻略與其說是藝術，不如說是一門科學。多年以來，商家持續善用新興的腦神經行銷學與感官行銷學最新研究結果來引誘我們。[1]他們吸引我們走進商店或點進網站之後，就會想方設法讓我們多停留一段時間。他們希望這麼一來我們就會順手買些不需要的東西，或買下比原本的預算更高價的商品。畢竟，只要創造出最恰當的多感官氛圍，或者提供順暢的網路購物流程，我們好像都有機會變成無法自拔（或者該說無力自保）的購物狂。

很遺憾我必須表明，不管我們是不是察覺到了這些微妙（或不算太微妙）的操作，都很難不受影響。研究顯示，大多數人乾脆拒絕相信我們這麼容易被人左右。人人都覺得，別人可能會被諸如「半價」、「買一送一」和「限時優惠」等耳熟能詳的粗淺招術蒙騙，唯獨自己絕對不會。不過，我覺得我

們都該多留意商業界對我們採取的感官攻略。這點我比誰都清楚，因為過去25年來我跟商業界和廣告界大小公司合作，讓你多買點各式各樣的商品，從止汗劑到洗潔劑，從咖啡到衣飾等不一而足。[2]我肯定不是第一個提醒大家別輕忽行銷的隱形力量的人。1957年美國記者凡斯・帕卡德（Vance Packard）所寫的書《隱形說客》（*The Hidden Persuaders*）出版不久，就成為新聞工作者聳人聽聞地揭發行銷真相的經典著作。

行銷專家深知如何撩撥消費者的感官，這些知識都是長久累積而來。根據帕卡德的說法，是從20世紀中期美國心理學家路易斯・切斯金（Louis Cheskin）和厄內斯特・迪希特（Ernest Dichter）等人的動機理論慢慢發展至今。這些早期的實踐家最先發現，他們可以運用企業商標、標籤與產品包裝的抽象色彩與形狀，影響消費者的知覺和行為。[3]如果你不知道切斯金是何許人，七喜汽水商標中央那個紅色圓圈就是出自他的手筆。你可能從來沒有想過那個圓圈有什麼作用，對吧？[4]切斯金也告訴麥當勞，保留商標裡的金色拱門會是個好點子。

腦神經行銷學（學術界偏好稱之為消費者神經科學）讓研究人員得以直接窺探消費者的大腦，找出那自帶光環的「購買」按鈕，不需要口頭推銷。[5]不只如此，機器學習和大數據分析也開始提供值得玩味的新知，讓人對大腦的驅力有更進一步的認識，遠非上世紀中葉被奉為麥迪遜大道行銷魔術師的切斯金所能想像。[6]

圖說：七喜汽水商標。中央那個紅色圓圈到底傳達了什麼？（Jetijones）

牽著顧客的鼻子走

　　我們先來聊聊大型超市，因為到目前為止的許多研究都是在這類場景進行。部分原因在於，食品賣場是多感官行銷策略的理想標的。其中一個原因是，架上不勝枚舉的商品刺激著消費者的感官。再者，大量低價格、高回購的品項，也是豐富的數據來源。對於這點，操控集點卡制度的人再清楚不過。[7]（很多年前我就把集點卡都剪掉了。）關於大型超市的感官攻略，我們大多數人首先想到的是很多賣場飄送的麵包香氣（估計是合成氣味）。[8] 然而，據我所知還沒有任何人發表過這方面的研究報告。你該知道，這並不代表沒有人做過這方面的研究。其實一定有人做過，只是賣場業者選擇不公布研究結果。

私底下聊聊，不少來自業界的消息來源向我確認，他們手中的數據顯示這類環境氣味對銷售具有神奇效果。

有件事要先說明，賣場裡引逗嗅覺的麵包香氣，不太可能是假的。因為化學家直到最近都還調配不出現烤麵包的誘人香氣。當然，就算那個味道也許「千真萬確」，也不代表它沒有被巧妙引導，以便在你踏進賣場時撲面襲來，或在你碰巧路過時引誘你。根據《華爾街日報》（*Wall Street Journal*）報導，類似美國潘娜拉麵包店（Panera Bread）、肉桂卷專賣店（Cinnabon）和Subway速食等連鎖店展店選址，通常選在購物中心靠近手扶梯起點的位置，好讓他們的獨特香氣飄送得更遠。另外，這些連鎖店用的抽油煙機吸力都只是勉強及格。這些還不算，有時候肉桂卷專賣店送進烤箱的烤盤紙上只灑了肉桂粉和紅糖，只為了讓附近的人都聞到令人食指大動的肉桂香。[9] 鑑於以上所有證據，我不得不說這些企業確實利用了嗅覺來做強迫推銷。[10]

荷蘭研究人員發現，超市只要釋出合成香瓜氣味，銷售額就能增加15%。[11] 即使加計釋出香氣的科技和持續不斷補充的香料等成本，投資報酬率還是相當不錯。[12] 所以，下回你漫步經過巴黎樂蓬馬歇百貨的美食街，或美國Dean & DeLuca頂級食品專賣店（在它倒閉被有機超市Whole Foods和義大利精品超市Eataly等取代以前），甚至英國海威科姆的特易購（Tesco），聞到新鮮農產品和現烤食品的醉人香氣垂涎不已，

也許可以停下來問問自己有沒有被鼻子牽著走,想去買原本不打算買的東西。我個人非常相信,那些在各個公共空間將我們包圍的氣味,對我們的消費行為(更別提腰圍)影響之大,遠超過我們的認知。

幾年前我應邀為英國老牌巧克力專賣店桑頓斯(Thorntons)出謀劃策,看到的情況卻是大不相同。走進他們的任何一家分店,閉上眼睛深呼吸。你覺得會聞到什麼味道?巧克力,對不對?奇怪的是,這回你什麼都聞不到。你就跟在任何地方沒有差別,比如手機店。所有放在禮盒或各種包裝盒裡的巧克力都用玻璃紙密封,站在嗅覺行銷的角度,實在是錯失良機。不妨拿來跟曾經躍居世界最大糖果店的倫敦萊斯特廣場M&M's巧克力旗艦店那濃郁的香氣做個對比。[13] 更何況,巧克力的味道可說是世上最討喜的香氣。這麼一來,桑頓斯專賣店裡沒有任何味道的現象更是叫人詫異。[14] 桑頓斯對我提供的建議充耳不聞(該說充「鼻」不聞嗎?),後來聽說他們的專賣店數和員工人數持續下降,且在2015年被生產金莎巧克力的費列羅集團(Ferrero Group)接管時,我一點也不覺得驚訝。

咖啡是另一個最受歡迎的氣味。它的香氣在零售業被廣泛運用,且不限於想多賣幾杯咖啡的咖啡館。比如星巴克與美國邦諾書店和優衣庫(Uniqlo)服飾的異業結盟。[15] 根據一份產業報告,如果趁駕駛人加油時對他們噴些合成的現磨咖啡香氣,加油站的咖啡銷量可以成長3倍以上。[16,17] 這種行銷策略

肯定能得到我祖父的認同，因為他每天早上所做的第一件事，就是抓一把咖啡豆灑在他的蔬果店櫃台後側地板上。每次他跨過咖啡豆為顧客服務，顧客的鼻孔就會受到類似現磨咖啡的香氣勾引。我在上一本書《美味的科學》裡也舉過這個例子。早在當代氣味行銷學受到青睞之前，我的祖父好像已經本能地想出有效的感官攻略來提高銷售額。

這種策略有個非常現代的變化版，那就是南韓首爾Dunkin' Donuts甜甜圈店得獎的「醇香收音機」宣傳活動。策劃單位在首爾市公車裡安裝智能擴香器，當車上的收音機播出Dunkin' Donuts的廣告曲，擴香器就會釋放咖啡香。背後的目的是希望乘客下車後，立刻奔往附近的Dunkin' Donuts分店消費。事實證明這個多感官行銷策略確實有效，因為公車站牌附近的Dunkin' Donuts分店營業額成長了16%，咖啡的銷售量更是成長29%。[18] 難怪這個創新的宣傳活動能在創意產業最重要的年度盛事坎城國際創意節（Cannes Lions Festival）拿下大獎。至於這種宣傳活動是否划算（或是否合乎道德規範），那就是另一個問題了。

嗅聞色彩

當我們聞到像是草莓之類的獨特味道，會習慣性優先觀看跟氣味來源有關的事物。如果某項事物伴隨特有的氣味或聲音

一起出現，我們挑出那項事物的速度也會比較快。[19] 那麼你就看得出來，環境氣味和背景音樂的功效影響的不只是情緒。感官行銷也可以用來將我們的視覺注意力引向某個特定商品或品牌，這或許說明了Dunkin' Donuts「醇香收音機」成功的部分原因。

不是所有人都贊成這樣的做法。當年加州的「喝過牛奶沒」宣傳活動就曾經受到質疑。這個活動的做法是在公車候車亭釋放餅乾香氣，為商品增添一點多感官刺激。但這個廣告短短幾天就被撤掉了，因為人們覺得這種做法對在候車亭過夜的飢餓遊民太過殘忍。[20]

另一個一天之內下架的廣告宣傳活動是迪莎蘿娜（Disaronno）香甜酒。有個天才顯然覺得在倫敦地鐵散布這種杏仁口味甜酒的氣味是個絕妙點子。如果這個為期兩週的「飄香」宣傳活動如原本預期順利執行，地鐵通風系統就會釋出杏仁味，引逗地鐵乘客的嗅覺。不幸的是，這個宣傳活動推出的時候，英國發行量最高的《每日郵報》（*Daily Mail*）正好刊登一篇教導民眾辨識恐怖攻擊跡象的報導。撰文者提醒通勤人士，尤其是搭倫敦地鐵的人，要格外留意杏仁氣味。因為氰化物是用生杏仁製造出來的，就跟迪莎蘿娜香甜酒一樣！還有比這更倒楣的嗎？[21] 你可能會說，它跟與新冠病毒（Coronavirus）撞名的墨西哥可樂娜啤酒（Corona beer）算得上是難兄難弟。

看過以上公關災難你就能明白，幾年前我跟行銷公司合作，派計程車在倫敦街頭散布麥肯食品公司香烤帶皮馬鈴薯的味道時沒有碰上這類問題，我是多麼如釋重負。我們甚至設計3D廣告招牌，釋出「讓人一口接一口」的烤馬鈴薯香氣，讓正在等公車的通勤族驚奇連連。[22] 正如某個評論家所描述，「廣告招牌裡有個玻璃纖維馬鈴薯和一個神祕按鈕：按下按鈕，玻璃纖維馬鈴薯就會釋出烤箱慢火烤出來的帶皮馬鈴薯香氣。」[23]

不過事情還沒完，一群義大利心理學家研究發現，跟某個特定氣味連結的物品的大小，也會影響我們拿取它的行為。他們發現，我們聞到蒜頭或開心果之類的小東西時，運動系統就會自動被觸發，做出拿取小型物體的動作。相反地，我們如果聞到比較大的東西，例如柳橙，就會發現我們的手比較容易抓取體積大一點的東西。[24] 不過，到目前為止我還沒看到精明的行銷專家把這個研究結果運用在他們的得獎宣傳作品。在珠寶店釋放花生氣味也許是個不錯的起點。[25]

聞樂起舞

我們需要擔心的不只是超市裡的食物香氣。大多數人都不知道，我們的行為很容易被音樂節奏帶動。在一個已經成為經典的研究裡，美國紐奧良州羅耀拉大學行銷學教授羅納德・米

里曼（Ronald E. Milliman）在美國西南部某座城市監看超市消費者人流，也分析收銀機收據。這個研究歷時9週，規模在同性質研究中數一數二。研究人員發現，相較於快板音樂（108 bpm），超市播放慢板音樂（60 bpm）時，消費者購買力會成長38%。很多連鎖超市對這個研究結果感興趣，不過，他們對於自己打算如何運用三緘其口，應該不是太奇怪的事。墨西哥燒烤連鎖餐廳奇波雷（Chipotle）是少數願意公開資訊的案例。

在後續的研究中米里曼又發現，比起快板音樂，餐廳播放慢板音樂時，顧客會吃喝得比較多。更重要的是，消費金額會更高（背後的概念是，慢板音樂讓顧客待久一點）。根據《商業週刊》（*Businessweek*）一篇報導，奇波雷審慎掌控全球1500家分店的音樂節奏：用餐尖峰時間刻意播放快板，好讓顧客加快速度，縮短排隊時間，也可以增加翻桌率。相反地，離峰時段就播放慢板音樂，好讓顧客多坐一會，免得店面看起來太冷清。該公司的專職DJ克里斯‧戈洛博（Chris Golub）表示，「午餐和晚餐尖峰時段播放的歌曲節奏比較快，好加速顧客的流動。」戈洛博坐鎮紐約某家分店，觀察顧客對他打算加入播放清單的音樂的反應。如果他看見顧客隨著音樂搖頭晃腦或用腳打拍子，就知道他選對了，那首曲子就會加入曲單。[26]

如果這聽起來像電梯音樂[27]，或穆札克（Muzak），的確是。穆札克指的是一種風格獨特、輕鬆悠閒的背景音樂，以樂

器演奏為主，通常在商店、機場、飯店甚至風月場所等公共空間播放，好讓顧客放鬆心情。[28,29]

不過，正如我曾經指導過的博士後研究員克雷門‧克諾哈勒（Klemens Knoeferle）和他的同事2012年研究的發現，不該單獨考量音樂的節奏。他們交叉探索音樂的節奏和調式對消費者行為的影響。節奏方面快板是每分鐘135拍以上，慢板每分鐘95拍以下；調式則有大調或小調。他們發現，米里曼聲稱慢板音樂有助於提高營業額的情況，只限於小調音樂。大調音樂對銷售的影響，並沒有因為節奏快慢而有差別。[30]

然而，關於賣場音樂操控的研究，我不容置疑的最愛是亞德里安‧諾斯（Adrian North）等人1997年發表的報告。[31] 他們的研究是在英國一家超市進行，超市出售4款法國與德國葡萄酒，各自的價格與口味（甜或不甜）等條件相當。接下來2星期裡，超市擴音器每天輪流播放法國手風琴音樂和德國銅管樂。他們發現，當超市播放法國手風琴時，買葡萄酒的消費者有83%都買法國酒，播放德國小酒館音樂時，65%的人都買德國酒。更值得注意的是，14%的消費者知道音樂對他們的影響。許多諸如此類的研究結果告訴我們，賣場的音樂只要做個小小改變，就能大幅度影響我們購物的選擇，我們自己卻是一無所知。

這個理所當然受到矚目的研究之中，還有幾點值得深入探討。其中最明顯的一點是，這個研究的樣本數不大，銷售數據

來自82名顧客,而且只有44人同意接受訪談。早先提及的百分比聽起來令人驚豔,相形之下實際採樣數卻顯得黯然失色。近年來心理學因為再現危機(replication crisis)32飽受震撼,如果有人擴大規模複製諾斯等人深具發展性的研究,應該是件好事。這麼一來也可以知道,如今的消費者是不是還跟1990年代的消費者一樣容易操弄。

另一個值得考量的問題是,酒類商品會不會是特殊案例。畢竟超市的酒類走道通常是視覺上最複雜的區塊,更別提經常性的變動(至少知名品牌是如此)。正因如此,才會有所謂的「動物品牌」出現。「動物品牌」是指商標上印著可辨識動物的葡萄酒品牌,比如袋鼠、鴝鵲、蟾蜍之類的。那些動物或許跟葡萄酒本身沒什麼關係,背後的概念卻是希望利用這些圖像,讓眼花撩亂的消費者記住他們喜愛的那瓶酒,下回想買還能找得到。至少不必饒舌地向服務人員詢問德國埃提斯巴赫卡托塞胡堡(Eitelsbacher Karthäuserhofberg)酒莊的珍藏麗絲玲(Riesling),或皮斯港黃金滴露酒莊(Piesporter Goldtröpfchen)的產品。如果你到了酒鋪,要怎麼說出Cserszegi Fűszeres這款匈牙利白葡萄品種?33試試看你能不能說得出這個名稱又不出糗!補充說明,這些酒莊和葡萄品種都不是我瞎編的。

除非曾經喝過,否則一瓶酒在開瓶以前,我們不可能知道它的滋味如何,開瓶後卻已經不能再改變心意。而在其他走

道，我們比較能依靠熟悉的品牌來選購，或者利用感官察覺得
到的證據來檢查農產品的熟度。因此，某些行銷專家認為，在
影響消費者行為方面，葡萄酒的銷售應該適用不同規則。另一
方面，也有研究顯示，我們對食物的選擇也可能受到背景音樂
所屬的種族影響。2017年美國紐澤西州蒙特克萊爾州立大學教
授黛博拉・澤爾納（Debra Zellner）在北美一所大學所做的研
究發現，餐廳播放西班牙佛朗明哥舞曲時，西班牙海鮮飯的銷
量明顯增加；播放義大利音樂時，帕馬森乳酪烤雞排會賣得比
較好。相較於流行音樂等其他種類音樂，我們耳邊響起的如果
是古典音樂，外出飲酒或用餐時，就會更捨得花錢。許多這方
面的研究顯示，環境裡的聲音元素對我們的行為有莫大影響。
這可真是嚇人，尤其當你想到背景音樂其實是環境裡最容易操
控的面向。[34]

難以察覺的誘惑

我在牛津任職之初，有一家全球連鎖企業找上我所屬的實
驗室。他們想知道有沒有可能利用某些潛在訊息，引導消費者
購買特定商品。比如「買可口可樂」、「自有品牌洗衣精買二
送一」這類，你應該很熟悉的用語。業者的想法是，能不能把
這類訊息植入賣場擴音器播放的背景音樂裡，藉此提升營業
額。之所以會有這種要求，可能是受到1950年代美國心理學家

圖說：祕密就在那顆星星。潛意識符號暗示的實例。

詹姆斯・維克利（James Vicary）的研究報告影響。維克利指出，電影播放過程中銀幕出現一閃而逝（不被察覺）的訊息，比如「買罐可樂」之類的，能夠提升電影院的可樂銷量。35

可惜我們只能讓那家企業失望。倒不是說潛意識暗示沒辦法左右我們對食物或飲品的選擇，畢竟這類暗示一定有其功效。只是，訊息既要夠明顯，足以衝擊消費者的行為，卻又不能太明顯，以免讓消費者察覺，其中可操作的範圍極其狹窄，機會不大。因此，比起在日常生活的嘈雜環境裡，難以察覺的誘惑在實驗室審慎控制的條件下比較容易演示。想要呈現剛好讓人察覺不到的感官刺激，在實驗室比較有可能實踐。再者，要想演示潛意識促發，先決條件是接受者處於需求狀態（比如口渴）。比方說，荷蘭有個研究成功地利用潛意識促發，讓口渴的受試者在兩種品牌的冰飲中選擇立頓冰茶。36 當然，談到潛意識行銷這個話題時，總不免引起道德方面的疑慮。

在我看來，幾十年前切斯金在七喜汽水商標裡添加的那個

紅色圓圈有趣得多。別忘了，這個紅色圓圈技術上來說並不是潛意識暗示（並沒有隱藏起來），因為我們都看過它無數次了。不過，我認為它屬於功能性潛意識暗示，因為我們絕大多數人都不知道那個符號究竟傳達給我們的大腦什麼樣的潛意識訊息。跟汽水本身一樣，紅色和圓形都跟甜味有關。只要呈現跟甜味相關的色彩與形狀，就可能傳達「甜」這個訊息，藉此在消費者大腦裡促發這種滋味。另外，如果某個特定的滋味或風味受到促發，我們就比較有可能親身去體驗。只要瞄一眼超市的貨架，你就會看到這類形狀符號行銷的實例，有些出現的時間甚至比切斯金早。比方說，看看聖沛黎洛氣泡水商標上的星星，更別提各大啤酒品牌，比如海尼根、紐卡索棕色愛爾（Newcastle Brown Ale）、札幌啤酒和西班牙金星等。那些星星在瓶子上做什麼？原因在於，我們把碳酸飲料和苦味跟多角形聯想在一起，所以這些星星符號同樣是對消費者的潛意識招手。我認為，這類功能性潛意識跨感官行銷，在我們對產品的期待、選擇與之後的體驗等方面的影響，遠比我們所知更普遍。因為不管我們使用哪一種語言，這類符號都能在更廣泛、更含蓄的層面向我們傳遞訊息。₃₇

環境氛圍

1974年北美傳奇行銷大師菲利普・科特勒（Philip Kotler）

針對環境氛圍這個主題，在《零售業期刊》（*Journal of Retailing*）發表一篇文章。他說，零售業者不該繼續把注意力放在他們想出售的實體商品上，而應該將焦點放在產品的全方位體驗。他引用了不少多半未經檢驗卻深具說服力的例子，說明很多零售業者的成功都可以歸因於業者營造的全方位體驗或氛圍。科特勒解析商店氛圍的感官元素，探討業者可以在色彩與燈光、音樂與氣味，甚至觸覺面向做些什麼。然而，儘管他領先潮流引導大家重視感官驅動消費者體驗（與行為）的力量，但他與後來的大多數行銷專家都沒有意識到，感官隨時隨地相互影響。[38] 賣場的購物經驗或氛圍很少由單一感官決定。相反地，產生功效的幾乎都是多重刺激的結合。換句話說，環境氛圍屬多感官性質，明白了這點，很多機會與挑戰也隨之而來。不過，到目前為止大多數研究都只探討個別信號的影響，比如只研究音樂的大小聲或節奏，或環境氣味的存在與否。接下來我們要談談氣味。

青春的氣味

說到環境氣味，食品賣場與服飾賣場最明顯的不同在於，沒有任何味道能跟超市的烤麵包香氣分庭抗禮，唯一的例外大概就是皮飾賣場。最接近的例子，也許是頂級襯衫品牌湯瑪士平克（Thomas Pink）過去在紐約門市對經過襯衫展示架的消費

者釋出新燙棉布氣味。另外，法國精品女裝品牌安芳姐（Anne Fontaine）門市會趁你結帳時在購物袋噴上他們生產的香水，通常他們的服飾上也會別一小袋乾燥花。香奈兒在巴黎開第一家門市時，也鼓勵店員在整個店面噴他們的五號香水，從入口到試衣間無一遺漏，藉此刺激銷售。[39]

葡萄牙的薩爾莎（Salsa）公司運用微膠囊技術，為他們色彩繽紛的牛仔服飾添加相襯的香味。網路評論指出，「為了讓女性今夏香氣襲人，葡萄牙時尚品牌薩爾莎推出香氛牛仔系列，充滿水果的香甜氣息。」[40] 那些衣服上的藍莓、柳橙、檸檬、蘋果和草莓氣味可以經洗20次。我在哥倫比亞工作的時候，看過Punto Blanco這個品牌為店面添加香氣的有趣策略。這家公司在不少門市附設一個小小的高級巧克力專櫃。這個專櫃的目的不在靠巧克力獲利，而是為了攻略消費者的多重感官。另外，諸如優衣庫和Club Monaco這些服飾品牌也基於相同理由，在店內附設咖啡館，想必是為了讓消費者多逗留一段時間。

零售商也不必羨慕，只要將氣味弄對了，服飾的銷售額就會往對的方向推進。有個重點必須強調，那就是這裡同樣可能有幾個不同的心理機制在運作。比方說，環境氣味也跟其他感官信號一樣，能夠吸引人們靠近。一旦我們受到吸引走進商店，那股愉悅的香氣也許能讓我們心情愉悅：學者專家普遍相信，我們心情越好，越肯花錢。接下來，那個味道本身也許夠獨特，足以變成識別香氣，讓人一聞就認出來，觸動我們與某

個特定品牌之間的連結。₄₁只要想想美國休閒服飾A&F附屬品牌Hollister門市的特有香氣就能明白。

另外，不少研究人員強調，務必要確認香氣與商品之間的協調性。如果這些還不夠讓可憐的嗅覺行銷人員暈頭轉向，那麼還有氣味在不同文化代表的不同意義。也就是說，我們聞到某個氣味會聯想到什麼。譬如法國和德國的消費者覺得剛割過的青草和小黃瓜的味道清涼提神，墨西哥和中國的消費者只會覺得那是大自然的氣味，並不特別清新。₄₂

儘管嗅覺攻略還有許多挑戰有待克服，但近年來曾經購買衣飾的人，想必注意到不少商家的通風系統飄送出的香氣，包括Zara、維多利亞的祕密和Juicy Couture。另外，雨果博斯（Hugo Boss）使用的環境香氛顯然是水果柑橘主調，外加淡淡一縷可可亞。₄₃不過，投資香氛研發科技，特別是委託設計專屬香氛，成本一點都不便宜。任何人想要找個成本相對低廉的嗅覺攻略，不妨在櫃台放一把香氛乾燥花。根據芝加哥的艾倫・赫希博士（Alan Hirsch）的初步研究，在實驗室情境裡，當空氣中瀰漫花朵香氣，受試者願意多花超過10美元購買運動鞋，而受試者自述的購買意願也升高超過80%。₄₄另一項在都會區大型珠寶店所做的研究也得出類似結果：消費者在噴了花朵、水果或香料氣味的櫃台逗留的時間，比在沒有香味的櫃台更久。₄₅至於其他例子，消費者可以在三星體驗館嗅到香瓜氣味，索尼（Sony）門市用的顯然是香草與橘子調配出的淡香。

另外，倫敦的哈姆雷斯玩具店（Hamleys）使用的香味，可能會讓孩子的父母想起果汁蘭姆酒鳳梨可樂達（piña colada）。[46]

英國的LUSH是個人清潔保養品知名品牌，分店遍布歐洲、北美和世界各地。對於他們的識別香氣，我最多只能說那是一種明朗清爽的花香調。不過，我從來都不確定，那種識別度是來自香氣本身，或是它對嗅覺的全面突襲，畢竟名品街很難找到那麼濃郁的香氣。LUSH相當聰明，貨架上的商品沒有使用塑膠或其他包裝，好讓自家商品的氣味散布得更遠。很顯然，某些商品比其他商品更方便利用嗅覺行銷獲利。

保持冷靜

說到觸覺氛圍，最明顯的元素應該是環境溫度。如果你知道某些高價服飾店刻意調低門市溫度，會不會很訝異？大概就是因為這樣，有個媒體記者調查紐約各家服飾店的溫度，才會發現溫度與價位呈現負相關。換句話說，奢華品牌的門市溫度比平價服飾的門市更低。正如那位記者所說，「梅西百貨的溫度比平價服飾GAP的子品牌Old Navy來得低；精品百貨布魯明岱爾又比梅西百貨更冷，而頂級精品百貨波道夫古德曼則是溫度最低的。也就是說，價位越高，溫度越低。看看各家的溫度：波道夫古德曼攝氏20.1度、布魯明岱爾21.5度、梅西22.8度、Club Monaco 23.3度、經典李維24.8度，Old Navy則是

26.8度。」這種溫度策略不無道理，因為根據最新研究結果，當溫度比較低，我們對物品的評價會比較高。正如19世紀日本作家齊藤綠雨所說，「優雅自是冰冷。」[47] 建築師麗莎・赫祥（Lisa Heschong）在她1979年出版的書《建築的熱感愉悅》（*Thermal Delight in Architecture*）裡指出，低溫與獨有之間的連結，可能源於美國剛開始出現空調的時期，那時只有上司的辦公室才能享有空調的奢侈享受。

不過，購物體驗牽涉到的不只是景象、聲音、氣味和溫度。銷售人員彼此之間、銷售人員與顧客之間、顧客與商品之間的碰觸本身，就可以是強有力的行銷手段。[48] 我深深相信，觸摸遠比我們大多數人想像中重要得多。現在就來談談這個最大的感官。

「觸碰我」

你是否曾在商店裡看過「觸碰我」的牌子？如果你照著做，那麼行銷專家已經成功激發你的購買意願。即使只是拿起某樣商品，或憑空想像拿著那件商品，就能增加我們對那件物品的擁有感。威斯康辛大學麥迪遜分校教授瓊安・佩克（Joanne Peck）等人的研究就得到這樣的結果。[49] 等你看到研究數據，就能明白行銷人員為什麼如此熱衷要我們碰觸商品。舉例來說，已經被美國最大零售商沃爾瑪（Walmart）併購的

英國連鎖賣場阿斯達（Asda）發現，他們的自有品牌衛生紙拿掉塑膠包裝、方便消費者體驗質感後，銷售量成長50%。諸如GAP這類服飾連鎖店之所以成功，部分原因在於他們聰明地設計商品展示台高度，讓我們經過時可以隨手摸一下。[50]

這些策略聽起來簡單易懂，但如果你知道有多少商家做不好，一定會很驚訝。比方說，每回我跟零售商客戶一起巡視門市，總會看見某些服飾門市的展示台高度離地板只有幾英寸。真的得有人告訴他們（指門市店長，而非我的客戶），接觸的動作難度越高，我們就越不喜歡自己摸到或拿起來的商品。這種效應儘管微小，卻會累加。[51]消費者好像也都認同觸摸的重要性。根據一項問卷調查研究，35%的受訪者覺得手機的觸感比外觀更重要。另一個問卷調查中，80%的受訪者表示，相較於只能觀看的商品，他們肯定會選擇既能看又能摸的商品。[52]

然而，這種事不只會發生在服飾店。在販售小型裝置的商店，方便消費者與商品互動、體驗的展示台也是一大特色。只是，你有沒有注意過，蘋果電腦門市的筆電MacBook Pro的螢幕都掀在同一個角度（如果你有興趣知道，是70°）？這絕不是最佳觀看角度。所以請問，他們為什麼這麼做？有個評論家說，這麼一來，消費者為了看個清楚，就會動手調整角度。當然，只要動手調整，自然而然就碰觸到商品了。[53]誰說行銷人員不狡猾？瑞典經濟學家巴提‧胡汀（Bertil Hultén）研究發現，只要將宜家（IKEA）賣場的燈光調暗，消費者觸摸玻璃器

皿的機率就會增加。[54] 如果再添加一點可喜的香草香氛，這些商品的銷售量就會成長65%。（這個數字來自大約900名消費者，以及連續2個週末的營業額。）那麼A&F夜店般的昏暗燈光和濃郁香氣，是不是也締造同樣的銷售佳績？

你有沒有拿過鉑傲（Bang & Olufsen）[55] 的遙控器？如果有，你就很熟悉它拿在手上時那特殊又出乎意料的沉重感。這份重量傳達出的訊息是質感。不過人們有所不知的是，那些重量大多是添加進去的，只為了給你個好印象。也就是說，它沒有實值功能。更難得的是，即使你知道你拿在手上的重量是為了什麼，它仍然神奇地發揮正面影響（或光暈效果）。如果你覺得這種無腦花招騙不了你，那就捫心自問，你剛花大把鈔票買的葡萄酒、唇膏或面霜的重量是有必要的嗎？這就是切斯金所謂的「感覺轉移」。其中的概念是，任何與觸覺連結的感受，似乎也會延伸到我們對產品其他特質的體驗或喜好。那麼既然我們通常本能地將重量跟品質連結在一起，自然而然會相信如果外包裝或盒子比較重，放在裡面的商品品質也比較好。這應該可以說明為什麼包裝重量與商品價格會是正相關。比方說，多年前我跟同事貝提娜·皮克拉斯菲茲曼（Betina Piqueras-Fiszman）在牛津稽核商店時發現，消費者買一瓶葡萄酒花的錢，每多付的1英鎊平均買到8公克玻璃。[56]

接觸汙染

如果你的習慣跟我一樣，買報紙或雜誌時不會直接拿最上面那一份，而是從底下抽出來。在新冠疫情爆發以前，這種行為聽起來很荒謬，對吧？畢竟每一份報紙或雜誌的內容都一樣。可是很多人都這麼做。觀察到這種現象的研究人員表示，這可能反映出對「接觸汙染」的下意識恐懼。[57] 也就是說，很多人就是不喜歡買別人碰過的商品。這麼說來，那些「觸碰我」的標示也有缺點。

回想你上次買毛巾的情況。你使用前會不會先清洗一遍？我真心希望你會洗，因為在你將它放進購物籃以前，平均已經有6個人摸過。[58] 如果你想知道被這麼多人摸過的東西上面有些什麼，研究人員曾經檢驗過英國8家麥當勞的點餐螢幕，找到幾種不同來源的人類糞便，而且都不是來自當時正在點大麥克和薯條的顧客。[59] 這實在非常不幸，因為吃速食通常不需要使用餐具。真噁心！對了，我要去洗個手，順便洗剛買回來的毛巾。現在馬上去！

多感官行銷當真能讓營業額超加成長？

只要環境的感官信號配合得宜，營業額幾乎必定會成長。過去幾年來某些自吹自擂、舌粲蓮花的行銷大師逢人就如此宣

稱。不過，儘管各種行銷論述聲稱只要以正確的方式刺激消費者的感官，[60] 就能得到1200%的「超加」[61] 營業成長，但我認為這恐怕是痴人說夢。根據這個領域嚴謹控制下的學術研究，結合影像、聲音與氣味營造出多感官氛圍，得到的銷售成長率通常平緩得多，15%的成長算很常見。[62] 那麼，這是不是意味著，多感官氛圍的效益其實不像多年前科特勒向我們宣揚的那般強大？我們不妨換個角度思考，或許業者已經採納了很多觀點，藉此傳達全面感官體驗。於是，既然已經善用各種策略，零售業想讓目前的銷售額進一步成長，當然有點難度。[63]

不同感官會彼此互動，如今已是不容置疑的事。只是，什麼樣的環境信號組合才算一致，不會造成消費者的感官不由自主地超載，是個更難解答的問題。比方說，有個研究讓受試者接觸無味、低振奮香氣（薰衣草）、高振奮香氣（葡萄柚）與沒有音樂、慢節奏音樂、快節奏音樂9種不同組合。如果氣味與節奏的振奮潛力一致，消費者對商店環境（禮品店）的評價就比較正面，同時也更願意接近商品，更容易衝動購物，滿意度也會增加。[64]

到目前為止直接在購物中心進行的研究不多，其中一個顯示，行銷人員想要打造多感官氛圍，需要面對多少潛在問題。摩林（Maureen Morrin）和徹貝特（Jean-Charles Chebat）在北美一處購物中心研究800名消費者非計畫性購物的消費金額。她們發現，只要播放慢節奏音樂，銷售額的成長高達50%。相

較之下，釋放柑橘香氛導致銷售額輕微（也不顯著）下滑。不過，當音樂與香氛同時存在，購物中心的銷售額明顯下降。這個案例到底哪個環節「出錯」，需要更深入探討才能解答。倒是有個可能的原因，那就是音樂與嗅覺刺激在某些層面（比方振奮程度）不一致。確實，我們不難想像慢節奏音樂讓消費者放鬆，柑橘香氛卻會讓他們精神振奮。[65] 因此，結合提振精神的香氛與放鬆心情的音樂，可能會讓消費者感到困惑，因為我們不太能夠處理不一致的信號。[66]

在商店環境採用多感官信號，當然有助於增加感官接觸點，卻也增加感官超載的風險。一項針對800名受試者所做的研究就得到這個結果。受試者想像自己在商店中瀏覽，商店裡的音樂有快有慢，氣味有薰衣草或葡萄柚，色彩配置有紅色和

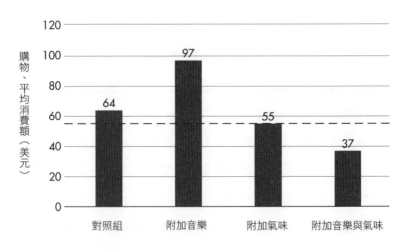

圖說：劣加現象的市場實例。

藍色。只要任何2種效果一致的感官信號組合在一起，結果就是正面的。不過，一旦在假想情境中使用3種感官信號，負面效果就開始出現。行銷學家宏博格（Christian Homburg）等人認為，這是因為提振精神的幅度太高，可能導致感官超載。至於在實體商店又會是什麼樣的結果，有待進一步研究。[67]

該把燈光調亮、音樂聲調低嗎？

那麼，在刺激消費者感官方面，某種氣味單獨存在或許有助於提示或吸引消費者。但如果與節奏快、音量高的音樂或特別明亮的店內燈光搭配，刺激就可能太多，風險隨之而來。組合不同環境信號，很容易就會造成感官超載。[68] 很多家長站在Hollister或A&F門市外面，感官遭到喧鬧舞曲和強烈香氣襲擊，他們的孩子則在那夜店般昏暗的門市裡開心採購。你發現自己在納悶：**那樣鬧哄哄怎麼有人受得了？**這些感官信號的目的之一，就是把那些跟不上時代的大叔大嬸擋在門外。或者像2014年A&F前總裁麥克・傑弗利斯（Mike Jeffries）所說，「我們的行銷對象只限酷炫好看的人，其他人敬謝不敏。」[69]

不過，那種特別有活力的歡快樂曲也有助於提升銷售額。畢竟，食品與飲料業普遍知道，播放響亮的快節奏音樂能夠提升營業額達30%。這方法用在服飾業當然也行得通。只是，我們不免為服飾業銷售人員感到遺憾，因為他們和越來越多

餐飲業工作人員一樣，經常暴露在音量達到危險程度的音樂聲中。[70]

氣味與聲音都被用來增進服飾的銷售，其他本質上沒有氣味的商品（例如書籍和雜誌）也是如此。只是，當消費者的全部感官都受到刺激，有時可能會造成感官信號的錯誤搭配或超載。可惜的是，現階段還沒有簡易的方法可以預測並避免這種問題。正因如此，我才會建議我的客戶自行在自家賣場進行這方面的研究。這樣一來，他們可以知道什麼方式最能有效刺激自己的顧客群，提升營業績效，不再只是仰賴在其他時間地點做的研究。

你是不是也喜歡LUSH的購物經驗，並且想不通A&F為什麼會招來那麼多怨言？如果是，你可能是個「感官成癮者」。這個詞指的是渴望多感官刺激的消費者。[71]某些研究人員嘗試區分衝動型與三思型消費者。比方說，摩林和徹貝特就曾經表示，衝動型可能比較容易受到背景音樂影響，而三思型則容易受氣味影響。對於我們這些沒有感官成癮問題、聞到LUSH的味道就落荒而逃，或從來沒有踏進過A&F和Hollister門市的人，我們有救了。幾年前倫敦的精品百貨公司塞爾福里吉推出「休息室」，讓在賣場飽受多感官刺激疲勞轟炸的消費者可以緩一口氣。另一個建議是，下回上街購物前先戴個耳塞，降低嘈雜的喧囂，或者使用居家單元提到過的NozNoz矽膠鼻片。[72]

品嘗未來

　　許多行銷機構、食品與飲料品牌目前對賣場的試吃體驗也非常感興趣。比方說，2017年我擔任這個領域的創新策略顧問，在超市重新舉辦多感官品嘗活動。我們在英國特易購賣場飲料走道邀請消費者，請他們戴上虛擬實境體驗機。他們一面試喝健力士（Guinness）的3款啤酒：Guinness Draught、Hop House 13 Lager和West Indies Porter，一面聽著健力士公司釀酒大師彼得·辛普森（Peter Simpson）迷人的嗓音，引導他們體驗這趟品酒之旅。消費者品嘗每一款啤酒時，他們戴的體驗機會傳送360度影音，影音的所有元素都符合消費者正在品嘗的那款酒。

　　重要的是，虛擬實境裡的聲音、色彩、形狀和動態模式都經過設計，專門用來搭配每一款酒的滋味，藉此強化消費者的口感體驗。[73] 這個活動得到熱烈回響，也示範了科技可以如何運用在零售業。[74] 使用最新的數位科技攻略多感官試吃體驗，跟傳統試喝只用廉價輕量塑膠杯提供些許飲品大異其趣。策劃這類活動的人難道不知道，任何東西只要裝在有點重量的玻璃杯，滋味都會比較好？[75]

多感官網路購物

早在本世紀初，人們普遍認為很難吸引消費者在網路上購買服飾。如今這種說法似乎已經變成過時的趣談。[76] 只是，如果我們真的在網路上採買服飾，就摸不到衣服或鞋子的質料，也不知道尺寸合不合，難怪退貨率居高不下。根據2017年英國《金融時報》（*Financial Times*）報導，英國零售商每年支出將近600億英鎊處理退貨。而在美國，有人估計2020年退貨運費會高達5500億美元，比2016年**多出**75.2%。當然，人們也會退回在實體商店買的商品，只是網路購物的退貨率就是高出許多。[77] 個人化商品在零售業驚人崛起，對這個問題不無幫助。畢竟，一旦你買的耐吉氣墊運動鞋或專屬LV手提包上加印了你的簽名，想要退貨當然就困難多了。

目前很多數位行銷人員面對的難題是，他們只能操縱我們的一種感官，最多兩個，也就是視覺，偶爾多個聽覺。這兩種是比較高階的理性感官。當然，長久以來科技專家和零售業未來學家不斷承諾，不久的將來，我們的電腦和智慧型手機就能讓我們感受到那件羊絨毛衣和那套絲滑睡衣觸感多麼柔軟細緻。[78] 他們還信心滿滿地表示，很快我們就能聞到想買的那款香水的味道，甚至嘗到正在猶豫要不要訂的披薩。不需要我說，你一定知道這種事到目前還沒發生。不只如此，短期內這種願景似乎不可能實現。至於那些向我們推銷這些白日夢的公

司，絕大多數幾年前都倒閉了，連同他們過度急切投入的風險資金一起化為泡影。有一家媒體的標題如此形容某家宣稱可以讓網購消費者聞到氣味的新創公司，「2千萬美元是什麼味道？問DigiScents就對了。」[79]

這實在很遺憾，因為確實有些商品大家就是不願意在網路上買。如果你不相信我的話，就請你想想，你願意買沒有試聞過的香水或刮鬍水嗎？我肯定不願意。由於科技還沒有辦法破解這個問題，某些商品在網路上的銷售想必會受到限制，因為目前可預見的科技還不可能傳遞全面的感官體驗。相對地，我們可能會看到更多共感行銷（如同健力士啤酒的案例），以及更超乎尋常的體驗，就像我們以下要討論的最後一個例子。

網路行銷的未來

2018年我和幾位同事跟威士忌酒廠格蘭傑（Glenmorangie）合作推動一項計畫，我相信這個計畫能夠預測數位市場的未來走向。當時我們努力找出最佳感官刺激，以便激發與蘇格蘭威士忌相關的自發性顱內高潮反應。所謂自發性顱內高潮反應，是指聽見別人輕聲說話或揉捏紙張時，從後頸往下竄的那股酥麻放鬆感。我們在研究中訪問經常有這種體驗的網路族群，找出某些關鍵觸發條件，比如慢動作特寫鏡頭搭配沒有背景音樂的真實聲音；高頻率的聲音和粗糙的紋理也

有效。以上這些，加上受訪者建議的其他刺激條件，都成為湯瑪斯‧特勞姆（Thomas Traum）、茱莉‧魏茨（Julie Weitz）和德克雷西（Studio de Crécy）等影音創作者的靈感，製作出3支足以讓人想起威士忌「產區風味、製程與特色」的影片，格蘭傑的Original、Lasanta與Signet三款威士忌各一。

活動開始前，主辦單位邀請消費者倒一杯自己喜愛的威士忌，戴上覆耳式耳機，再上網觀看那款酒的影片內容。根據這種數位內容受歡迎的程度，這場活動可說是格蘭傑有史以來最成功的網路行銷。畢竟很少有飲品能讓你體驗到一陣放鬆的酥麻感沿著脊椎往下竄。[80]

格蘭傑的促銷活動跟先前的健力士案例都告訴我們，最新的數位式體驗與科學界在感知方面的新發現，可以如何運用來攻略網路或實體商店購物的多感官體驗。找出以數位方式傳送、強化並普及這類體驗的方法，是未來幾年感官攻略領域最有趣的挑戰。

買到手軟

不管你是不是感官成癮，你現在多半已經明白購物衝動為什麼那麼難克制。感官攻略的科學最能夠清楚說明，我們很多人為什麼總是買到手軟。從景象到聲音，從氣味到觸感，甚至溫度，一切都經過刻意設計，也精心控制，只為了創造最完美

的多感官氛圍。那麼我們多逛一段時間，多買一點東西，也就沒什麼好奇怪的了。

只是，不管你買了什麼東西，如果想避免接觸汙染，回到家最好馬上洗手。不管有沒有新冠病毒，想想研究人員在速食店觸控螢幕檢驗出的東西就夠了。

1　原注：*Marketing Week*, 31 October 2013, www.marketingweek.com/2013/10/30/sensory-marketing-could-it-be-worth-100m-to-brands/; Hilton (2015).

2　原注：*Financial Times*, 4 June 2013, 1.

3　原注：Samuel (2010).

4　原注：別擔心，稍後我會告訴你。

5　原注：Renvoisé and Morin (2007); Kühn et al. (2016).

6　原注：近期一項研究分析16億張集點卡的使用狀況，請參考Aiello et al. (2019); *Venture Beat*, 11 February 2019, https://venturebeat.com/2019/02/11/second-measure-raises-20-million-to-analyzecompanies-sales-and-growth-rates/.

7　原注：值得玩味的是，這些人通常不是大型超市的業主。雖然很難相信，但據我所知有不少大型超市連鎖店沒辦法自動透過顧客的集點卡取得銷售數據。

8　原注：*Independent*, 16 August 2011, www.independent.co.uk/news/media/advertising/the-smell-of-commerce-how-companies-use-scentsto-sell-their-products-2338142.html; *Time*, 20 July 2011, http://business.time.com/2011/07/20/nyc-grocery-store-pipes-in-artificialfood-smells/.

9　原注：*Wall Street Journal*, 20 May 2014, www.wsj.com/articles/SB10001424052702303468704579573953132979382; Spence (2015).

10　原注：那麼為什麼你一走進百貨公司就聞到濃郁的香水味？這會不會是嗅覺行銷的另一個實例？

11　原注：Leenders et al. (2019).

12　原注：Spence et al. (2017).

13　原注：*Independent*, 16 August 2011, www.independent.co.uk/news/media/advertising/the-smell-of-commerce-how-companies-use-scentsto-sell-their-products-2338142.html.

14　原注：Ayabe-Kanamura et al. (1998).

15　原注：Spence and Carvalho (2020).

16　原注：這種業界贊助的研究不可盡信，因為非贊助的嗅覺研究很少看到這麼大的效益。

17 原注：*NACS Magazine*, 8–9 August 2009, www.scentandrea.com/MakesScents.pdf.

18 原注：*The Atlantic*, 26 July 2012, www.theatlantic.com/technology/archive/2012/07/the-future-of-advertising-will-be-squirted-into-yournostrils-as-you-sit-on-a-bus/260283/.

19 原注：Knoeferle et al. (2016); Spence (2019a).

20 原注：*AdAge*, 6 December 2006, http://adage.com/article/news/milkboard-forced-remove-outdoor-scent-strip-ads/113643/

21 原注：*Independent*, 14 November 2002, www.independent.co.uk/news/media/whiff-of-almond-falls-victim-to-terror-alert-133417.html; Lim (2014), p. 84.

22 原注：又一個香噴噴的候車亭！不過，有別於剛才提及的加州廣告，這個廣告釋出的香味需要主動參與，也就是說，如果候車亭裡的人決定躺下來睡覺，就不會受到干擾。

23 原注：*CityLab*, 9 February 2012, www.citylab.com/design/2012/02/inside-smellvertising-scented-advertising-tactic-coming-bus-stopnear-you/1181/; McCain creates the world's first potato scented taxi – Offering free hot jacket potatoes that are cooked on board in five minutes! Press Release, 9 November, 2013; Metcalfe (2012).

24 原注：Castiello et al. (2006).

25 原注：開玩笑的！

26 原注：*Businessweek*, 17 October 2013, www.businessweek.com/articles/2013-10-17/chipotles-music-playlists-created-by-chris-golub-ofstudio-orca; Milliman (1982, 1986); 並參考 Mathiesen et al. (2020).

27 譯注：elevator music，指80年代美國百貨公司和大型商場播放的背景音樂，以旋律輕鬆的純音樂為主。

28 原注：目前奇波雷餐廳音樂串流服務由穆德傳播公司（Mood Media）提供，這家公司的前身正是穆札克。

29 原注：Lanza (2004).

30 原注：Knoeferle et al. (2012).

31 原注：North, Hargreaves and McKendrick (1997).

32 原注：指近年來心理學與神經科學領域某些吸睛的研究結果複製失敗的現象。

33 原注：根據彼得·梅伊（Peter F. May）2006年的書《夢露與真我：世界各地的稀奇古怪葡萄酒》（*Marilyn Merlot and The Naked Grape: Odd Wines from around the World*），這款由格烏茲塔明那（Gewürztraminer）和伊爾塞·奧維利（Irsai Olivér）混種而來的葡萄品種的正確發音是「切爾歇吉福歇爾厄斯」。這下子你會唸了。

34 原注：Spence et al. (2019b); Zellner et al. (2017).

35 原注：原本的訊息究竟是什麼根本不重要，因為事後發現這只是維克利精心編造的騙局，他沒有做過這樣的實驗。

36 原注：Karremans et al. (2006).

37 原注：*Economist 1843 Magazine*, April/May 2019, www.1843magazine.com/design/brand-illusions/why-stars-make-your-water-sparkle; Spence (2012b).

38 原注：Kotler (1974); Lindstrom (2005).

39 原注：*AdWeek*, 5 March 2012, www.adweek.com/brand-marketing/something-air-138683/.

40 原注：*Wall Street Journal*, 24 November 2000; www.springwise.com/summer-jeans-embedded-aroma-fruit/.

41 原注：Minsky et al. (2018).

42 原注：Ayabe-Kanamura et al. (1998); Trivedi (2006).

43 原注：*AdWeek*, 5 March 2012, www.adweek.com/brand-marketing/something-air-138683/.

44 原注：Preliminary results of olfaction Nike study, note dated 16 November 1990, distributed by the Smell and Taste Treatment and Research Foundation Ltd, Chicago; *Marketing News*, 25, 4 February 1991, 1–2; though see *Chicago Tribune*, 19 January 2014, www.chicagotribune.com/lifestyles/health/ct-met-sensa-weight-losshirsch-20140119-story.html.

45 原注：Knasko (1989); *Wall Street Journal*, 9 January 1990, B5.

46 原注：*USA Today*, 1 September 2006; Trivedi (2006); *Independent*, 16 August 2011, www.independent.co.uk/news/media/advertising/the-smell-of-commerce-how-companies-use-scents-to-sell-theirproducts-2338142.html.

47 原注：*New York Times*, 26 June 2005, www.nytimes.com/2005/06/26/fashion/sundaystyles/shivering-for-luxury.html; Park and Hadi (2020); 引用自 Tanizaki (2001), p. 10.

48 原注：Martin (2012).

49 原注：Peck and Shu (2009).

50 原注：Ellison and White (2000); Spence and Gallace (2011).

51 原注：Gallace and Spence (2014), Chapter 11.

52 原注：Does it make sense? *Contact: Royal Mail's Magazine for Marketers*, Sensory marketing special edition, November 2007, 39; Solomon (2002).

53 原注：*Forbes*, 14 June 2012, www.forbes.com/sites/carminegallo/2012/06/14/why-the-new-macbook-pro-is-tilted-70-degrees-in-an-applestore/#784de2f65a98.

54 原注：Hultén (2012).

55 原注：多年來這家丹麥公司銷售最時尚，當然也最昂貴、奢華的消費電子商品。

56 原注：Piqueras-Fiszman and Spence (2012).

57 原注：Argo et al. (2006).

58 原注：Underhill (1999), p. 162.

59 原注：*Newsweek*, 28 November 2018, www.newsweek.com/mcdonaldstouchscreen-machines-tested-have-fecal-matter-investigationfinds-1234954.

60 原注：我不想在這裡指名道姓，免得他們尷尬。

61 原注：「超加」這個概念最早來自神經生理學，意思是多個效果微弱的感官信號引發的反應，在神經元、知覺或行為上創造出的反應，可能比所有信號的反應加總起來更大。你應該記得我們在引言稍微討論過。

62 原注：de Wijk et al. (2018); Helmefalk and Hultén (2017).

63 原注：Roschk et al. (2017); Schreuder et al. (2016).

64 原注：Mattila and Wirtz (2001).

65 原注：Morrin and Chebat (2005).

66 原注：不協調的信號導致的處理阻滯，通常會得到負面評價，也就是我們不喜歡，因此也就對銷售沒有幫助。摩林和徹貝特的數據也得出類似結果。

67 原注：Homburg et al. (2012).

68 原注：Malhotra (1984); Spence et al. (2014b).

69 原注：引用自 *Mail Online*, 23 May 2014, www.dailymail.co.uk/femail/article-2637492/Lights-sound-clothes-Abercrombie-Fitchtones-nightclub-themed-

stores-bid-win-disinterested-teens.html.

70 原注:參考Spence et al. (2019b)的評論。

77 原注:Dunn (2007).

72 原注:Malhotra (1984); *Canvas 8*, 18 January 2013, www.canvas8.com/public/2013/01/18/no-noise-selfridges.html.

73 原注:Spence (2019b); *The Drum*, 18 May 2017, www.thedrum.com/news/2017/05/18/guinness-tantalises-tesco-shoppers-with-vr-tastingexperience; *VR Focus*, 20 May 2017, www.vrfocus.com/2017/05/vr-in-the-supermarket-with-guinness-vr-tasting-experience/.

74 原注:Petit et al. (2019).

75 原注:Kampfer et al. (2017).

76 原注:Gallace and Spence (2014).

77 原注:*RFID Journal*, 14 September 2017, www.rfidjournal.com/articles/pdf?16605; *ShopifyPlus*, 27 February 2019, www.shopify.com/enterprise/ecommerce-returns.

78 原注:Jütte (2005).

79 原注:Spence et al. (2017).

80 原注:Spence (2020a,b); Spence et al. (2020).

第八章

醫療保健

　　我先問你一個問題：你介意醫生幫你動手術時聽音樂嗎？我們大多數人可能都沒有思考過這樣的問題，不過很多手術室確實都播放音樂。《英國醫學期刊》（*British Medical Journal*）2014年一篇報導指出，醫生動手術的時間裡，大約62%到72%都能聽到音樂，[1] 通常以古典音樂居多。這就好比餐廳廚房，聽音樂可以排解作業程序的枯燥感：一邊是髖關節置換手術，另一邊是將整籃馬鈴薯或胡蘿蔔切丁。不久前姓氏與職業堪稱絕配的英國醫生羅傑・尼博恩（Roger Kneebone）[2] 和現代主義傳奇廚師約澤夫・尤瑟夫（Jozef Youssef）合作進行一項文獻回顧研究，發現餐廳的專業廚房和醫院的手術室之間的共同點，遠比你想像中多得多。

　　許多研究顯示，人類的各種表現很容易被音樂牽動。我們不免好奇外科醫師聽著快節奏音樂時，動作會不會也加快。[3] 但關鍵不只在於音樂的節奏，找到對的類型也很重要。我不知道你怎麼想，不過如果醫生幫我動手術時聽死亡金屬，我心裡肯定不太舒服。皇后樂團的〈又一個陣亡了〉（Another

One Bites the Dust），甚至REM樂團的〈每個人都受會傷〉（Everybody Hurts）當然也不適合。另外，對於整容整上癮的人，如果整型醫師在手術室曲單裡放進嗆辣紅椒樂團的〈疤痕組織〉（Scar Tissue），未免有點不顧他人感受。[4]

對病患進行適度控制的研究可能有道德方面的疑慮，但研究人員發現，整型外科實習醫生以豬腳練習縫合時如果聽喜歡的音樂，縫合的速度會比沒有音樂時來得快。在這個研究中，創傷修復時間也因為背景音樂縮短8%到10%，縫合品質則被同儕判定為有所提升。另外，美國學者艾倫（Karen Allen）與布拉斯科維奇（Jim Blascovich）對50名男性外科醫師所做的研究發現，受試者從事艱難的實驗任務時，比起不聽音樂或被迫聽研究人員提供的音樂，聽著自己喜歡的音樂時心跳加快的幅度比較小，任務表現也比較好。[5]由於手術室成本偏高，不難想見醫院財務部門為了減少成本，會建議加快音樂節奏。根據統計，2005年北美醫院手術室每分鐘的花費超過60美元，換句話說，只要每個手術時間縮短7分鐘，250個手術就能省下超過10萬美元。[6]到如今這個數字會高得多。就像俗話說的，不無小補。

你還記不記得一款以電池供電、名為「外科手術」（Operation）的兒童益智桌遊？玩家輪流拿著鑷子，從遊戲板上那個倒楣病人身上的凹洞裡夾出各個器官和骨骼。夾取時總有人會不小心碰觸凹洞邊緣，這時暱稱「凹洞山姆」的病人

就會短路，鼻子閃現紅光，還會發出嗡嗡聲。2016年倫敦帝國藝術節有352名參加者應邀玩這個遊戲，過程中分別聆聽3首不同曲子。男性聽澳洲搖滾音樂的表現，會比聽手術室預錄聲響差，女性卻沒有這種差別。那些男性的速度明顯變慢，失誤也更多，顯示他們無法集中精神。相較之下，聽莫札特的人覺得比較不受音樂干擾。令人意外的是，受試者手術速度並沒有加快，失誤率也沒有減少，跟坊間有關「莫札特效應」的論述恰恰相反。[7]這種草率研究得出的結果，就留給你自己去判斷，看看你希望幫你手術的外科團隊聽什麼樣的音樂。

在另一個比較嚴謹的研究裡，受訪的專業麻醉師表示，他們覺得聽雷鬼和流行音樂特別容易分心。[8]只是，無論播放什麼音樂，都不可能討好手術室裡的所有醫護人員。事實上，研究發現外科醫生就算選擇折衷方案，還是會導致氣氛緊繃。[9]因此，下回你到醫院接受一般手術，事先打聽一下你躺在手術台上時醫生打算聽什麼音樂，對你沒有壞處。音樂真的會影響你的醫生和他的同事的工作表現。這只是運用感官攻略影響醫療結果的一個例子。

醫院為什麼越來越像高級飯店？

我們從出生到死亡，以及過程中每隔一段時間，都會需要醫療體系的支持。醫療體系既能促進我們的正常發展，也能幫

第八章　醫療保健

我們處理生命歷程中不可避免的健康問題。不管我們處在哪個年齡階段，傳統的治療都以醫藥（相對於感官攻略）為主。有趣的是，1974年傳奇行銷大師科特勒已經展現先見之明，撰文討論將他的零售業環境氛圍策略運用在精神科醫師辦公室的可能性。[10] 近期越來越多人有意將「體驗經濟」（experience economy）的概念運用到醫療保健領域。這樣的想法通常在私人醫療機構比較普遍，至少在英國是如此。總之，世界各地的醫院、醫生、牙醫、看護中心乃至整型醫生，不管公立或私立，都越來越明白將多感官策略引進醫療體系的價值。事實上，如今醫療界越來越多人認為，多感官策略是他們提供的服務（或體驗）重要的一環。在美國，醫師的薪水有一部分取決於患者對他們的滿意度。[11] 美國已經有超過40%的醫師以患者滿意度計薪，比例持續看漲。[12]

這種重心的轉移，至少部分原因來自某些國家私人醫療機構的競爭漸趨白熱化。如今醫療機構硬體差距縮小，不太容易用更好的掃描裝置或更先進的設備，讓潛在客戶或服務對象感受到自己提供的醫療跟別人有多大差別，只好將焦點轉向病患的就醫體驗。這種體驗上的轉變，通常出現在那些看起來更像高級飯店，而非傳統醫療院所的私人醫院。或者，就像2019年某家媒體的標題所說，「梅約醫院（The Mayo Clinic）：外觀像飯店，卻是全世界最好的醫院。」[13] 這篇報導還說，人們從世界各地前來體驗這家醫院的服務品質。在此必須強調，並不

是把外觀弄得富麗堂皇就夠了。病患評比醫療體驗的結果，確
實與醫療服務品質呈正相關。[14] 因此，將重點放在病患的就醫
體驗，或許會是有效的做法。既能提升醫療服務的品質，長期
下來也有節省成本的潛在效益。這點很重要，因為任何措施只
要能改善治療結果，很有可能也能降低成本，醫院的財務部門
會樂觀其成。

　　舉例來說，美國聯邦醫療保險與醫療補助計畫服務中心
2016年分析3千家醫院的風險調整數據發現，病患的就醫體驗
與臨床治療效果呈正相關。這篇研究報告的作者指出，「病患
的滿意度如果比較高，許多院內併發症的發生率就比較低，二
者之間在統計學上明顯相關。另外，如果病患滿意度比較高，
出院30天內非計畫性再入院的比例也比較低，二者之間的相關
性同樣有統計學上的意義。」[15] 2017年一份研究報告分析2007
到2012年美國3767家醫院將近2萬次考察結果發現，正面的就
醫體驗與醫院獲利的增加也有相關性。相對地，負面的就醫體
驗與獲利減少之間有更明顯的相關性。[16]

　　我們在之前的單元討論過接觸大自然對身心的益處，長久
以來，醫院與照護機構已經透過院內療癒花園，將大自然納入
服務體系。西方最早的醫院甚至依賴藥草、植物和花園迴廊的
治療效果。多年來這些靜謐空間為病患和家屬提供所需的舒適
與慰藉。根據一項研究，安養中心的高齡患者在花園裡逗留1
小時，比在自己最喜歡的房間待同樣時間更能提升專注力。[17]

美國《科學人》雜誌（*Scientific American*）一篇報導指出，能夠刺激多種感官的花園最具安撫效果：「可以觀賞、觸摸、嗅聞與聆聽的花園，最能撫慰人心。」這篇報導特別強調，花園「在20世紀大多數時間都受到忽視，成為醫療服務的枝微末節，如今已經重回主流，變成大多數新建醫院的亮點。」[18]

　　早在1853到56年克里米亞戰爭期間，英國護士南丁格爾（Florence Nightingale）已經提倡，安靜的環境能加速接受她照顧的傷兵復元，自然光更是不在話下。正如我們稍後會再討論到的，在醫療的感官攻略方面，南丁格爾這位深具洞見的護士確實遠遠領先她的時代。不過，瑞典學者烏里賀1984年觀察幾名手術患者發現，病房窗外的自然景觀對患者的復元有正面助益，這個重要發現帶動當代「健康本源學」（salutogenesis）熱潮。健康本源學這個詞是以色列裔美國學者亞倫·安東諾夫斯基（Aaron Antonovsky）在1979年最先提出，指的是治療時首重支持人體健康與幸福的因素，而非只處理導致疾病的因素（疾病發生學）。符合健康本源理念的環境的特色是，環境裡的多感官元素經過精心安排，以促進病患復元。[19]

健康的滋味

　　採用健康本源療法理論上看似容易，但令人訝異的是，現今許多醫療環境或服務的感官面向卻對病患的安康有負面影

響。只要想想醫院病房裡的背景聲響害多少病人睡不安穩就知道了。[20] 還有每天原封不動送回廚房、看起來一點都不可口的醫院伙食。根據一項調查，英國保健署所屬醫院提供給病人的飲食之中，每天原樣收回的比例高達驚人的70%。[21] 噪音與餐點是醫療服務最明顯、也被廣泛討論的兩大問題。這或許是由於過度強調疾病發生學，進而忽略了健康本源學。想要攻略我們的健康，首要目標是找出可能危害醫療服務的負面感官因素，再設法解決。以剛才提及的兩大問題為例，降低病房的環境噪音與改善餐飲品質會是可能的解決方案。[22,23] 雖然這些方案某種程度上顯而易見，卻不代表它們對病患的福祉沒有深遠的好處。

比方說，英國保健署在6家信託醫院進行長達2年的試驗發現，只要每天為髖部骨折的老年病患多提供一餐，並且鼓勵他們吃掉，他們在醫院死亡的機率就能減低一半。沒錯，就是一半，從11%降低為5.5%。整型外科主任醫師多明尼克‧英曼（Dominic Inman）看見這樣的數據後表示，「如果你把食物看成價格非常、非常低廉的藥物，那它的功效實在無比強大。」[24]只是，在這項試驗裡，營養師每天早上要先詢問病人想吃什麼，到了用餐時間還得坐在病床旁確認病人把餐點吃光光。要不了多久，這樣的個人化服務隱含的人事成本，可能就會讓財務部門臉綠。而在美國，我的朋友克勞蒂亞‧康坡斯（Claudia Campos）博士和她的同事研究發現，對不分種族的病患提供抗

高血壓的得舒飲食（DASH），能得到相當正面的效果。他們追蹤發現，長期遵守得舒飲食指導原則的病患，心臟病風險明顯減低。[25]

那麼，採用低成本感官策略，長期下來能不能增加病患的進食量，應該是個有趣的研究主題。比方說，阿茲海默症與失智症患者可能很難分辨餐盤裡的食物，那麼醫院那些色彩不夠鮮明的食物，例如馬鈴薯泥、濃稠醬汁、雞肉和大多數的魚片，擺在白色餐盤裡就更不起眼了。研究發現，無論是在醫院或長期安養中心，只要簡單換用對比強烈、色彩鮮豔的紅色或藍色餐盤、刀叉和杯子，就能讓病人多吃30%的食物。難怪近年來出現不少新創公司，對一般大眾銷售這種強化視覺效果的餐具器皿。[26]

另一個用餐時間的低成本感官攻略，是使用音樂或環境聲景，幫助情緒躁動無法進食的患者放鬆。無論是精神科病患或人數越來越多的阿茲海默症與失智症患者，躁動都是非常普遍的問題。有趣的是，早在1970年代，北美已經有不少精神科醫院為了處理患者情緒，播放美國兒童音樂家哈普．帕爾默（Hap Palmer）推出的《海鷗：休息與放鬆的音樂》（*Sea Gulls: Music for Rest and Relaxation*）專輯。這比英國廚神赫斯頓．布魯門索（Heston Blumenthal）聞名於世的料理「海洋的聲音」早得多。「海洋的聲音」是生魚片料理，隨盤附上的貝殼裡藏著MP3播放器，播放海鷗叫聲和海浪輕柔的拍岸聲。這

兩個案例的目的都在於攻略病患或用餐客的感官體驗。不過,那道生魚片料理的目的倒不是為了安撫激動的食客,而是為了誘發他們心中美好的往日情懷。

幾年前我有幸以顧問身分參與開發一項得獎的香味傳送系統,也就是食物香氣鬧鐘。這個鬧鐘名為「奧德」(名字取自參與這項計畫的香水專家莉琪·奧斯特姆〔Lizzie Ostrom〕,她的綽號是「奧德特香水」)。這款鬧鐘每天釋出3次令人飢腸轆轆的香味,提醒可能會忘記吃飯的人用餐。為這款鬧鐘開發出來的香味共有6種,包括新鮮柳橙汁、櫻桃果醬餡餅、自製咖哩、紅肉葡萄柚、燉牛肉和黑森林蛋糕,都是目標年齡層熟悉的代表性食物氣味。這項計畫立意良善,是為了讓初期阿茲海默症和失智症患者可以在自家多居住一段時間,避免因為營養不良提早入院。經過針對50名失智患者與他們的家人長達10星期的小規模探索研究,研究人員發現,相較於這個族群常見的體重減輕問題,使用鬧鐘的人有超過半數體重持平,或小幅度增加。那麼,這可以說是低成本感官攻略,可以提醒有需要的族群定時吃飯。 27

視覺攻略:醫療的藝術與錯覺

如同在工作場所一樣,窗外有自然景觀的房間顯然有助於患者術後的恢復。可惜不是所有病人都能住進景觀病房,所

以我們需要來點感官攻略替代方案。 ₂₈ 盆栽或許是個不錯的起點，因為植物可以減輕壓力，也能增加醫院環境的親和度。 ₂₉ 在牆壁上裝飾藝術作品，也能改善患者的癒後情況。英國衛生部藝術與健康工作小組2006年一篇報告指出，「藝術具有明顯功效，有助於增進患者的健康、幸福與就醫體驗，工作人員與其他使用醫療服務的人也能同時獲益。」 ₃₀ 舉個例子說明：很多人在醫院會血壓上升，也就是所謂的「白袍高血壓」。值得玩味的是，只要在診間懸掛風景圖片就能減輕這個現象。 ₃₁ 另外，在工作人員鼓勵下接觸藝術的病患，疼痛程度減輕，治療效果也比較好。 ₃₂

根據推測，可能是因為藝術品的存在，才會有越來越多醫院看起來像「高級飯店」。請注意，公立醫院就算經費拮据，買不起梅約醫院收藏的現代雕刻藝術之父羅丹（Auguste Rodin）、普普藝術先驅安迪・沃荷（Andy Warhol）與美國玻璃藝術家戴爾・奇胡利（Dale Chihuly）等人所創作的一流作品，也不難效法這種簡單的解決方案。同樣地，也是南丁格爾直覺發現藝術的療癒力。她在1860年寫道：

花樣繁多的美麗物體，尤其是鮮豔的色彩，對人的效益幾乎全然受到忽視。我們雖然不清楚形體、色彩與光線如何影響我們，卻知道它們對我們有實質影響。讓病患欣賞物體多樣化的形狀和亮麗的色澤，確實能幫助他們復元。 ₃₃

醫院牆壁上的藝術品不但讓人對治療結果有所期待，據說也能算是醫院提供的治療的一部分。19世紀後期流行的色彩療法正是感官攻略的一種。色彩療法的擁護者聲稱，風溼、發炎、神經症狀與精神分裂等精神疾病的患者只要接受特殊色彩的燈光照射，就能得到療效。色彩療法專家艾德文・巴比特（Edwin Babbitt）指出，可以改善身體疲勞和慢性風溼；黃光有助於通便，也適合對治支氣管炎；藍色光線能夠舒緩發炎症狀。[34] 值得注意的是，儘管色彩療法被如今的主流醫療專業人員斥為偽科學，色彩與光線顯然對我們的社交、認知與情感的各個面向有顯著影響。只要想想清晨的淡藍光線如何幫助我們保持靈敏，而將警方拘留室漆成泡泡糖粉紅[35]，據說能安撫嫌犯的情緒。只是，儘管血紅色的風景畫作在畫廊裡相當搶眼，這個色彩如果掛在醫院牆壁，恐怕只會讓人心神不寧。

很顯然，色彩與燈光在醫院的設計上扮演重要角色，牆壁上的藝術作品也是一樣。[36] 很多知名醫療機構挑選色彩時，正是以心理效應為基準，專門為特定情境設計。比方說在梅約醫院，「就連牆壁的顏色都經過審慎挑選，以便誘發某些情緒。因此，癌症診斷區域選用柔和的藍、綠與紫，以便平撫情緒，降低壓力。諮詢室使用藍色，因為研究發現藍色有助於建立互信。」[37]

我們討論醫院的色彩運用時，你有沒有停下來問自己，外

科醫生的手術服和病房的布簾為什麼經常是綠色的？這個感官攻略是為了消除手術室工作人員在盯著血淋淋的內臟後產生的視覺效應。我們如果緊盯某樣東西一段時間，移開視線後通常會看見那個東西的負後像。由於綠色是紅色的對比色，外科醫生把視線從你身體內部移開後，看見的會是綠色的負後像。這個感官攻略的原理是，醫生看見綠色物體，便不容易察覺負後像，因此也就不容易造成干擾。

使用視覺信號增進療效還有更令人驚豔的例子，比如遭受長期頑強疼痛折磨的患者，在傳統止痛方式不見成效後，運用心理學實驗室的多感官錯覺，確實能得到緩解。研究證實，感官攻略對幻肢痛與複雜性局部疼痛症候群（Complex Regional Pain Syndrome，簡稱CRPS）有一定程度的幫助。有個眾所周知的心理療法是鏡箱療法。臨床上已經運用這種視覺（更正確的說法是「多感官」）錯覺，它能有效減輕來自不存在的肢體所產生的劇烈疼痛。[38] 幻肢痛的患者通常因為發生意外事故必須截肢，如果患者對肢體的最後記憶是疼痛，有少數不幸病例截肢後那股痛感會殘留下來。[39] 由於被切除的部位已經不復存在，缺少感覺動作差異回饋，患者的大腦很難更新它對肢體的最後印象。患者於是擺脫不了他們無法移動的疼痛幻肢，總是覺得它在痙攣。

鏡箱療法的原理是給患者錯覺，利用完好肢體的鏡中影像，讓他們覺得失去的肢體已經換新了。患者移動完好的肢體

時，會從鏡中看到消失的肢體彷彿在移動。這個差異回饋讓疼痛的幻肢縮小，藉此減輕伴隨的痛感。不過，後續研究質疑，鏡箱療法如果有效果，那種效果會不會是攻略患者感官的直接結果。也就是說，讓失去的幻肢看起來彷彿還在。幾年前我參與一項由當時任職牛津大學的羅里莫‧摩斯里教授（Lorimer Moseley）領導的研究，對鏡箱療法之所以有效提出另一個解釋。我們認為，可能只是患者想像移動幻肢時，腦海裡喚起的動作心像產生的效果。[40]

我在牛津大學的實驗室還發現另一種同樣令人驚豔的方法，可以緩解CRPS患者的疼痛。這類患者通常受過傷，比方意外事故導致腕部骨折。一開始他們復元的情形完全正常，只是經過大約半年左右，受傷的肢體開始出現難忍的疼痛。甚

圖說：鏡箱讓幻肢痛患者產生錯覺，以為看見了失去的肢體。（US Navy photo by Mass Communication Specialist Seaman Joseph A. Boomhower）

至，患肢常伴隨腫脹的情形，醫生也常發現患部的溫度比正常肢體來得低（這是這種症狀床邊檢查的標準項目）。同樣地，止痛藥效果有限。由於疼痛太劇烈，患者經常會要求（甚至哀求）醫生動手術切除。強納森・德瑞維（Jonathon Driver）教授是我過去的指導教授，也是帶領我踏入這個研究領域的人，他讓我見識到CRPS真正可怕之處。他騎輕型機車發生事故，導致嚴重的CRPS。由於承受不了疼痛，他幾年前從高速公路橋梁往下跳，結束了自己的生命。

我們在首席研究員摩斯里教授帶領下，跟10名長期為CRPS所苦的患者合作，運用縮小鏡頭讓他們的患肢看起來比較小：想像你把望遠鏡反過來之後看到的影像就對了。神奇的是，短短幾分鐘內，這簡單的感官攻略就明顯減輕患者的主觀疼痛。不只如此，症狀的客觀可測量指標也在視覺縮小幾分鐘後改善，也就是腫脹的程度明顯縮小。[41] 這個結果跟我們發表過的另一個研究結果相符。在那個研究中我們發現，用整人玩具店的橡膠假手告訴你你的一隻手被換掉了，也會造成生理上的改變，比方說那隻被取代的手溫度迅速下降。[42]

一開始醫學界不太相信這種視覺幻象感官攻略能產生這麼快速的變化，看到不少後續研究確認我們的發現，[43] 我們都感到心滿意足，當然也大受鼓舞。儘管需要更長時間的臨床追蹤，才能確認這種策略的效果是否穩固又持久。但毫無疑問地，感官攻略在醫療領域的運用大有可為。總的來說，這種療

法的終極考驗，在於患者本身願不願意為這些效益投入心力。

聽見健康

再回到醫療保健的聽覺面向。這個領域現階段問題點最多，卻也有最耐人尋味的解決方案。150年前的南丁格爾再一次展現先見之明，她寫道，「不必要的聲響是最殘酷的疏忽，無論病人或正常人都會備受折磨。」[44] 正因為許多醫院的視覺環境多半單調乏味，聲響元素在患者的就醫體驗中因此更為突顯。[45] 只要到過醫院病房或加護病房就知道，這些地方都特別嘈雜，主要是因為現代病房裡各種警報、鬧鈴或數位提醒信號不絕於耳。[46]

這種高分貝噪音在白天就已經夠糟了，入夜後更是格外擾人。過去幾十年來，醫院的噪音值成長速度越來越快。根據世界衛生組織訂定的指南，醫院病房白天的噪音值上限是35分貝(A) [47]，夜晚則是30分貝(A) [48]。在此說明，30分貝差不多等於悄聲說話的音量。因此，得知醫院的最高噪音值85分貝(A)，相當於鏈鋸的音量，不免令人震驚。[49] 根據英國一項觀察研究，5間加護病房白天的噪音值是60分貝(A)，每隔2到3分鐘會收錄到最高100分貝(A)的聲響（相當於惱人的摩托車或手持式電鑽）。雖然夜間的噪音值會降低，每小時仍會出現16次85分貝(A)的尖峰值。

難怪有那麼多病人抱怨在醫院根本無法入睡。重病在床，睡眠時間每6分鐘被噪音干擾一次，對病人的癒後肯定有負面影響。[50] 有個慘痛案例，當事人是英國政府首席科學顧問大衛‧麥凱爵士（Sir David MacKay）。他生病住院時，被病房無休無止的噪音吵得痛苦落淚。他過世前一天發表的網誌寫道，「病房的燈光總是亮了又暗，房門開開關關，特製的機械床連續幾個小時發出嘶嘶的電氣聲響和咚咚聲。」[51,52]

高分貝噪音造成的潛在傷害影響的不只是病患。手術室醫護人員也同時受害，其中又以整型外科手術最為嚴重。一旦電子器械開始切鋸、鑽孔和鎚打，尖峰噪音值會飆到120分貝或更高，膝關節置換手術和神經外科手術的噪音尤其嚴重。簡單做個比較，軍事戰鬥機的後燃器起飛時所發出的噪音是130分貝。在手術室裡工作的人經常暴露在這樣的噪音下，可能會對他們造成傷害。雖然接受手術的患者對周遭的巨響渾然不覺，受到的傷害卻可能更為嚴重。因為手術前照例實施的麻醉程序會癱瘓耳內的鐙骨肌，而鐙骨肌的作用正是減弱耳朵對噪音的反應以達到保護功能。[53]

另一個我們大多數人很不幸都體驗過的噪音，是牙科的電鑽。[54] 如果有人能想辦法消除那種高頻嗖嗖聲，或給病人一副消除噪音的耳機，並且讓他們看電影轉移注意力，補牙的療程就不會那麼叫人心驚膽顫。換個比較不那麼刺耳的聲音或許也有幫助。2019年曾經造訪我的實驗室的澳洲阿得雷德大學教授

塔莎・史坦頓（Tasha Stanton）帶領的研究證實這個論點。他們的研究發現，慢性背痛的患者彎曲僵硬的背部時，伴隨的如果是順暢悅耳的聲響，而不是開關門的嘎吱聲，患者背脊的靈活度就會增加。[55] 雖然伴隨的聲響與疼痛和動作無關，但不管是背痛或臼齒碎裂，痛苦的動作配上愉悅的聲響，都有助於改善情況。

我覺得還有另一個方法可以減輕看牙醫的恐懼感，那就是找出某些轉移注意力的方法，讓我在看牙醫時不會一直想著蛀牙，以致在牙醫幫我治療時一不小心閉上嘴巴。如果這個願望真能實現，看牙醫應該就會輕鬆得多。全心全意關注疼痛，或把注意力放在疼痛的部位，只會增加治療過程的痛苦。相對地，研究顯示，不管是利用大自然的景物和聲音，或沉浸在另一個世界，把注意力從疼痛的感覺或部位移開，有助於減弱疼痛的顯著程度。[56] 事實上，正是基於這個原因，如今才會有醫院提供病人虛擬實境體驗機，幫助他們在清醒狀態下接受極度疼痛的治療時（比如處理傷口）轉移注意力。[57]

近來威爾斯一家醫院也利用虛擬實境體驗機緩解另一種疼痛，那就是產痛。[58] 被媒體封為「疼痛女王」的牛津大學納菲爾斯學院教授艾琳・崔西（Irene Tracey）如此定義這種「終極疼痛」（蒙特婁疼痛量表[59]為10分）：「我生過3個孩子，我現在的10分跟生產以前的10分大不相同。我如今在那份量表上有一套全新的度量尺度。」[60] 不管是在普通病房、加護病

房、手術室裡或牙科診療椅上，除了處理過度嘈雜的噪音之外，我們聽見的聲音在醫療情境下還能如何影響我們？

音樂療法

先前我們討論過音樂對外科醫生的幫助，那麼它也對病人有幫助嗎？也就是說，音樂能緩解疼痛嗎？某些人可能對音樂能止痛這個論點抱持懷疑，許多研究卻已經證實，音樂確實有這種效果。事實上，在治療的各個階段，音樂都已經展現出令人信服的益處。如我們所見，音樂不只在手術過程中發揮效用（受益的主要是醫護人員），在手術前後各階段對病人的照顧也有助益。比方說，已經有醫院用音樂幫助即將接受治療的患者放鬆，並且在各種不舒服的療程中轉移他們的注意力。另外，也有人使用音樂安撫等待乳房組織切片結果的女性，或緩解病患使用呼吸器的不適。[61] 兼具外科醫生與鋼琴家身分的克勞迪斯・康拉德（Claudius Conrad）博士跟同事研究發現，音樂能讓病人在減少鎮靜劑劑量的情況下，依然得到需要的效果。[62] 另外幾個研究也確認，音樂能減少鎮靜劑與止痛藥的使用。[63] 整體來說，已經有數以百計已發表的實驗與大量考科藍（Cochrane）文獻回顧[64]證實，音樂在醫療保健方面確有功效。

音樂不但能減輕病患的焦慮與壓力，也能緩解疼痛，更別

感官攻略

提還有加速康復的潛在效益。[65] 在目前的醫療體系，音樂仍然被視為無關緊要的一環（至少在某些人看來）。[66] 因此，音樂要能發揮功能，還需要更可靠的方案來推動。醫療服務主要的重點仍然是疾病的治療與預防，而非娛樂。因此，要讓音樂持續發揮功能，就需要證明以感官攻略就醫體驗確實能降低成本、加速復元。

展望未來，相信再過不久就會出現應用程式，幫助患者在接受各種醫療服務時挑選合適的音樂。除此之外，我們真的要好好思考，既然音樂在醫療上扮演這麼重要的角色，我們為什麼只能依靠為其他目的或情境創作的音樂來發揮這個功能。[67] 為什麼不專門為醫療創作音樂？在這方面有個創新的先例，那就是環境音樂先驅布萊恩・伊諾（Brian Eno）幾年前編寫幫助人們應付壞消息的曲子，為英國薩塞克斯郡蒙特菲爾醫院的病患營造療癒的環境聲景。[68]

療癒的手

我們很多人都有觸摸飢渴的問題。不管在人生哪個階段，以撫摸、擁抱或按摩刺激皮膚，對我們的健康都有極大助益。對於正在接受照護的人，這點更是重要。多年來邁阿密大學米勒醫學院觸覺研究所創辦人菲爾德和她的同事發表了無數研究報告，證實人與人之間的碰觸確有療效。[69] 只是，學術界對

此持懷疑態度。部分原因在於，至今仍沒有任何神經生理學的可信機制來支持這些研究結果。但情況已經開始改觀。有毛皮膚（除了腳底與手掌之外的全身皮膚）的神經分布由其獨有的感官系統支配。科學家不久前發現的CT神經纖維（C-tactile afferents）就在有毛皮膚裡，這種感覺神經元會優先對緩慢、溫柔的撫觸（相當於正常撫摸的速度，也就是每秒3到10公分）起反應。對皮膚的撫觸不但能帶來主觀的愉悅感，還能促進催產素與 μ 型鴉片類神經傳導物質的分泌。[70]

人與人之間的撫觸能幫助我們放鬆，睡得更好，緩解疼痛與避免感染。此外，性騷擾問題日益受到關注，除非在特殊情況下，否則人際之間的碰觸必然受到限制。不過，定期提供碰觸服務的人，譬如為病患提供按摩療法的護理人員，也可能因為碰觸受到危害：為不熟悉的人提供碰觸服務，可能會造成情感上的負擔。將碰觸自動化或許是個解決方法，比如使用機器人或按摩椅。只是，研究顯示人工刺激的效果似乎比不上人與人之間的碰觸。到目前為止科學家還不知道問題出在哪裡。或許碰觸需要皮膚的體溫才能產生效果，而機器人通常冷冰冰。或者是欠缺撫摸時的情感關懷、關注或同理心。當然，我們不能忽略，既然彼此的距離夠近，能夠觸摸到對方，肯定也能聞得到氣味。或許正是嗅覺、費洛蒙信號和輕柔溫暖的觸覺刺激協同作用，為我們帶來最大的幸福感。[71]

我母親過世前住在療養院，那裡的工作人員會定期請人送

貓頭鷹進去供院民撫摸。效果如何很難說，因為阿茲海默症無情綑綁我母親的心智功能。但我感覺得到，我母親喜歡這種定期跟大自然觸覺交流的機會。事實上，動物療法如今在許多觀念先進的醫院與機構越來越普遍。撫摸另一個生命，彼此互動，確實能帶來迫切需要的心理慰藉。[72] 不過，有越來越多經過科學驗證的可靠研究證實，撫摸所謂的有毛皮膚（不管是不是蓄有毛髮）具有正面功效，顯示這個長期被忽略的領域的確值得我們關注。換句話說，刺激皮膚（正確來說是刺激CT神經纖維）或許應該被視為一種生理需求，而非只是想要被疼愛的人的奢求。

氣味的療癒

神奇的是，即使只是釋出甜香（比如焦糖味或香草味）這麼簡單的策略，就能幫助我們應付疼痛。因此，嗅覺在醫療上的功用也出乎意料地重要，只是同樣沒有得到認同。可用的方法從芳香按摩到掩蓋不討喜的氣味等，不一而足。早在1960年代就有位學者鼓勵醫院嘗試「氣味療法」，在病房釋放宜人香氣，好讓患者感受到安全與幸福。[73] 澳洲一項研究顯示，大學生承受泡冰水之苦（也就是學術界所謂的「冷加壓試驗」）的時間，以嗅聞焦糖味那組最久，其他組的實驗條件分別是沒有任何氣味、不討喜的氣味（麝香貓）與沒有甜味的討喜氣味

（刮鬍水）。[74] 這個研究依據的觀點，是新生兒足跟採血時如果有糖吃，抗拒的情況會比較緩和。換句話說，不論吃或聞，甜味顯然都有止痛效果，讓新生兒減少哭鬧，成年人則更能忍耐疼痛。[75]

除了冰水浴的例子，如今有許多研究證實，香氣可以幫助我們放鬆，紓解壓力。[76] 比方說，研究發現，接受牙科治療時，如果將補牙材料的丁香油酚氣味換成柳橙味，能緩解女性患者的焦慮感。[77] 然而，這並不是說丁香油酚的味道本身會造成壓力。只是，基於看牙醫的經驗，這個味道會讓我們聯想到負面與壓力。[78] 也就是說，我們從經驗中學習到這個氣味代表不愉快的情境，因此對即將面臨的狀況感到焦慮。[79] 可以預見的是，如果每次接受牙科治療都聞到柳橙味，這個味道也會產生負面聯想。因此，比較合適的解決方法或許是每隔半年左右換一次味道，半年正好是定期檢查的間隔。[80]

多感官醫學：信號處理的流暢度與感官超載的危險

關於感官攻略醫療服務的研究，通常是一次針對一種感官。在真實情境下，多感官信號總是同一時間爭奪我們的注意力。因此，要想適切評估單一感官攻略的效果，一定得一併考慮其他感官的反應。另外，當多感官信號結合在一起，感官超載的問題就很難避免。這或許可以用來解釋德國一項在整型外

科門診所做的研究的結果：雖然以薰衣草或搭配大自然聲響的音樂演奏可以降低候診患者的焦慮，然而當這些信號結合在一起，效果卻會被抵消。[81]

對於多感官環境恢復健康、平撫情緒的效果，探討得最廣泛的要屬提倡多感官療法（snoezelen）的人士。snoezelen這個字來自荷蘭語，意思是「探索」與「放鬆」，這種療法以發展可控多感官環境為重心，達到放鬆兼提神的雙重效果。他們使用了彩色圖案、燈光、氣味、音樂，以及各種用來觸摸的不同材質物品。[82] 這個療法最初是針對有特殊需求的族群（比如腦部損傷特別嚴重的患者）而設計，以趣味又放鬆的方式激勵他們。如今這個療法也慢慢擴大到其他患者，現有的研究結果有限度地證實，這種非系統性的多感官環境可以為各種病患的行為帶來助益，比方說產後的婦女、失智症患者，以及特定精神病患者。[83]

那麼，某種程度上這讓我們想到19世紀的色彩療法，因為光線和色彩確實能打動我們。不過，能發揮最大功效的，也可能是包含了景象、聲音、觸感、氣味，甚至滋味的整體多感官環境。

別忘了，下回到醫院做例行檢查時，不妨為自己準備專屬的療癒樂曲，或者看牙醫時帶個放鬆心情的香氛。也可以為我們正在接受醫療照護的親友帶些可以觸摸的物品，能親自碰觸他們就更好了。這些簡單易行的感官攻略都可以增進我們的健

康與福祉。

1　原注：EurekAlert, 20 December 2014, www.eurekalert.org/pub_releases/2014-12/bmj-woy121014.php; Ullmann et al. (2008).
2　譯注：他的姓氏Kneebone字面意思是膝蓋骨。
3　原注：Lies and Zhang (2015).
4　原注：我邀請你也來動動腦。你一定能想出更多不適合在手術室播放的歌曲。也就是那些沒有人喜歡聽的歌，對吧？
5　原注：Allen and Blascovich (1994).
6　原注：Shippert (2005).
7　原注：Fancourt et al. (2016).
8　原注：Hawksworth et al. (1997).
9　原注：Gatti and da Silva (2007).
10　原注：Kotler (1974).
11　原注：Forbes, 18 June 2018, www.forbes.com/sites/brucejapsen/2018/06/18/more-doctor-pay-tied-to-patient-satisfaction-and-outcomes/#567c0db1504a.
12　原注：我們不免好奇，這跟目前美國的「鴉片類藥物危機」（opioid crisis）有沒有關係？畢竟，拒絕提供病患渴求的止痛藥劑，肯定會降低他們的滿意度。
13　原注：Telegraph, 22 June 2019, www.telegraph.co.uk/health-fitness/body/looks-like-hotel-best-hospital-world-opening-doors-london/.
14　原注：Richter and Muhlestein (2017). 並參考https://blog.experientia.com/reinventing-cancer-surgery-by-designing-a-better-hospitalexperience/.
15　原注：Trzeciak et al. (2016).
16　原注：Richter and Muhlestein (2017).
17　原注：Ottoson and Grahn (2005); Ulrich (1999).
18　原注：Franklin (2012).
19　原注：Antonovsky (1979); Zhang et al. (2019); Nightingale (1860); Ulrich (1991).
20　原注：Spence and Keller (2019).
21　原注：Spence (2017).
22　原注：在應付負面因素的同時，越來越多人傾向先發制人，提供創新的感官（以及多感官）干預措施，某些情況下甚至針對個人提供服務，比如個人化營養調配。
23　原注：Ziegler (2015).
24　原注：Telegraph, 12 January 2019, www.telegraph.co.uk/news/2019/01/12/giving-elderlyhospital-patients-one-extra-meal-day-cuts-deaths/.
25　原注：Campos et al. (2019).
26　原注：Spence (2017).
27　原注：Smithsonian Magazine, 3 May 2018, www.smithsonianmag.com/smithsonian-institution/could-our-housewares-keep-us-healthier180968950/; Wired, 3 October

2015, www.wired.co.uk/magazine/archive/2015/11/play/lizzie-ostrom-smell.

28 原注：加護病房欠缺自然光，可能是高齡患者發生精神譫妄的風險增加的原因，尤其是失智症患者，這種現象稱為「日落症候群」（sundowning）。

29 原注：Dijkstra et al. (2008).

30 原注：Lankston et al. (2010).

31 原注：Harper et al. (2015).

32 原注：Tse et al. (2002); Staricoff and Loppert (2003).

33 原注：Nightingale (1860); *Telegraph*, 22 June 2019, www.telegraph.co.uk/health-fitness/body/looks-like-hotel-best-hospital-world-opening-doors-london/.

34 原注：Pancoast (1877); Babbitt (1896).

35 原注：又名貝克米勒粉紅，我們在居家單元討論過。

36 原注：Dalke et al. (2006).

37 原注：*Telegraph*, 22 June 2019, www.telegraph.co.uk/health-fitness/body/looks-like-hotel-best-hospital-world-opening-doors-london/; www.philips.co.uk/healthcare/consulting/experience-solutions/ambient-experience; www.itsnicethat.com/news/g-f-smith-mostrelaxing-colour-survey-miscellaneous-100419.

38 原注：Ramachandran and Blakeslee (1998); Senkowski et al. (2014).

39 原注：如今外科醫生經一事長一智，會在截肢前先行確認要切除的肢體已經充分麻醉。

40 原注：Moseley et al. (2008a).

41 原注：Moseley et al. (2008c).

42 原注：Moseley et al. (2008b).

43 原注：Barnsley et al. (2011); Mancini et al. (2011); Wittkopf et al. (2018).

44 原注：This quote appears in Katz (2014).

45 原注：Rice (2003).

46 原注：Darbyshire (2016); Darbyshire and Young (2013).

47 原注：分貝(A)為A加權分貝值，意思是聲音壓力位準（即分貝）經過加權計算，更能準確呈現人耳對頻率的反應。

48 原注：Berglund et al. (1999).

49 原注：Yoder et al. (2012).

50 原注：*Telegraph*, 30 March 2016, www.telegraph.co.uk/news/science/science-news/12207648/critically-ill-patients-disturbed-every-sixminutes-at-night-in/.

51 原注：就算沒有聰明腦袋，也知道睡不好的病人康復的速度多半比不上能靠充足睡眠補足精神的病人。別忘了，恢復速度緩慢代表醫療費用的增加。當然，同樣的道理也適用於無法獲得足夠（這裡我強調的是美味）的營養。

52 原注：*Telegraph*, 15 April 2016, www.telegraph.co.uk/science/2016/04/15/cambridge-professor-reduced-to-tears-by-noisy-hospital-before-de/.

53 原注：Rybkin (2017); Siverdeen et al. (2008).

54 原注：Carlin et al. (1962).

55 原注：Stanton et al. (2017).

56 原注：Diette et al. (2003); Villemure et al. (2003).

57 原注：丹‧艾瑞利（Dan Ariely）在他的著作《誰說人是理性的！》（*Predictably irrational*, 2008）開頭對此有生動描述。

58 原注：*Wired*, 2 November 2018, www.wired.com/story/opioidshavent-solved-chronic-

pain-maybe-virtual-reality-can/; Li et al. (2011).

59 原注：或稱麥吉爾疼痛量表（McGill Pain Questionnaire），是標準化的自述量表，被廣泛用來評估病患感受到的疼痛性質與強度。

60 原注：*Guardian*, 25 January 2017, www.theguardian.com/science/2017/jan/25/how-doctors-measure-pain/.

61 原注：Spence and Keller (2019).

62 原注：Conrad et al. (2007).

63 原注：Graff et al. (2019); 參考Spence and Keller (2019) 的評述。

64 原注：關於醫療研究實證結果的評斷（不管是顯著發現或零實驗結果），來自考科藍政策組織（Cochrane Policy Institute）的獨立文獻回顧普遍被視為黃金標準。

65 原注：參考Spence and Keller (2019)的評述。

66 原注：Moss et al. (2007).

67 原注：這方面存在少數例外，比如有些音樂傳統上與葬禮和哀悼有關。有趣的是，無論你在世界的哪個角落，這類音樂好像都有類似特性，比如音調低沉，以小調為主。

68 原注：*Independent*, 18 April 2013, www.independent.co.uk/arts-entertainment/art/news/from-roxy-music-to-the-cure-brian-eno-composessoundscapes-to-treat-hospital-patients-8577179.html.

69 原注：Field (2001); *The Conversation*, 24 May 2016, https://theconversation.com/touch-creates-a-healing-bond-in-health-care-59637.

70 原注：Ellingsen et al. (2016).

71 原注：Gallace and Spence (2014).

72 原注：Crossman (2017).

73 原注：Hamilton (1966).

74 原注：Prescott and Wilkie (2007).

75 原注：Blass and Shah (1995).

76 原注：Holmes et al. (2002).

77 原注：Lehrner et al. (2000).

78 原注：我們在通勤單元討論過，新車味之所以受到高度喜愛，正是因為它讓我們聯想到高價消費品。

79 原注：有趣的是，在這類研究中，女性明顯比男性更容易受環境氣味影響，似乎意味著對嗅覺刺激更為敏感。

80 原注：這個方法有個缺點，那就是沒辦法建立醫療的識別氣味。由於越來越多商業場合使用識別香氛，比如飯店或商店，想必不久的將來就會有優質醫療機構推出獨有的品牌香氛。我好奇美國的聯邦醫療補助保險局或英國的國民保健署會是什麼味道。

81 原注：Fenko and Loock (2014).

82 原注：Hulsegge and Verheul (1987).

83 原注：參考http://go.ted.com/bUcH，看看多感官舒緩照護（palliative care）為什麼如此重要。（編按：其與安寧照護的不同之處在於它並非只能在重症後期才使用，且病患仍可繼續接受治療。）

第九章
運動與健身

　　什麼因素決定我們健身運動的效果有多好、為我們帶來多少活力？健身效果只取決我們自身的動機嗎？或者我們能做點什麼來提升成效？會不會只要用一些簡單辦法就有效果，比如穿紅色衣服或聞些薄荷味道？我們接下來會討論到，限制我們在運動場上的表現的，不只是肌肉、心臟或肺臟，還包括大腦。我們內在的動力肯定有其作用，但健身運動的多感官環境對我們的影響，遠比大多數人所知更多。只要健身環境達到最佳狀態，不管是在戶外的大自然，或在近來有如雨後春筍般冒出來的夜店主題健身館，我們每個人都可以讓自己的身體與心理往更健全的方向發展。

　　換句話說，妥善運用感官攻略，我們可以讓環境刺激發揮最大效用，藉此從每一次健身獲得最大助益，你或許甚至會發現自己越來越常運動。某些感官攻略本質上顯而易見，比如聽大聲、快速又亢奮的音樂，但還有很多攻略並非如此。另外，你有沒有好奇過，美式足球職業球員為什麼每隔一段時間就走到邊線，灌一口運動飲料或其他東西，再吐出來？不管是為了

解渴或提神,總得吞下肚才有效果,不是嗎?背後的真相原來比虛構情節更離奇:研究顯示,有時候吐出來真的比吞下肚好。用這種感官攻略提升足球員的表現,其實有嚴謹的科學依據,而且能受益的不只有專業運動員。

我們需要增加運動量的理由非常多,從盡一己力量對抗全球性肥胖危機,到以有氧運動改善我們的認知能力等等。[1] 運動是對抗很多現代文明病的有效方法,它可以幫助我們恢復心智資源。根據近期一項考科藍評論,運動或許也可以降低罹患憂鬱症的機率。曾經就讀牛津大學心理系的亞當・切克魯德(Adam Chekroud)不久前發表研究指出,有運動習慣的人自覺心理不健康的天數,比沒有運動習慣的人少43%。這項研究調查超過120萬名北美民眾,依年齡、種族、性別、家庭收入與教育程度篩選。[2] 只是,儘管有多不勝數的壓倒性證據證實運動對我們的身心健康都有益處,卻也有證據顯示,一般來說我們大多數人的運動量遠遠不足。

根據2008年英格蘭健康調查(Health Survey for England),只有40%的男性和28%的女性達到國家建議運動量,亦即每星期5天、每天至少30分鐘中強度體能活動。美國的數字更難看,目前達到建議標準的成年人只有20%。至於老年人,英國64到75歲的人口符合建議標準的男性只有17%,女性只有13%。[3] 到了2018年英格蘭健康調查結果出爐的時候,「27%的成人每星期中度或強度活動時間不到30分鐘,這些人被歸類

為『未運動』。」這份報告還說,「超過半數(56%)的男性因為腰圍與身體質量指數的關係,被歸為罹患慢性病的機率增加、高或非常高的族群。」[4]鼓吹我們大家邁向更健康的生活方式至關緊要,感官攻略是帶動這個巨變最大的契機。

在自然環境或在室內運動比較好?

我們討論過那麼多有關大自然效益的研究之後,上面這個問題的答案不言可喻。當然,無論何時何地,盡可能在自然環境中運動,當然比在有如洞穴般陰暗潮溼的健身房汗流浹背好得多。可惜說時容易做時難,因為如今歐洲的都市人口之中,有高達75%的人根本沒機會經常在大自然運動。那麼,如果運動的地點只能在市區的戶外和健身房之間二選一,也許健身房是比較好的選擇。人們好像也做出抉擇,因為諸如英國的PureGym和Energie Fitness等連鎖健身房蓬勃發展,陸續在各大城市設立新的連鎖店。根據《衛報》一篇報導,健身產業近年來急遽成長,英國每7個人就有1個持有健身房會員卡。[5]而最新的報告也顯示,北美許多城市也有同樣趨勢。[6]

不過,走進這種新式健身房,你會為裡面的氛圍感到震撼。看起來真的蠻特別,而且跟過去那些燈火通明的傳統健身房大異其趣。其中很多不論裝潢或音樂都比任何地方更像夜店,或更像A&F服飾店:有震耳欲聾、砰砰作響、振奮人心的

快節奏音樂,也有情境燈光。,這些健身房(至少最高級的那些)承諾會員,他們提供的是精心操控的多感官環境,可以幫助會員更輕易達到健身目標。可是關於環境對我們的健身動機和健身成效的影響,科學能告訴我們些什麼?再者,哪一種多感官環境比較有效?某種程度上,這取決於你希望透過健身得到什麼效果。我們的討論就從在室內與戶外運動的差別開始。

研究顯示,比起在室內使用跑步機,人們似乎更偏愛在戶外慢跑。相較於在都會區慢跑,在公園裡跑步對我們的心智(尤其是情緒)復原力明顯更有助益。,豐富的大自然環境可以幫助我們轉移注意力,不那麼介意辛苦的體能活動偶爾伴隨的不愉快感受,因而產生有益的心理結果。有個系統性文獻回顧研究檢視這個領域的9個實驗,顯示有相當可靠的證據證明在大自然運動對我們的幫助比在室內來得多。,你現在應該已經知道,學術界未必都喜歡誇大其辭。

在大自然運動或許比較能夠幫助我們恢復心智能力,但如果你追求的是運動強度與耐久度的最大化,那麼健身房或許更能幫助你達成目標,至少短期而言是如此。部分原因在於,健身房提供的是經過操控的多感官環境。總的來說,無論運動時的多感官氛圍如何影響我們、對我們有什麼幫助,以及不管我們選擇何種健身計畫,最重要的關鍵永遠是持之以恆。關於這點,統計數字很令人沮喪,因為有近半數的人加入健身房後,會在1年內取消會員資格。10根據觀察,如果能接觸到大自

然，我們可能比較願意長時間堅持自己安排的健身計畫。[11]

為行動轉移注意力

我們很多人會在從事枯燥的活動時看電視，方便轉移注意力。英國的大衛羅伊德（David Lloyd）健身俱樂部就曾經做過這方面的怪異嘗試。2018年該公司神來一筆，讓會員跟著個人健身教練到戶外慢跑，跑在前面的教練背著平面電視。他們的想法是，戴著無線耳機的會員在接觸大自然的同時，也能觀看他們最喜歡的電視節目（我沒開玩笑）。在這種特殊的條件下，你不得不納悶「大自然效益」是不是還適用。如果不能，最好省點麻煩，留在室內運動就好了。英國路跑協會副會長羅納德・吉巴德（Roland Gibbard）更是直白，批評這是「沒有意義的運動」。他還說，「我覺得這簡直可笑，完全失去在戶外跑步的意義。不如乾脆站在跑步機上。」[12] 真是一針見血。

我必須承認，當初聽到這個新聞時，曾忍不住去確認它是不是網路謠言。幾天後這樣的心情更強烈，因為我看到另一篇以「最新的健身潮流——穴居人婦女的運動」為題的新聞報導。[13] 報導指出，一種全新的「始祖保健」熱潮即將成為下一波主流，強調「以1萬年前人類的自然活動為基礎設計的健身課程，也就是像動物一樣運動」。呃，不得不說，關於這個我也存疑，似乎有人把演化心理學和「大自然效益」引申得有點

過火。事實上，大衛羅伊德那個活動充其量只是媒體主導的行銷活動，而非真心想要改變我們的運動方式。

既然有人把科技和娛樂帶進大自然，當然也有人反其道而行，把大自然或虛擬大自然帶進室內。比方說伊利諾大學教授阿爾特・克雷默（Art Kramer）讓在室內使用跑步機的人觀看2個大型平面螢幕上的自然景觀。另外，也有研究人員利用虛擬實境體驗機，提供更全面的「戶外」環境。[14] 不管是螢幕或虛擬實境體驗機，其中數位畫面的動態都跟跑步機連線。[15] 聽起來很有意思，是吧？但我們還是得問，在精心操控的室內環境中運動的好處，真的能跟大自然效益結合嗎？很可惜，正如美國媒體人弗羅倫絲・威廉斯（Florence Williams）在她2017年的著作《大自然療癒》（*The Nature Fix*）所描述，這種高科技方案最早推出時面臨了創業維艱的難題。威廉斯在克雷默的實驗室試用製造大自然刺激的最新科技時，發現這種方法不但伴隨著不絕於耳的呼呼巨響，螢幕的播放也時斷時續。[16] 這兩種因素都可能破壞室內運動的人全面體驗虛擬環境時該有的感受。如果這種問題就是尖端科技的現況，那麼我們必須承認，在運動健身的情境中，虛擬大自然的潛力還沒有全然發揮。

情境音樂：隨著音樂擺動

在很多運動項目裡，運動員的心情、焦慮程度與他們的表

現之間早已經有明確關聯。根據一項研究，優秀男性長跑健將在場上的表現，45%取決於他們的心情與焦慮程度。[17] 這種相關性在頂尖體育賽事或職業運動領域被廣泛探討，而我們這些普通人不管是做多麼溫和或多麼激烈的運動，也同樣適用這項發現 [18]。在實務上，這代表能夠幫助我們放鬆或改善心情的感官策略，可能也能提升我們的（運動）表現。我們在先前的單元已經討論過，從音樂的選擇到環境香氛的使用，不同的感官策略可以影響我們的心情與亢奮程度。感官刺激還有另一個用途，那就是幫助我們分散注意力，不去在乎運動時的枯燥、疲累或疼痛。[19] 首先我要來聊聊我們可以如何利用音樂，以便從運動中得到最大益處。

　　關於運動的感官攻略，音樂可能是最重要的感官信號。它能激勵我們，甚至可以用來讓我們的行動與節拍同步。想當然耳，震天價響的快節奏音樂效果最佳。音樂是調劑我們心情與情感的有效工具，因此也能影響我們身體的活動。事實上，音樂（尤其是跟我們的動作同步時）有助於荷爾蒙的分泌，進而降低壓力感受，強化正向情感的體驗。許多已發表的研究顯示，運動時聽音樂能夠提升我們的表現，也能減少費力的感覺。[20] 而且這種效果並不小。比如有個研究顯示，跑步時聽美國音樂人菲瑞・威廉斯（Pharrell Williams）的歌〈快樂〉（Happy）的人，享受運動的程度比不聽任何音樂的人高出28%。[21] 因此，不管你在室內或戶外運動，不妨選些最喜歡

的曲子，讓自己保持最高熱忱。只是請記住，如果你所在的地方剛好風景優美，那麼聽音樂可能會**降低**大自然提供的任何效益。

音樂不但能在運動時激勵我們，更能讓我們在出席重大場合之前鼓足勇氣。我記得很清楚，30年前我仍是牛津大學部學生時，經常下場參加划船賽。在Torpids和Summer Eights這兩項年度重要划船比賽之前，我和隊友都會緊緊相擁，算是激發團隊精神的賽前儀式。我們的教練是來自美國的多夫・塞德曼（Dov Seidman），渾身的肌肉令人咋舌。他總是大聲放送類似電影《洛基第三集》主題曲〈老虎之眼〉（Eye of the Tiger）之類的歌曲。聽起來雖然荒謬，但是別忘了，史上獲得最多奧運獎牌的游泳健將麥可・費爾普斯（Michael Phelps）總是在泳池邊聽些快節奏又充滿挑釁感的嘻哈音樂。如果對他有效，對我們其他人為什麼會沒用？

我首先承認我沒辦法想像，有誰能邊運動邊聽薩克斯風天王肯尼・吉（Kenny G）演奏的抒情音樂，或聽鳥兒的清晨大合唱。在這種情況下，安靜無聲好像也不太適合。但這不代表大聲就比較好。畢竟研究顯示，我們很多人都暴露在足以造成損害聽力的噪音值底下。[22] 真該有人提醒一下那些上飛輪課時把音樂播得震耳欲聾的健身房指導員。不，我會這麼說並不是因為我在這方面食古不化。

就拿以下的例子來證明大聲未必好。德國音樂心理學教

授君特‧克路茲（Gunter Kreutz）等人研究發現，男性受試者不管平時訓練程度高低，踩健身腳踏車時將電子舞曲背景音樂從65分貝升高到85分貝，感受到的費力程度與實際表現並沒有差別。[23] 不過，相較於音樂節奏減慢10%，節奏加快10%的時候，受試者踩得更賣力，速度也更快，明顯也更享受整個過程。[24] 因此，如果你想要在健身房使用音樂攻略感官，尤其是參加耐力賽或某種高強度運動時，音量不高的快節奏音樂才是最佳選擇。[25]

現在我們來討論跑步機健身這個話題。研究結果同樣顯示，聽大聲的快節奏音樂可以提升表現。[26] 從事類似跑步這種有節奏感的活動，聽些與我們的動作同步的音樂最有幫助。[27] 根據湯瑪士‧弗里茲（Thomas Hans Fritz）等人的研究，其中的關鍵在於「音樂代理」（musical agency），也就是說，如果人們認為音樂裡的節奏是由他們的動作所帶動，表現會比較好。弗里茲等人在健身器材上安裝聲音處理軟體，好讓運動時的動作控制合成聲音的產生，針對動作提供某種音樂回饋。只是，當受試者被告知音樂的節奏是別人創造出來的，聽音樂的效益就減弱了。弗里茲等人認為，音樂創作的代理對行動的助益，或許可以解釋古早時代歌唱與音樂的興起。或許這也能說明過去在北美，被鐵鏈鎖在一起的囚犯工作時為什麼會同步唱誦。[28]

對於音樂的節奏、音量，乃至音樂本身的風格或類型，我

第九章 運動與健身

們每個人都有不同喜好。 [29] 因此，既然音樂對我們表現的助益顯而易見，而我們的偏好又各自不同，想必不久的將來就會有某個音樂串流平台開始提供個人化曲單，幫助你流更多汗，或燃燒更多卡路里，也許甚至還能提供效果上的保證。事實上，音樂串流服務Spotify已經開始朝這個方向發展。在我看來這道理簡單明瞭：誰不想利用感官攻略讓運動更輕鬆、更愉快？

資訊聲音化（sonification）領域的文獻也越來越多。所謂資訊聲音化是指即時提供聲音回饋（例如對運動員）。在提升行為表現方面，聲音回饋有時候比口頭或諸如色彩信號等回饋更有效。 [30] 總而言之，聽覺可能是提升運動表現最有效的感官攻略途徑。在這種情況下，審慎挑選的音樂甚至比大自然的聲音更有效。再者，正如我們討論過的，聽音樂對我們有多方面的影響，比如轉移注意力、讓我們沉浸在音樂節奏中；再如資訊聲音化的效益，以及改善我們的心情。

不過，在很多競爭性運動中，參賽者唯一能聽見的聲音來自他們本身，或來自觀眾。這些雜音也會影響運動員的表現嗎？或者更重要地，能不能設法操縱，激發選手的競爭力？

網球運動員為什麼吼叫？

你曾不曾納悶過網球運動員為什麼在球場上大聲吼叫？隨便列舉幾個例子，比如莎拉波娃（Maria Sharapova）、威廉

絲姐妹（Williams sisters）、納達爾（Rafael Nadal）、喬科維奇（Novak Djokovic）等，都是這方面「惡名」昭彰的人物。[31] 莎拉波娃鬧出藥檢未過的醜聞以前，比賽時的尖叫聲可以超過100分貝。英國網球名將格雷格·魯塞斯基（Greg Rusedski）說她「比747噴射機還吵」（不過我覺得這取決於你與那架噴射機的距離）。[32] 這種吼聲可能不只是球員賣力揮拍的結果，而是一種策略，目的在防止對手聽見他們擊球的聲音。

我跟德國耶拿大學的同儕做過一項研究，我們在電視上播放網球比賽，並且在球凌空飛起時停住畫面，結果顯示看球賽的人是依據他們所聽見的聲音來預測網球的落點。當球拍接觸網球的聲音被放大，受試者認為球的落點會比聲音較小時更深入對手的區域。請注意，受試者可以清楚看見球被擊中，他們要做的只是在球場示意圖上標出他們預測的落點。換句話說，球接觸球拍的聲音實際上與他們的任務無關。然而，正如我們在前面反覆討論過的，我們的大腦會不由自主地結合我們看見的影像與聽見的聲音，尤其當這兩種感官信號屬於同一個來源時。在這個研究裡，視聽信號被結合在一起，方便人們對網球的飛行軌道做出判斷。[33] 這種多感官判斷依靠來自眼睛與耳朵的訊息，通常比只依靠視覺**或**聽覺所做出的判斷準確得多。在大多數情況下，兩種感官確實比一種好。我們只是在實驗裡刻意改變聲音，製造眼睛與耳朵之間的衝突。這是科學家研究感官與感官之間的互動時，最喜歡使用的技巧。

到目前為止網球運動員還無法改變球拍擊球的聲音，只能在擊球時大聲叫嚷。只要時機掌控得宜，這個叫聲就能阻撓對手聽見擊球聲，影響他們對網球落點的判斷，自己就能得到有欠公道的優勢。[34] 我在耶拿大學的同儕在後續研究中發現，球員的叫聲有時會干擾對手對落點遠近的判斷，卻無法影響對手對角度的判斷。顯示關鍵因素在於感官的結合，而非干擾。[35]

難怪有些球評聊起喜歡大吼大叫的運動員時，都暗罵他們搞小動作。曾經登上世界球后寶座的娜拉提諾娃（Martina Navratilova）說得更不客氣，強調吼叫是「作弊，應該禁止」。[36] 換句話說，噪音比大多數人想像中更有影響力。網壇傳奇阿格西（Andre Agassi）2009年在溫布頓中央球場全新伸縮屋頂底下打開幕賽時說，「這實在太神奇了，在這裡面的擊球聲能讓球員覺得比賽激烈得多。」[37]

不過，聲音不只在網球場上扮演重要角色。老練的籃球運動員如果能聽見對方在球場上移動的聲音，就更能預測他們的下一步行動。[38] 打高爾夫球的人也知道，完美開球後金屬球桿發出的清脆聲響多麼悅耳。聽見那個聲音就知道球會落在好位置（只要沙坑不攪局），連看都不需要看。然而，高爾夫的競爭方式跟網球不一樣，掩飾擊球聲不讓對手聽見並不能創造優勢。所以說，你覺得職業高爾夫球運動員從來不大吼大叫，只是巧合嗎？

聽觀眾的聲音

不是只有運動員會在球場上喧鬧。觀眾席也經常傳來呼喊聲，足與運動員的叫聲相抗衡。人們總愛討論主場優勢，但觀眾的喊叫聲跟這種優勢有什麼關係？有趣的是，足球裁判吹哨與否，會受觀眾的吶喊聲影響。觀眾喊得越大聲，裁判就越有可能舉牌警告犯規的球員。[39] 那麼，這可說是團隊運動競賽時主場優勢的部分原因。因為在地觀眾發現自家球員被判犯規時，由於人數上的優勢，抗議聲會比客隊球迷更響亮。觀眾的咆哮聲確實能牽動運動場上的賽事。[40]

另外，觀眾的呼喊對裁判的影響比對地主隊的影響更大。德國一項研究讓美式足球裁判觀看球賽影片，發現當影片音量比較高，裁判「賞賜」的黃牌也比較多。再者，根據一項針對過去100年來歐洲所有拳擊冠軍賽的分析，在實力相當的拳擊手之間，57%的一擊倒地都是由主場選手擊出。（一擊倒地是衡量兩名拳擊手相對能力頗為客觀的標準。）相較之下，當比賽結果由主審裁定，在技術擊倒的情況下，主場選手獲勝的比率增加66%。如果以點數裁決，更會增加71%。[41] 這麼說來，在拳擊場上，主場優勢對台上與台下裁判員的影響，跟對拳擊手的影響相同。事實上，相較於以客觀標準決定勝負的比賽，比如舉重或短道競速滑冰，主場優勢的現象在由裁判做最後裁決的競賽項目中更為明顯。

勝利的氣味，成功的滋味

　　愉悅的氣味不但能遮掩健身房裡其他人的汗臭味，釋出合適的精油香氛還能提升健身表現。美國一項研究顯示，40名運動員在鼻孔下方貼著浸泡過薄荷精油的貼布跑400公尺，速度平均比沒有使用精油的對照組快2.25%。相較之下，薄荷香氛對籃球運動員罰球的準度沒有影響。因為投籃仰賴的主要是技術，而非力量或耐力。[42] 賣力健身之後，我們的身體和肌肉可能會疼痛，關節可能會僵硬，那麼我們能不能攻略感官，加速運動後身體的恢復，就當它是一種「感官療法」？[43] 不過，關於芳香療法的功效，到目前為止除了某些樂觀的初步結果，其實還沒有足夠的證據支持這樣的論點。

　　另一個我最喜歡的研究來自運動心理學家尼爾‧布里克（Neil Brick）等人，他們發現長跑人士跑步時依照指示面帶微笑，對肢體的運用明顯更有效率，跑步時省力達2%。這或許可以說明，全世界速度最快的馬拉松運動員埃利烏德‧基普喬蓋（Eliud Kipchoge）跑步時為什麼總是帶著笑容。2019年他率先以不到2小時的時間跑完全程。[44] 我們不免好奇，頂尖足球教練荷西‧穆里尼奧（José Mourinho）一張臭臉舉世聞名，對他的球員的表現有什麼影響。

　　有一整個產業在提倡補充營養與蛋白質，以便刺激肌肉生

長，並加快運動後的恢復速度。不過，在思考滋味如何提升我們的運動表現時，真正吸引我注意的，是優秀自行車選手用能量飲料漱口的效果。[45] 研究已經證實，高能量含醣飲料有益自行車選手的表現。這個結果應該不足為奇，因為眾所周知，耐力型運動員可以用能量飲料取代肝糖。肝糖是葡萄糖的一種，儲存在體內以便釋出能量。[46] 然而，令人驚奇的是，大衛‧瓊斯（David Jones）等人的研究發現，自行車選手每隔7到8分鐘用葡萄糖或麥芽糊精含醣飲料漱口後吐掉（以免喝撐了），在60分鐘計時賽的表現會顯著提升。只是嘗一下含醣飲料的味道幾秒，自行車選手的表現就能提升2%到3%。或許正是因為如此，團隊運動的選手休息時也經常這麼做。

可是如果自行車選手什麼都不吞下肚，他們的表現怎麼能提升？那麼促進表現的並不是能量飲料本身？（另外，以注射方式直接將葡萄糖輸入血液也沒有效果。）[47] 有個可能的解釋牽涉到所謂的預測編碼（predictive coding）現象，也就是我們的大腦監測到嘴裡的含醣飲料，預測到能量的補充，於是變成自我應驗預言。接受過耐力訓練的運動員預期即將從胃部得到能量，表現因此達到最佳。有趣的是，神經影像研究發現，大腦掌管獎勵與動作控制的區域，也就是島葉／額葉島蓋、眼窩前額皮質和紋狀體，在人體嘗到醣類時都會亮起來。原因在於，這能讓運動變得比較愉悅，或至少比較輕鬆一點。[48]

至於我們的腸胃或大腦在什麼情況下會變聰明，不受這種

花招擺布，有待日後的研究繼續探討。同樣地，目前我們也不知道沒啥運動細胞的普通人是不是也能因此受益。儘管如此，由於已經有不少研究重複證實用含醣飲料漱口的益處，對於有意攻略味蕾的人或許是個大有可為的起點。綜合來說，這些研究結果證實所謂的「中樞控制假說」（central governor hypothesis）。這個假說指出，限制運動表現的不是人的肌肉、心臟或肺臟，而是大腦。如果假說成立，就更有理由相信可以透過感官攻略提升運動表現。 [49]

探討味覺攻略時，我們還得提到口香糖。很多人覺得嚼口香糖可以幫助他們控制壓力，但研究顯示，真正發揮效能的是口香糖裡的風味活性化合物，而非咀嚼的動作。 [50] 因此，或許我們不知不覺又回到薄荷香氛的功效了，因為口香糖最普遍的口味便是薄荷。可是研究發現除了你放進嘴裡的東西之外，你穿的衣物對運動的表現具有最驚人的效果。

衣著的力量

諾貝爾文學獎得主以撒・辛格（Isaac Bashevis Singer）寫出「衣服的力量多麼不可思議」這句話時，顯然頗有見地。我們運動時穿的衣裳確實能讓我們的表現迥然不同，只是原因可能跟你想的不一樣。我們很少考慮到穿在身上的衣服，部分原因在於衣服上身以後，我們很快就意識不到皮膚接觸衣物的感

覺。事實上，如果不是我提起，你現在可能察覺不到自己身上的衣服。只是，我們不去注意這個退居幕後的觸覺刺激，不代表我們穿的衣裳對我們沒有影響。耐吉等運動服飾品牌向來重視自家產品的功能，一再強調恰當的服飾能幫助顧客更輕易達到運動目標。然而，衣物的功能對我們的運動能力除了一些顯而易見的影響之外，還有不少出乎意料的心理效應值得考慮。

關於衣服色澤的重要性，未經科學檢驗的證據來自昔日英國足球神童韋恩·魯尼（Wayne Rooney）。魯尼是英國曼徹斯特聯足球俱樂部（簡稱曼聯）知名前鋒球員，他如果不知道隔天上場要穿什麼顏色的球衣就會心情不好。他的問題在於，曼聯出賽有時穿紅色球衣，有時穿藍色球衣。他習慣在重要賽事前一天晚上在腦海裡模擬自己踢進完美的一球（嗯，其實是好幾球）。只是，為了預想球場上的表現，他得先知道自己當天要穿什麼顏色的球衣：

我出賽前的準備工作之一，就是問裝備經理隔天要穿哪個顏色的球衣：如果是紅上衣白短褲，那麼要穿白襪或黑襪。比賽前一天晚上我會躺在床上，想像自己進球得分，表現出色。也就是把自己帶入那個場景，做足心理準備，預先建立那樣的「記憶」。我不知道你們是把這個做法稱為預想還是做夢，可是我一直都是這麼做的，沒有改變過……你預想得越仔細，效果越好。你得想像出每個人在球場上的位

置，需要看清所有的一切。[51]

　　球衣顏色這種微不足道的小事不應該影響球員的得分，尤其不該影響魯尼這種舉世聞名的前鋒得分王。但我們或許應該反向思考：魯尼之所以成為得分王，正是因為他在每一場比賽前做足了感官上的準備（也就是感官攻略）。

　　在某些人眼中，魯尼這個預想策略充其量只是迷信的賽前儀式。只是，越來越多研究顯示建構感官與動作心像，得到的益處會比花更多時間練習來得好。至少對已經進入地方聯盟的運動員是如此。畢竟，高手們練習夠多了。比方說，研究發現籃球運動員如果事先想像在球場上投籃得分，上場時表現會比較好，罰球的得分數會比花同樣時間在球場上練習的球員更多。[52]

　　在許多接觸性運動中，運動員衣服的顏色除了在預想中不可或缺，也能影響對手的表現。比方說職業冰上曲棍球與美式足球，穿黑色球衣的隊伍看起來會比穿其他顏色的隊伍更有侵略性。甚至，當某個隊伍換穿黑色球衣，對手得到的罰球次數往往也會立刻增加。[53] 除了球衣顏色，誇大的肢體動作也能影響個人的力量感與行動傾向。[54] 這麼一來，你就能明白紐西蘭國家橄欖球隊「黑衫軍」為什麼會在賽前跳一段毛利人傳統戰舞「哈卡」（haka）。如果你曾經想不通紐西蘭這個小小島國的橄欖球隊為什麼經常擠進世界排行榜前幾名，現在你明白

了：他們將感官攻略發揮到極致了。

看見紅色

在一項經常被引用的研究中，英國杜倫大學的人類學者分析2004年雅典夏季奧運4種男性搏擊運動所有比賽的結果。這四種運動分別是拳擊、跆拳道、希羅式角力與自由式角力。在奧運盛會中，這些項目的參賽者都是任意指定藍色或紅色賽服。紅色隊伍勝利的機率比藍色隊伍稍高一點，卻也算顯著。而且正如預期，當比賽雙方實力相當，色彩的效益更是明顯。如果雙方技能太懸殊，衣服色彩就無法發揮作用：在這種不對稱的條件下，純實力毫無懸念地決定一切。[55]

研究人員進一步探討另一項競技型運動（足球）的表現。這次他們分析2004年在葡萄牙舉行的歐洲足球錦標賽。初步結果顯示，習慣穿紅色球衣的5支隊伍穿紅色球衣上場時，表現會比穿其他顏色好一點。只是，這個研究分析的樣本數相當小，不過後來另一項研究驗證了這個效果。那是以英格蘭足球聯盟自1946-7球季至今比賽結果為樣本所做的系統性長期分析。[56] 紅色球衣的隊伍表現始終優於其他顏色的隊伍。事實上，英格蘭足聯每個分區的比賽都有這種現象，紅隊奪冠的機率同樣比其他顏色來得高。球隊到外地比賽時有時得換球衣顏色，研究人員因此判定，導致這種結果的是球衣的顏色，而

不是球員本身的水準。也就是說,「紅」隊只在自己家鄉的比賽中才會有優於預期的表現,到外地(不穿紅色球衣時)就沒有。[57]

衣服的顏色不只會影響運動員,也會影響裁判。德國明斯特大學的研究人員使用繪圖軟體,將跆拳道選手對練的4秒短片裡選手護具的顏色互換,再邀請42名經驗豐富的裁判為選手評分。結果顯示,同樣的影片,原本使用藍色護具的選手換成紅色時,得分平均高出13%。[58] 既然不能以外顯差異來解釋紅色的效應,那麼紅色這種最不可思議、似乎無所不在的功效,比較可能的原因應該是在心理學與荷爾蒙層面。[59] 再者,紅色影響的不只是運動競賽的結果。研究也發現,在其他情境下紅色會妨礙人們的表現,比如使用紅筆參加智力測驗及其他成就測驗時。研究人員因此猜測,「看見紅色」可能會引發所謂的「迴避動機」。[60] 這裡要傳達的要旨是,隱約的感官信號可以左右職業運動比賽的結果。甚至,我們沒有理由認定這種感官效應只限於傑出運動員。

同樣地,這些研究結果也能以演化的觀點完美闡釋。[61] 在大自然裡,一般認為紅色的存在與否和色澤濃淡是演化上的重要信號,與支配、亢奮和侵略性有關。正如英國杜倫大學演化心理學家羅素‧希爾(Russell Hill)與羅伯特‧巴爾頓(Robert Barton)所說,「在許多動物族群裡,天然紅色是一種取決於性別與睪固酮、代表男性本領的信號。」那麼,披上這個顏

色，就能誘導你或對手的大腦認為你比較占優勢，因為占優勢的雄性動物一般來說顏色比較紅，相較之下順從或驚惶的動物顏色比較淡。另外，研究發現2004年奧運接觸性運動中，女性參賽者並沒有紅色優勢現象，[62] 顯然也跟上述觀點一致。能夠「讀出」這種膚色上的微妙差別，有其演化學上的重要性，正因如此，在可見光光譜之中，我們的三原色視覺系統才會對臉色的泛紅或蒼白更為敏感。[63]

美國軍方也做了服飾方面的研究。如今可能很難以置信，但過去的人曾經相信，穿紅色內衣能讓戰士更有膽量……只是，事實上當然不行！相信你已經猜到了，沒有任何嚴謹的科學研究能證實這種感官攻略的效用。[64] 基於我們在這方面做過的討論，原因可能在於敵人看不到對手的內衣顏色，這個紅色戰略因此無法發生作用。所以，這也可以說明超人為什麼會把紅色內褲穿在外面，讓全世界的人看見。仔細一想，這種做法好像不是那麼愚蠢！

不過，對於需要心理策略的人，我確實有個很不錯的建議。這個祕訣來自「衣著認知」（enclothed cognition）這個全新領域，這雖然聽起來有點怪，卻（可能）是真實的科學發現。[65] 所謂「衣著認知」指的是，我們穿的衣物會影響我們的思維，也會影響別人如何與我們應對。根據一項知名科學研究，如果你穿著超人T恤參加運動競賽，即使沒有人知道你穿了，你可能還是會發現自己的表現比穿其他衣服的選手更優

秀。這個研究顯示,穿超級英雄的服飾可以增強學生的自信心,讓他們覺得自己可以舉起更多重量。若進一步延伸這個邏輯,我們不免好奇,穿蜘蛛人的T恤能不能增強攀岩技能。有一點必須謹記,據我所知「超人效應」雖是媒體熱門話題,[66]卻還沒有在同儕審議的期刊裡發表過。因此,基於科學界如今面臨的再現危機,加上我們剛才討論過對紅色內衣零效應的解釋,如果你想穿上最喜歡的超級英雄服裝去攀爬住家附近的峭壁,最好再等一等。

開啟感官來健身

鑑於這個單元大多數的研究一次都只攻略一種感官,未來的研究如果能合併不同的感官攻略,應該會很有意思。薄荷香氛提升表現的特質能不能與熱力四射的音樂配合?未來幾年我們需要更多研究人員系統性地同步操控多感官信號,看看這麼做提升的究竟是成績表現或耐久度。我相信感官攻略的效益能迅速累積。

雖然暫時不需要花錢買紅內褲,但參加角力或足球這類競爭性體能運動時,慎選衣著顏色沒有壞處。這當然不可能讓你有超現實的表現,卻能讓你在面對實力相當的對手時略勝一籌。不管是為了減重、健康或心智健全,只有攻略感官,我們才真正有希望從運動中獲得最大益處。來點葡萄糖漱口水也不

錯。還有，如果你不怕難為情，再加一套超人裝，天曉得你會進步多少？

1　原注：Hillman et al. (2008).
2　原注：Mead et al. (2009); Chekroud et al. (2018).
3　原注：Craig et al. (2009).
4　原注：NHS Digital, Health Survey for England 2018, https://digital.nhs.uk/data-and-information/publications/statistical/health-surveyfor-england/2018.
5　原注：*Guardian*, 8 May 2017, www.theguardian.com/lifeandstyle/shortcuts/2017/may/08/the-budget-gym-boom-how-low-cost-clubsare-driving-up-membership.
6　原注：*CityLab*, 2 January 2018, www.bloomberg.com/news/articles/201801-02/the-geography-of-the-urban-fitness-boom.
7　原注：不過，我們稍後會討論到，發揮功效的可能是快速的節奏，而非喧鬧的音量。Kreutz et al. (2018).
8　原注：Bodin and Hartig (2003).
9　原注：Thompson Coon et al. (2011).
10　原注：Deloitte, *Health of the nation* (2006), 引用自 Thompson Coon et al. (2011).
11　原注：RSPB, Natural fit. Can green space and biodiversity increase levels of physical activity? (2004), http://ww2.rspb.org.uk/Images/natural_fit_full_version_tcm9-133055.pdf.
12　原注：*Mail Online*, 13 May 2018, www.dailymail.co.uk/news/article5723627/David-Lloyd-launches-personal-trainers-TV-screens-backs.html.
13　原注：*The Times*, 12 May 2018, www.thetimes.co.uk/article/the-latestfitness-trend-the-cavewoman-workout-38jgqjsfg.
14　原注：Plante et al. (2006).
15　原注：我可以想像，跑步的人一不小心就可能會摔出跑步機。
16　原注：Williams (2017), pp. 176–8.
17　原注：Morgan et al. (1988).
18　原注：Raudenbush et al. (2002).
19　原注：Barwood et al. (2009); North et al. (1998).
20　原注：Karageorghis and Terry (1997).
21　原注：Bigliassi et al. (2019); Suwabe et al. (2020).
22　原注：Beach and Nie (2014); *Chicago Tribune*, 17 February 2014, www.chicagotribune.com/lifestyles/health/chi-gym-loud-music-20150218-story.html.
23　原注：值得注意的是，85分貝的噪音值遠比一般飛輪課常見超過100分貝的音量低得多。只是，有責任感的研究人員受到道德條款規範，不能讓受試者暴露

在這麼高的噪音值底下，因為這麼做可能導致他們聽力受損。酷愛飛輪的人可得當心了。

24 原注：Waterhouse et al. (2010).

25 原注：Patania et al. (2020).

26 原注：Edworthy and Waring (2006).

27 原注：Terry et al. (2012).

28 原注：Fritz et al. (2013).

29 原注：North and Hargreaves (2000); Priest et al. (2004).

30 原注：Schaffert et al. (2011).

31 原注：*Guardian*, 17 January 2018, www.theguardian.com/sport/2018/jan/17/noise-over-grunting-cranks-up-once-again-after-crowdmocks-aryna-sabalenka.

32 原注：*Mail Online*, 7 June 2018, www.dailymail.co.uk/news/article-5818615/Greg-Rusedski-says-women-tennis-players-louder-747-aeroplane.html.

33 原注：Cañal-Bruland et al. (2018).

34 原注：Sinnett and Kingstone (2010).

35 原注：Müller et al. (2019).

36 原注：引用自 Sinnett and Kingstone (2010).

37 原注：BBC News, 17 May 2009, http://news.bbc.co.uk/sport1/hi/tennis/7907707.stm.

38 原注：Camponogara et al. (2017); Sors et al. (2017).

39 原注：新冠疫情爆發後，運動賽事恢復舉行卻不對外開放，電視與收音機轉播於是添加了觀眾吶喊聲。後來發現這是絕佳的感官攻略，至少喜歡聽的人這麼認為。觀眾席淨空以後，主場優勢和裁判明顯的主場偏見會不會因此消失，應該是個有趣的問題。另一個有趣的現象是，為了激勵球員，曾有板球比賽主辦單位從空蕩的觀眾席播放觀眾的呼喊聲。

40 原注：Unkelbach and Memmert (2010).

41 原注：Balmer et al. (2005).

42 原注：Raudenbush et al. (2001); Raudenbush et al. (2002).

43 原注：Romine et al. (1999).

44 原注：Brick et al. (2018); www.bbc.co.uk/sport/athletics/50025543.

45 原注：Chambers et al. (2009).

46 原注：牛津的研究人員甚至開發出一款全新的運動飲料，可以提升身體將氧氣直接輸往肌肉的能力：*The Times*, 5 May 2020, www.thetimes.co.uk/article/is-an-energy-drink-that-supplies-oxygen-to-the-muscles-theultimate-performance-booster-cmhm6stgq.

47 原注：Carter et al. (2004).

48 原注：同前注。

49 原注：Ataide-Silva et al. (2014).

50 原注：Hollingworth (1939); Scholey et al. (2009); 但請參考 Walker et al. (2016).

51 原注：*Guardian*, 17 May 2012, www.theguardian.com/football/2012/may/17/wayne-rooney-visualisation-preparation.

52 原注：Wrisberg and Anshel (1989).

53 原注：Frank and Gilovich (1988).

54 原注：Huang et al. (2011).

55 原注：Hill and Barton (2005).
56 原注：Attrill et al. (2008).
57 原注：只是，這裡我們當然不能忘記稍早討論過的「主場觀眾喊叫聲」的優勢。
58 原注：Hagemann et al. (2008).
59 原注：Barton and Hill (2005); Rowe et al. (2005).
60 原注：Elliot et al. (2007).
61 原注：我們不免好奇，有沒有任何現象是演化心理學家解釋不了的。
62 原注：Hill and Barton (2005).
63 原注：Changizi et al. (2006).
64 原注：Phalen (1910), 引用自 http://history.amedd.army.mil/booksdocs/spanam/gillet3/bib.html.
65 原注：Adam and Galinsky (2012).
66 原注：*Telegraph*, 31 May 2014, www.telegraph.co.uk/news/science/sciencenews/10866021/Wear-a-Superman-t-shirt-to-boost-exam-success.html.

第十章

約會

　　這年頭外在美是最賺錢的產業，畢竟誰不想有更迷人的外表？然而，我們在這個單元會看到，魅力絕不只是在皮相。它如假包換是多感官組合物。₁可是，在傳達美的感受方面，你覺得哪一種感官更重要？人們評估潛在對象的時候，如何運用他們的眼睛、耳朵和鼻子？男人和女人對感官的依賴是一樣的嗎？如果你的感官給了你相互衝突的訊息，你該怎麼做？舉個最常見的例子，如果你碰到的人外表無可挑剔，身上的味道卻令你不敢恭維，你會有什麼感覺？這些是我在這個單元會討論到的幾個有趣問題。

　　演化心理學家認為，健壯的體格能吸引我們。這是指演化意義上的健壯。外表健康的人對我們比較有吸引力，因為他們更有生物學上的優勢，也就是更具繁殖潛力。對於命運分配給我們的基因，除了責怪父母，我們好像無計可施。不難想像，很多用於增加個人魅力的感官攻略，都在強調或誇大符合演化意義的健壯的各種生理特徵，比方唇膏、眼線、高跟鞋、紅色衣服和集中托高的胸罩。有時則是為了掩飾那些特徵，例如香

水、芳香劑和刮鬍刀。不過，有別於整型和肉毒桿菌注射，我在這個單元所提供的建議需要你日積月累持續執行。[2] 奇怪的是，我們通常不會注意到那些對我們的判斷力影響最大的感官信號。繼續討論以前，我先透露一個能讓你顯得更有魅力的簡單攻略。

亢奮

讓別人覺得你有魅力最有效的辦法，是讓他們感到亢奮。不，不是你想的那樣！這裡的基本概念是，人們不太擅長辨別自己亢奮的原因。我們總是不當地歸因於當時與我們互動的人，殊不知是環境的刺激改變了我們的狀態。比方說，在一項1974年發表的社會心理學研究中，[3] 加拿大研究人員讓一名年輕女性訪談員在橋上邀請路過的年輕男性填寫簡短問卷。研究人員選定兩座橋，一座是搖搖晃晃、叫人心神不寧的吊橋，另一座則穩當得多。等問卷填寫完畢，訪談員撕下一小張紙片，寫下自己的姓名電話，表示改天可以進一步說明研究詳情。研究人員想知道，來電的受訪者人數會不會受當時所在的橋梁影響。他們的想法是，打電話來的年輕男性其實是想跟訪談員約會，對問卷的細節並不感趣。[4] 結果很明顯，危險吊橋上受訪的18個男性之中有9位來電，相較之下，另一條橋上受訪的16人只有2人來電。[5]

另一個研究同樣發現，比起準備搭上雲霄飛車的人，剛下來的人也有類似的亢奮激發吸引力效應。6 伴侶一起觀賞激情電影，也能增進親密行為。7 可能有人會覺得，那些開著立體聲音響飛車馳騁的年輕男孩是不是也運用類似策略，只不過運用這樣的策略可能不過是基於本能，而不是根據實證結果。畢竟開飛車跟震天價響的音樂一樣，都能讓坐在車裡的人精神亢奮。但他們可能白費心思了，至少如果最早的危橋實驗結果可供參考的話。研究發現，對亢奮的不當歸因通常只發生在年輕男性身上，年輕女性不會。不過，下回你搭飛機發現鄰座乘客格外迷人，最好等遇上亂流再行動，而且飛機顛簸得越厲害越好。另外，如果你別有用心地帶約會對象去看電影，不妨選個驚悚片。

我的同行維也納大學的黑穆特·黎德（Helmut Leder）研究發現，對於音樂引起的亢奮我們也會歸因不當。黎德等人讓受試者觀看專業攝影師拍攝的陌生異性照片，評量那些異性的魅力。照片裡的人沒有特殊表情。有的受試者在安靜的氛圍中觀看照片，有的則是聽著19世紀鋼琴音樂，樂曲的愉悅與挑逗程度各有不同。女性受試者聽著音樂觀看男性照片時，給的分數比不聽音樂時高。甚至，聆聽最令人亢奮的音樂，對臉部魅力與約會意願的評分影響最大。8 不過，在這個研究中男性受試者的評分並沒有受到音樂影響。

我不免好奇，這樣的結果能不能解釋年輕人為什麼喜歡泡

夜店？那喧鬧激情的音樂（別忘了飛車男孩），會不會讓男性看起來更有魅力，因此促進社交互動？很有可能。[9] 隨著音樂舞動身軀也有幫助。[10] 一直以來演化心理學家始終認為，舞蹈在伴侶的選擇上扮演一定的角色。[11] 只是，想要提升舞技的人該怎麼做才能增加自己的機會？好消息是，已經有不少嚴謹的科學分析提供點子，教大家該怎麼「手舞足蹈」，讓自己的動作展現出最大魅力。[12] 只是別忘了，男人和女人關注的面向不盡相同。

有意打動女性的男士應當注意，最關鍵的是你頸部與軀幹動作的變化與幅度。重點來了，還有你移動右膝蓋的速度。（**什麼**？我聽到你驚呼。而我總算不必再因為沒有舞蹈細胞心情鬱悶。）你的動作變化越多，擺動幅度越大，效果越好。女性顯然將這些現象視為遺傳學上代表健康、活力與力量的特徵。另外，男性評量女性的舞蹈時，通常比較欣賞扭腰擺臀（哥倫比亞籍女歌手夏奇拉〔Shakira〕顯然也知道）、非對稱的大腿動作與適度非對稱的手臂動作。所以，如果你剛好在舞池裡，就知道該怎麼攻略潛在伴侶的感官了！不過，下回如果你出擊順利，別忘了除了你的美妙舞姿之外，音樂可能也居功厥偉。

研究人員也曾探討迪斯可舞廳（或夜店）裡性信號的傳遞。根據一項分析，正值排卵期（也就是最有繁殖力的時期）的維也納女性出門時如果沒有伴侶同行，穿著打扮會比較撩

人。[13,14] 而生理週期處於繁殖力最強時期的女性，通常五官會被評為比較有魅力。[15] 這或許可以說明職業豔舞女郎為什麼排卵期拿到的小費比月經期間多出將近1倍。[16]

不過，能發揮作用的不只是晃盪的吊橋和挑逗的音樂。[17] 我年輕的時候（比現在年輕很多的當年），會為關係比較親近的幸運女性煮些超辣食物。我得承認我還沒有機會對這件事進行統計分析，再者，我覺得這個實驗的樣本數恐怕有點小。[18] 總之，我始終覺得，吃過我拿手的泰式綠咖哩或香辣茄醬義大利麵的女士通常會皮膚泛紅、流汗、心悸、瞳孔放大，而這些身體反應會混淆她們的大腦。受到辣味刺激的人或許會誤判造成這些不尋常身體感受（或者算是症狀）的原因，以為是當晚溫文儒雅的迷人大廚引起的反應，而不是埋伏在餐盤裡的罪魁禍首。這種引誘策略靈感來自美食心理物理學（gastrophysics），通常能夠見效。因為效果不錯，我擔任英國名廚布魯門索的情人節特別節目《浪漫食譜》（*Recipe for Romance*）的顧問時，提供的建議就包括這一項。

「愛的容貌」

我們覺得潛在對象哪方面吸引人？正如我稍早提過的，主要是從演化觀點來看的健壯外貌。說得這麼煞風景還請見諒，可惜這是演化心理學領域幾十年來的研究不可避免的結論。不

管男女，也不管性傾向，臉孔越對稱的人看起來越有魅力。[19]
站在演化的觀點，左右對稱是健壯的重要指標。對稱之所以受
到偏愛，不只是因為那樣看起來確實比較悅目，也因為它暗示
著對方可能是健康的伴侶。相反地，臉部或體形的不對稱，通
常代表成長過程中遭受過某種來自環境的不利影響，健康狀況
顯然有了瑕疵。不對稱通常讓人聯想到老化、疾病、傳染病與
寄生蟲感染，在我看來都不是特別吸引人。如果我能對你的臉
動點手腳，讓左右兩邊更對稱，在別人眼中你就會變得更有魅
力。就這麼簡單。[20]

　　笑容也被視為健康的象徵，因此也代表有魅力。[21] 2010年
一篇研究報告指出，1952年選出的大聯盟選手之中，在照片裡
笑得比較燦爛的人，比笑容比較淺的人活得更久。[22] 只不過，
在各種條件相同的情況下，快樂的人比較長壽這種說法在後來
遭到質疑。有個發表在《柳葉刀》（*The Lancet*）的大規模研究
分析全英國超過70萬名女性，發現考量諸如一般健康與睡眠品
質等因素之後，快樂本身並不能延長女性的壽命。[23]

　　另一個讓人留下好印象的祕訣是眼神的接觸，不管是在現
實中面對另一個人，或透過網路看著鏡頭。原因在於，眼神接
觸比避開視線更能挑逗人，也更能吸引注意力。就連神經影像
的研究也顯示，直視對方更能活化他們大腦掌管獎勵預測的腹
側紋狀體，就算注視的目光來自照片或螢幕也是一樣。[24]

　　另一個在求偶作戰中增加競爭優勢的方法是彈吉他，[25] 或

者至少做做樣子。有個小規模網路研究發現，年輕男性上傳臉書的照片如果抱著吉他，向女學生發出的交友邀請比較容易得到回應。[26] 仔細一想，這個結果應該不算太出乎意料，因為能彈奏音樂意味著具備創造力與靈活的雙手，也就符合演化的健壯定義。[27] 達爾文肯定認為，某些男性特質的演化，或許可以視為是一種透過擇偶而來的性選擇。在這裡，音樂的演奏是一種求偶表現，因涉及的情感與複雜度而有高下之分。[28] 有趣的是，音樂越是複雜，表演者就更優秀或更有魅力，至少排卵期的女性會這麼認為。[29] 另外，不管男性女性，創造力也可以彌補肉體吸引力的不足。[30]

從異性戀男士的觀點來看，有利生育的大屁股和哺育下一代（如果發展到那一步）的大胸脯，長久以來一直是舉世公認的繁殖力象徵。瞧瞧兩者兼具的舊石器時代生育之神維倫多夫維納斯（Venus of Willendorf），想必她一時之間餓不著。

圖説：維倫多夫維納斯（Matthias Kabel）

另一方面，有人認為女性比較不看重長相，反倒重視潛在配偶的氣味與聲音。[31] 至少就這一點而言，男人和女人確實分別來自火星和金星。同樣地，站在演化心理學的角度，這合理合情，因為男人只要用眼睛看，

就能十拿九穩地評估潛在配偶的品質（只是，稍後我們會討論到，排卵徵兆也不容忽視），簡單來說就是年輕與健康。相較之下，對於女性，潛在配偶的氣味可能是用來判斷對方免疫能力最重要的感官線索，方便她下意識地評估下一代的存活率。還有，最明顯的當然也不能忽略，有錢似乎也不至於妨礙男性的繁殖能力。[32]

擁有陽剛臉孔和嗓音的男性，在女性眼中向來別具魅力。這麼說來，男性食指與無名指的指長比也應該要性感，特別是擁有完美指長比的男性偏少的時候。指長比可以用來衡量男人的陽剛氣，而陽剛氣取決於胚胎早期分泌的睾固酮多寡。無名指如果比食指長，指長比就會低於1，男性的平均比率是0.98。比率越低，胎兒睾固酮越高，外在的男性特徵就越明顯。[33] 另外，指長比越低，每次射精所含的精蟲數量也越多。[34] 根據研究，長跑選手和傑出音樂家的指長比都低於平均值。你可能會因此認為異性戀女子最好找個指長比低的潛在配偶，在此必須聲明，胎兒睾固酮過高也有潛在問題，比如容易導致自閉症、閱讀障礙、偏頭痛和免疫功能低下。[35] 或許正是因為這些附帶風險，指長比這個男女不同調（在男性身上比在女性身上更明顯）的特徵並不是那麼「性感」。不過，在很多不同文化裡，代表訂婚、已婚或假裝死會的戒指通常也戴在無名指。[36]

女人味：性感的氣味

女性身體的氣味在月經週期各個階段中略有不同。[37] 男人覺得女人在排卵期時，腋下的味道比月經期間更令人愉悅、更吸引人，也不那麼強烈。[38] 換句話說，正如這個領域某些研究人員所說，有更多感官信號在我們不得而知的情況下暗中「傳送」或「洩露」出來。

神奇的是，我們光是根據身體的味道，就能嗅出某些與性格相關的有用訊息，比如對方的外向性、神經質傾向或支配性（五大人格特質之中的3種）。[39] 除了女性體味的吸引力與親和度，男女雙方都能夠根據氣味嗅出暗示初期病症的先天免疫反應。[40] 我們也能從體味推斷出年齡，[41] 甚至判定另一個人舞蹈技能的優劣程度。事實上，如果我們喜歡某些人的體味，通常也會覺得他們的舞姿比較迷人。[42]

無論是男是女，我們都對別人DNA裡的主要組織相容性複合體（major histocompatibility complex）相當靈敏。意思是說，如果對方的味道跟我們太相近，我們就不太受他們吸引。像這樣優先選擇差異度高的潛在配偶，可以避免近親繁殖。[43] 另外，我們通常覺得同種族的人氣味比異族人士的氣味來得迷人，因此上述差異篩選並不擴及種族。另外，差異優勢也不適用於臉部魅力，因為我們比較喜歡長相跟我們近似的人。綜合上面的討論不免發現，我們大多數人花費時間金錢，用芳香產

品消除身上的氣味，每年為香氛產業創造數十億美元業績，似乎有點難以理解。[44]

你有沒有納悶過為什麼每個人喜歡的味道都不一樣？這只是隨機差異嗎？或者我們挑選的香氛在某種程度上能增強我們原本的氣味？幾年前曾有人在產業研討會指出，我們對香氛的選擇或許跟我們的體味有關。要是這種說法只有一丁點真實性，那麼我們都可能在不知不覺中透露了關於自己的訊息。有趣的是，捷克科學家列諾丘瓦（Pavlína Lenochová）等人研究發現，某個人的體味跟他最愛的香水味混合後，得到的評價比跟隨機分配的香水混合後來得高，即使香水本身的受歡迎程度在單獨評價時並沒有差別。[45]

「凌仕效應」

「凌仕效應」（Lynx effect）是聯合利華超過25年來銷售第一的止汗噴霧的廣告標語。[46]這個行銷活動實在太成功，幕後推手幾乎沒興趣探究這句話是不是真的。這個廣告的成功（至少以年輕男性這個目標族群而言），充分體現在各大網路論壇上憤怒中學教師的怨言，直說他們實在厭煩了每天一大早走進教室就聞到那個味道。[47]不過，你不得不同情16歲的紐西蘭青少年傑米·艾德蒙茲（Jayme Edmonds），因為他用凌仕止汗劑擦車子的儀表板，順便清除車門內襯的油漆漬。當天晚上三

感官攻略

更半夜他穿著四角內褲到車子裡聽立體聲音響，也順便抽了根菸。餿主意，餿到極點。凌仕止汗劑跟其他很多噴霧劑一樣，極為易燃。車子「轟」地引燃，他被爆炸波及住院3天，出院後繼續在家休養9天。那天肯定不是他的幸運日。[48]

經過幾年的耐心爭取，我總算取得研究凌仕效應的許可。我們使用不知名男性臉孔的資料庫仔細篩選，挑出代表各種程度男性魅力的相貌。你不妨想像天平的一端是美國已故喜劇演員約翰・貝魯西（John Belushi），另一端是好萊塢明星喬治・克隆尼（George Clooney）。我們邀請一群女性評量這些臉孔的魅力。儘管女性受試者接到的指示只是對短暫出現在螢幕上的男性臉孔做出評價，她們的判斷卻受到環境氣味的影響。當她們聞著凌仕止汗劑的味道，男性臉孔得到的分數比較高，比沒有氣味或不討喜氣味（合成體臭或燒橡膠的氣味）時略高，但已夠顯著。你一定猜得到，我們的贊助商看到這樣的結果眉開眼笑。到目前為止還算不錯。只是，沒想到玫瑰香氣對增加男性魅力也有類似效果。也就是說，凌仕效應確實存在，但我們的研究至少告訴我們，男人如果想提升自己的魅力，使用任何香氛產品都有效果，只要他想親近的對象喜歡那個香味。[49]

近年來美食香氛相當受歡迎。美食香氛指的是讓人垂涎的香氣。[50] 幾年前聯合利華也趕上流行，推出他們的巧克力風味凌仕香氛。我好奇這個氣味在我們的凌仕研究裡會如何影響女士們的評分，尤其《經濟學人》（The Economist）一篇有關情

人節的研究報告指出，一個國家的性活動與巧克力銷售額呈正相關。[51] 不過我們別忘了，相關不代表互為因果。

在凌仕效應的後續研究中，我們使用腦部掃描後發現，凌仕的宜人香氣確實能改變女性大腦判定男性臉孔魅力指數的神經活動。[52] 為了做這個實驗，我們事先找出大腦眼窩前額皮質對男性臉孔魅力做出反應的特定區域。接著我們仔細分析大腦對個別臉孔的反應後發現，看見比較帥氣的臉孔時，眼窩前額皮質的神經活動集中在中央部位。相對地，被評為比較不迷人的臉孔活化的區域轉移到眼窩前額皮質的周邊。重點來了，如果搭配宜人香氣，神經活動就會向中心區域靠攏。這個研究最大的影響在於，暢銷男性雜誌 *Maxim* 刊出一篇文章，告訴近900萬名年輕男性讀者，他們應該瞄準女性大腦的哪個部位（當然是眼窩前額皮質）。[53] 這就是研究的影響力！

很多男性都認為香味越濃效果越好，但加州一項研究卻得出相反結果。這個研究發現，有時候環境香氛如果淡得剛好不被察覺，也就是人們不覺得聞到什麼氣味，反而更有效果。[54] 在實務上，這代表就算你沒有察覺到空氣中的味道，也不能確定你沒有受到你的鼻子下意識聞到的氣味影響。

受到氣味影響的不只是外表的吸引力。只要添加對的氣味，照片裡的人可以變得更男性化或女性化，更有同情心或更情緒化。在牛津，我們甚至用香味讓女性顯得年輕一點。我們跟日本高砂香料工業合作，證實使用該公司生產的「青春」香

水，會讓中年女性看起來比實際年齡年輕約6個月。到目前為止，大多數針對香氛與魅力的研究都使用靜態的陌生臉孔，你在交友網站看到的大致上也都是這類照片（倒是有不少人對能傳送香氛的交友應用程式深感興趣），但評估熟悉的動態臉孔時，香味的重要性就少了一點。這肯定是未來值得探討的重要議題。

女郎為什麼總是穿紅衣？

當然，重點不只在你的長相，你的穿著也很重要。不難想像，在判定我們的魅力與我們對自己的觀感時，衣著扮演著重要角色。由於男性遠比女性更偏重視覺，也難怪女性的服飾成為嚴謹科學研究最常探討的主題。格里斯克維西斯（Vladas Griskevicius）和肯瑞克（Douglas T. Kenrick）研究發現，「世界各地的女性花費大量時間、心力與金錢挑選衣裳、配飾和化妝品色調，只為增加自己的魅力。」[55] 許多男性（真巧）研究人員認為，女性穿紅色衣裳時常被評價為比較迷人，比較受異性喜愛。男性看見穿紅衣的女性，似乎也更受吸引，雖然他們未必意識到這個最具挑釁意味的顏色的效果。[56] 這種感官攻略通常在不知不覺中發生作用，至少羅徹斯特大學教授安德魯・艾略特（Andrew Elliot）這麼認為。艾略特幾年前休假時造訪我在牛津的跨感官研究實驗室。相反地，紅色衣服影響不了女性

的評價，不管被評價的是男人或女人。 57

　　其他研究人員以女侍得到的小費作為粗略評價女性魅力的工具。同樣地，到了下班時，穿紅色衣服（這回是T恤）的人會比穿黑色、白色、藍色、綠色或黃色T恤的人拿到更多小費。 58 進一步的研究確認，上衣顏色只影響男性給小費的行為。另外，如果女侍化點妝，或者頭髮上插一朵花，得到的小費還會更多。 59 化妝的女性能夠得到較高的魅力評價，至少餐廳的小費透露出這個現象。 60 只是，最新研究發現，即使是專業水準的化妝術，靠化妝提升的魅力值儘管顯著，與個人素顏魅力值之間的差距卻算小。這類研究有個實驗是以33名 YouTube 模特兒為對象，另一個實驗則是45名超級名模。 61

　　有趣的是，艾略特與尼耶斯塔（Daniela Niesta）研究發現，相較於將女性照片的周圍塗成白、綠、灰或藍色，塗成紅色會讓男性（女性則否）覺得照片裡的人更迷人，更具性吸引力。另外，台灣的研究人員發現，男人覺得拿紅色筆電的女人，比拿黑色、銀色或藍色筆電的女人更漂亮，更有性吸引力。換句話說，能用來感官攻略男性判斷力的，不只是紅色衣服或背景。 62 幾千年來人們本能地知道「魅力紅」現象。畢竟至少1萬年前的古埃及女性就已經開始使用胭脂和唇膏。另外，無論是電影、歌曲甚至穀片包裝盒，「紅衣女郎」都是相當知名的意象。例如1984年金・懷德（Gene Wilder）執導的浪漫喜劇電影《紅衣女郎》（*The Woman in Red*），或者在劇場

與影片產業常被用來代表熱情與性感的紅色洋裝。比如《電話情殺案》（*Dial M for Murder*）、《慾望街車》（*A Streetcar Named Desire*）和《紅衫淚痕》（*Jezebel*）。[63] 愛爾蘭創作歌手克里斯・德伯格（Chris de Burgh）1986年發表〈紅衣女郎〉（The Lady in Red）；家樂氏Special K早餐穀片包裝盒側面也印了穿著紅色連身裙的女人。電影《威探闖通關》（*Who Framed Roger Rabbit*）裡的人物潔西卡甚至有一頭紅髮搭配她的紅色洋裝。

　　儘管「魅力紅」現象廣為流行，感受到壓力的社會心理學家卻指出，這可能只是越來越常見的媒體寵兒效應之一。事實上，在我寫這本書的時候，有幾組研究人員嘗試複製紅色魅力的研究卻都沒有成功，其中一個研究有多達830名荷蘭及北美男性參與。研究也發現女侍穿紅色衣服未必能多拿到小費。[64] 那麼，穿紅色衣裳能吸引男人嗎？坦白說，這個問題很難回答。基本概念肯定符合演化學觀點。也就是說，紅色衣服以極端的方式（也就是誇張模仿）模擬亢奮時發紅的皮膚。但有一點不能忘記，那就是紅色（或其他任何顏色）的意義通常視情境而定。這也許能說明為什麼紅色衣服未必總是得到預期中的效果。另外，很多發表在期刊上的顯著結果，樣本數都非常小，因此未必可靠。[65] 關於這點至今還沒有定論，不過，我暫時還不會扔掉我那條萬用紅色長褲。感官攻略萬歲！

高跟鞋的致命吸引力

有人告訴我，高跟鞋是許多女人生命的禍根。有人認為高跟鞋讓女人個子變高，看起來也更成熟世故，因此更有魅力。鑑於紅色對男性可能有的影響力，我們或許更能理解法國品牌Christian Louboutin近年來為什麼極力想保住他們的高跟鞋獨特的紅色鞋底。不過，最新的演化學說法是，高跟鞋之所以受重視，是因為它讓穿的人背部微彎，增加後腰弧度。已經有相當可信的實證研究呼應這個論點。[66] 下背部與臀部之間的最佳角度顯然在45.5度左右。這個姿態在男性眼中之所以如此迷人，是因為它與脊椎前傾相似，而脊椎前傾對很多物種來說是刻板印象中的性引誘姿勢。

然而，在此同時這也可能反映出形態上的適應，有益於懷孕期的兩足生物。這就是所謂的「胎兒負載」。換句話說，腰部曲線增加之所以吸引男性，正是因為這代表女性可以多次懷孕不至於損傷脊椎，也方便她到了懷孕後期還能為自己覓食。[67] 在高跟鞋增加腰部弧度以前，演化已經找到方法達成同樣目標，那就是將倒數第三節腰椎往前擠。[68] 不管原因為何，美國小說家約翰・厄普代克（John Updike）在他的作品《鴿羽及其他故事》（*Pigeon Feathers and Other Stories*）裡似乎完整捕捉到這一點，因為他寫道，「女人的美不在某些部位的誇大，也不在可以用黃金比例或類似的美學迷信創造出來的協調感，而在脊椎

的優雅弧線。」

往右滑：網路交友祕訣

交友這件事最常發生的場合應該是在網路上。諸如
Tinder、Grindr和Ashley Madison這類網站或應用程式為全世界
找愛（或慾）的人提供服務。根據市場調查，正在找對象的人
即使從沒使用過網路交友服務，10個之中有7個願意試試。[69]

據我所知，有些其實不太寂寞的人也會使用交友網站，只為找
人喝杯咖啡、聊聊天，或更進一步的……該怎麼說……娛樂。
然而，在網路上觀看你的資料的人基本上只能仰賴一種感官信
號，也就是你在照片裡的模樣，那麼你恐怕必須使出渾身解
數，在對方看你照片的那短短1秒內，打造有利的視覺印象。
畢竟，人們只需要短短1/10秒就能做出決定。同一張照片多看
一點時間，並不會改變你帶給對方的視覺印象，只會讓他們更
相信自己對你的判斷。[70]

假設你想讓別人覺得你長得好看，那麼你上傳的照片是不
是能夠展現你最迷人的模樣？根據近期澳洲一項研究，答案可
能是否定的。研究人員讓超過600名受試者上傳自己的照片，
再對自己和其他受試者的照片評分。想不到啊想不到，大多數
年輕人從自己的照片裡選出來的，都跟別人為他們選的不一
樣。所以，下回你打算上傳照片到網路上，不妨請朋友幫你出

主意，選出他們最喜歡的。[71] 你可能會發現自己比較受歡迎，也就是多得到幾個讚。[72] 還有，拍照記得直視相機鏡頭。

牡蠣當真能催情？

這是相當普遍的迷思，但真是這樣嗎？如果是，原因是什麼？是因為牡蠣帶給人的感官特質，或是由於某種與女性相似的象徵符號？知名美食作家瑪麗・費雪（M. F. K. Fisher）肯定相信牡蠣是廣受喜愛的催情藥，因為「它的氣味與濃稠度，也許還有它的古怪。」[73] 或者這種說法只是傳說、民間故事和無稽之談的綜合體？

或者是因為牡蠣的價格？畢竟研究顯示，男人面對美女時，通常願意在食物上多花錢。[74] 這點似乎可能性不高，至少在歷史情境中不太可能，因為牡蠣曾經是最廉價的食物。牡蠣與熱情扯上關係，最遠可以追溯到古希臘時代。後來的畫作裡也找得到，比如荷蘭肖像畫家弗朗斯・米里斯（Frans van Mieris, 1635-81）的〈牡蠣佐葡萄酒的午餐〉（*Lunch with Oysters and Wine*）。畫中那個色瞇瞇的傢伙心裡的念頭昭然若揭。我猜牡蠣可能是凌仕止汗劑出現以前的最佳問路石。

18世紀歐洲大情聖卡薩諾瓦（Giacomo Casanova）也深信牡蠣的誘惑力。為了做好萬全準備，據說他每天出門獵豔前會先吃下50顆牡蠣。可惜的是，據我所知還沒有人實施過這方面

的「隨機對照試驗」研究，探討每天吃牡蠣是不是能增加誘惑異性的成功率。有人說，主要是因為牡蠣與精液裡都含有鋅。現階段在這方面的嚴謹（或者該說強有力）研究來自一群義大利科學家，他們發現牡蠣富含2種罕見的胺基酸。重點在於，烹煮會降低其中的胺基酸濃度，因此建議生食。將這種化合物注入公老鼠體內，可以增加睪固酮的分泌。在此同時，另一篇研究報告指出，雄兔的精蟲數量也因此增加。儘管如此，就這麼把對調皮老鼠與好色兔子的實驗結果套用在人類的浪漫愛情上，未免太草率。總之，就算流傳的說法是對的，還是得考量食物中毒的問題。根據一項調查，英國的牡蠣高達70%含有諾

圖說：〈牡蠣佐葡萄酒的午餐〉，弗朗斯·米里斯繪。

羅病毒。不管你吃多少，任何靠牡蠣引逗出的熱情都會因此被
澆熄。

老話說男人喝了（大量）啤酒，就會覺得眼前的女人性感
迷人。當然，越接近酒館打烊時間，他們肯定越覺得女人性
感。[75] 這就是所謂的「啤酒效應」。某些沒別的事可做的心理
學家研究過這種效應的真實性，[76] 發現確有其事。在啤酒的影
響下，男人確實覺得女人變得比較性感，尤其是那些姿色平平
的女人。有趣的是，這種效應不只對女人有作用，研究發現喝
了啤酒的男人會覺得原本普普通通的風景畫也變好看了。[77] 不
過，在你點下一杯「增進美貌」的酒飲之前，容我提醒你莎士
比亞的劇作《馬克白》裡門房對麥克德夫（Macduff）所說的
話：酒「激起欲念，卻奪走幹勁。」[78]

慾望的聲音：情人耳裡出西施？

你曾在電話中發現對方聲音太迷人，不禁想像聲音的主人
多麼有魅力，巴不得立刻見上一面嗎？這種事有道理嗎？我們
能夠光憑說話的聲音，就推斷出對方的容貌？換個方式表達：
對外在魅力的判斷，不同感官之間有相關性嗎？

以女性而言有此可能，因為睪固酮的高低影響男性的嗓
音，也會改變臉孔的形態。比如男孩子到了青春期會變聲，而
針對狩獵者 採集者的分析顯示，音質較低沉的男人繁殖成功率

比較高。[79] 女性分別評價男性的聲音與臉孔時，二者之間確實存在相關性（但避孕措施可能會干擾這些判斷）。[80] 月經週期自然運行的女性，嗓音也會配合週期各階段的不同作用略有改變。[81]

有趣的是，很多物種的雄性彼此對抗或爭奪配偶時，都會壓低聲音吼叫或咆哮，讓自己的體型顯得大一點。[82] 基於同樣目的，小型犬抬腿撒尿時也會往高處撒。[83] 這兩個都是「虛張聲勢」的例子。或許正是因為單一感官信號很容易修改，進而主導接受者的感受，所以還是多感官判斷比較可靠。多感官信號確實比較可信，因為比較難多種感官同時「作假」。

歡迎來到嗅覺婚友社

幾年前英國格拉斯哥一位名叫克拉拉・厄爾西提（Clara Ursitti）的藝術家來到我們的跨感官研究實驗室待了6個月。來牛津以前，她創作過各式各樣的氣味裝置藝術，都是在意想不到的地方添加合成精液氣味。這就不難理解克拉拉跟我們在一起時，為什麼喜歡玩以下這個遊戲。每回她跟我們去餐廳吃飯，就會弄出一瓶那東西，偷偷釋放在空氣裡。其他桌的顧客會開始交換詭異的眼神。幸好，人們通常不擅長找出環境氣味的來源，所以從來沒有人發現那股味道從哪裡來。

在另一項創作中，克拉拉請一群人連續幾天用無香料清

潔用品洗澡,穿同一件T恤。之後將T恤裝進袋子裡讓參與者聞,靠嗅覺找出幾個潛在的心儀對象。不妨想像這是鼻子專屬的速配活動。參加者輪流聞T恤,選出3個最想約會的味道。這個活動名為「費洛蒙咖啡館」。當然,那個「迷死人」的體味的主人身分揭曉時難免會令人跌破眼鏡,尤其是異性戀男子選中的是另一個毛茸茸哥兒們,而非想像中那個令人賞心悅目的女性。

即使外表令人難以抗拒,魅力仍然會因為氣味而有所減損。有個朋友曾經跟一位美麗的女性約會,可惜對方的體味實在不太討喜。該怎麼辦?我想你終究得讓鼻子做最後決斷,只是視覺優勢很難被凌駕,尤其對男人而言。

多感官魔法:我用全部感官愛著你

綜合前面幾個段落的討論應該不難看出,無論視覺、嗅覺或聽覺,[84] 每個感官都提供有用訊息,讓我們知道心儀對象是不是合適的配偶人選。[85] 魅力的關鍵線索來自臉部與身體的模樣,以及聲音與氣味。只是,男女雙方重視的感官信號略有不同,或許是因為他們在配偶選擇上目標不同。

現階段還沒完全釐清的問題是:如果各種吸引力信號的結合有益於生存適應,那麼哪一種演化理論最能解釋背後的原理。根據其中一種理論,我們的每一種感官提供的訊息相對獨

立，也就是有關潛在配偶演化意義上的「健壯」的訊息來源。比如早先提到過的組織相容性複合體，這種東西聽不見也看不到，只能靠鼻子聞。這就是所謂的「多重訊息假說」（multiple messages hypothesis）。不過，一般認為各個感官傳達的資訊至少有一部分是多餘的，比如早先我們討論到，男子氣概的聽覺與視覺信號之間存在相關性。毫無意外，這種理論名為「冗餘信號假說」（redundant signals hypothesis）。另外，根據第三種理論，個人的基因特質是綜合各種表現型[86]特徵呈現的結果，這些特徵各自代表健康與生殖力。[87]更複雜的是，這些理論未必相互排擠，而它們各自適用的程度，或許取決於被評估的特徵或屬性。然而，如果把透露近處狀況的近側感官信號（嗅覺）與遠側感官信號（視覺與聽覺）結合在一起，我們就能察覺來自遠端（聲音與可見外表）與近端（體味）的正向特徵。

對我們人類（或其他動物）而言，攻略單一感官或許相對容易。比如用化妝攻略視覺；用香氛產品掩飾體味；或男人壓低聲音展現陽剛味。但要同步修改全部（或多個）感官，就困難得多。

不過，我們每個人都能攻略感官，將自己的多感官魅力發揮到極致。儘管魅力的決定因素包括大自然的賦予、自我信念和良好的基因，但研究顯示，我們都能善用感官信號提升自己的魅力。[88]運用全部的感官，得到的益處會比施打肉毒桿菌來得好……而且不需要定期補充！所以，下回你上傳照片到交友

網站，切記面帶笑容直視鏡頭。抱著吉他或許也對你有幫助。我還要建議你上傳照片以前先請朋友評選，還得仔細考慮照片裡要添加多少紅色。如果順利約到人，別忘了在周遭噴點宜人香氣。

好了，我們已經討論過日常生活的感官攻略，接下來我的任務就是重點整理各單元重複出現的關鍵主題，聊聊感官攻略在未來可能的發展。

1　原注：Groyecka et al. (2017).

2　原注：如果你認為只有人類使用肉毒桿菌，那你就錯了。2018年沙烏地阿拉伯12頭駱駝被取消駱駝選美比賽資格，因為飼主為了讓他們的駱駝明星嘴唇更嘟更翹，為牠們注射肉毒桿菌。（參考www.theguardian.com/world/2018/jan/24/saudicamel-beauty-contest-judges-get--hump-botox-cheats）。

3　原注：Dutton and Aron (1974).

4　原注：這個研究跟本單元接下來會談到的其他許多研究一樣，恐怕都是以異性相吸為焦點。傳統上這方面的研究都是以這種方式進行。

5　原注：這麼形容可能有點惡趣味，否則我會說那些「恐怖橋」上的人「奮不顧身」。

6　原注：Meston and Frohlich (2003).

7　原注：Cohen et al. (1989).

8　原注：Marin et al. (2017).

9　原注：May and Hamilton (1980).

10　原注：Hove and Risen (2009).

11　原注：Byers et al. (2010).

12　原注：Hugill et al. (2010); McCarty et al. (2017); Neave et al. (2011).

13　原注：這個研究結果應該也適用於其他地方的女性。如果你好奇研究人員如何評估女性衣著的撩人程度，他們寫道：「我們用電腦分析衣物的暴露程度、透明度與貼身程度。」

14　原注：Grammer et al. (2004).

15　原注：Roberts et al. (2004).

16　原注：Miller et al. (2007).

17　原注：太座大人，沒關係，這段妳可以跳過。

18 原注：話說回來，也許我不該說那是「實驗」，否則學校的道德審議會可能會
緊迫盯人，要求我提交道德審核書！
19 原注：Rhodes (2006).
20 原注：很可惜，你不能用同樣方法合成出更迷人的嗓音。找出不同音頻的平均
值，得到只會是難聽的和聲。
21 原注：Jones et al. (2018); Mueser et al. (1984).
22 原注：Abel and Kruger (2010).
23 原注：Liu et al. (2015).
24 原注：Kampe et al. (2001).
25 原注：這個感官攻略換個樂器應該也有效。
26 原注：Tifferet et al. (2012).
27 原注：Miller (2000).
28 原注：Darwin (1871).
29 原注：Charlton et al. (2012).
30 原注：Watkins (2017).
31 原注：Havlíček et al. (2008); Herz and Cahill (1997); Buss (1989).
32 原注：Nettle and Pollet (2008).
33 原注：Baker (1888); Manning and Fink (2008).
34 原注：Manning et al. (1998).
35 原注：Geschwind and Galaburda (1985).
36 原注：據說古埃及人已經有戴婚戒的習慣，因為他們誤以為左手無名指有一條
「愛情之脈」（vena amoris），將血液直接輸送至心臟。
37 原注：Havlíček et al. (2006); Kuukasjärvi et al. (2004).
38 原注：Lobmaier et al. (2018).
39 原注：Sorokowska et al. (2012).
40 原注：Olsson et al. (2014).
41 原注：Mitro et al. (2012).
42 原注：Roberts et al. (2011).
43 原注：Winternitz et al. (2017).
44 原注：根據Herz and Cahill (1997)，香氛產業每年的營業額超過5億美元。
45 原注：Lenochová et al. (2012); Milinski and Wedekind (2001).
46 原注：Lynx這個品牌在英國以外的地區名為Axe。
47 原注：*Guardian*, 24 March 2006, www.theguardian.com/education/2006/mar/24/
schools.uk3.
48 原注：*New Zealand Herald*, 19 February 2007, www.nzherald.co.nz/nz/news/article.
cfm?c_id=1&objectid=10424667.
49 原注：Demattè et al. (2007).
50 原注：*Perfumer and Flavorist*, 1 April 2016, www.perfumerflavorist.com/fragrance/
trends/A-Taste-of-Gourmand-Trends-374299261.html.
51 原注：*The Economist*, 14 February 2008, www.economist.com/news/2008/02/14/
food-of-love.
52 原注：McGlone et al. (2013).
53 原注：*Maxim*, March 2007, 132–3.

54 原注：Li et al. (2007).

55 原注：Griskevicius and Kenrick (2013), p. 379.

56 原注：Elliot and Niesta (2008); Guéguen (2012).

57 原注：Beall and Tracy (2013); Elliot and Pazda (2012).

58 原注：Guéguen and Jacob (2014).

59 原注：Stillman and Hensley (1980); Jacob et al. (2012).

60 原注：Guéguen and Jacob (2011).

61 原注：Jones and Kramer (2016).

62 原注：Lin (2014); 但請參考Pollet et al. (2018).

63 原注：Greenfield (2005).

64 原注：E.g. Lynn et al. (2016); Peperkoorn et al. (2016).

65 原注：*Slate*, 24 July 2013, www.slate.com/articles/health_and_science/science/2013/07/statistics_and_psychology_multiple_comparisons_give_spurious_results.html.

66 原注：Lewis et al. (2017).

67 原注：Lewis et al. (2015).

68 原注：Whitcome et al. (2007).

69 原注：Tobin (2014). Online dating services, http://yougov.co.uk/news/2014/02/13/seven-ten-online-dating-virgins-willing-try-findin/.

70 原注：Willis and Todorov (2006).

71 原注：這個點子實在不錯，我們幾位同仁開發了一個程式，方便使用者上傳照片，請網友幫你挑選最好的幾張，每張只需付幾分錢的費用。

72 原注：White et al. (2017).

73 原注：*Guardian*, 11 February 2011, www.theguardian.com/lifeandstyle/wordofmouth/2011/feb/11/aphrodisiacs-food-of-love.

74 原注：Otterbring (2018).

75 原注：Gladue and Delaney (1990).

76 原注：Jones et al. (2003).

77 原注：Chen et al. (2014).

78 原注：*Guardian*, 11 February 2011, www.theguardian.com/lifeandstyle/wordofmouth/2011/feb/11/aphrodisiacs-food-of-love.

79 原注：Apicella et al. (2007).

80 原注：Feinberg et al. (2008).

81 原注：Pavela Banai (2017).

82 原注：Ratcliffe et al. (2016).

83 原注：McGuire et al. (2018).

84 原注：觸覺在親密關係中也扮演非常重要的角色，只是在這裡沒有足夠的篇幅深入探討。

85 原注：Groyecka et al. (2017).

86 原注：個人的表現型（phenotype）是指外表觀察得到的特徵，比如形態與行為。一般認為是個人的基因型（genotype）與環境互動的結果。

87 原注：Miller (1998).

88 原注：Roche (2019); *Independent*, 10 August 2017, www.independent.co.uk/life-style/11-scientific-ways-to-make-yourself-look-and-feel-moreattractive-a7886021.html.

感官攻略

感官攻略的未來在哪裡：在前面的單元裡我們已經了解到，由於我們對感官和它們之間的種種關聯越來越了解，某些觀念創新的個人或機構因此開始攻略他們自己和我們的感官。不管我們在開車、工作或購物，感官攻略都已經是生活中的事實。未來幾年裡，我相信在醫療界、甚至在我們自己家中，都會越來越普遍。

很多最新的感官攻略見解都已經有實際的運用：幫助我們不靠安眠藥就睡得更好；吃得更少也不覺得餓；不需要整型就能變得更好看；行車更安全；運動健身不再枯燥乏味，效果也更好。這一切，還有其他更多事，只要多留意感官在不知不覺中對我們的影響，都能輕鬆達成。我們對感官的訓練（或教育）越是徹底，從生命中得到的益處就越多。[1]只要妥善照顧感官，誰不能從中獲益？所以，套用2001年寶僑集團Fairy洗潔精誘人的廣告詞，不妨「寵愛你的感官」。

感官與知覺基本上都是令人愉悅的。[2]如果你基於任何原因懷疑這句話，那你只需要看看先天性失聰的孩子在植入的新

耳蝸啟用時的表情，馬上就明白了。₃看看他們第一次聽見聲音時喜極而泣的模樣。網路上有許多真情流露的溫馨影片，那種發自肺腑的喜悅通常是因為第一次體驗到全新的感受，不管是視覺或聽覺。

感覺剝奪

你覺得美國中央情報局最喜歡的合法刑求手段是什麼？猜對了，正是感覺剝奪。純粹的感受無疑能帶來強烈喜悅，但強制遭到剝奪，卻會是絕對的酷刑。不妨將它想像成負面的感官攻略。眼睛被蒙住，耳朵被堵住，嗅覺、味覺和觸覺全都降到最低。這種外在刺激的剝奪不會留下實質的傷痕，卻可能造成

圖說：很多「高價值」拘留犯都在美國海軍的關達那摩灣監獄遭到感覺剝奪。圖中以恐怖攻擊被定罪的美國幫派分子荷西・帕迪拉（José Padilla）戴著隔絕光線與聲音的眼罩與耳罩。這種眼罩和耳罩是施行感覺剝奪的基本裝備，目的在讓囚犯陷入感知虛無，進而突破他們的心理防衛。這種限制罪犯感知體驗的處罰手段其實起源更早，1846年德國醫生路德維希・弗羅里普（Ludwig Froriep）就在一篇論文裡首度提及。₄（US Navy）

無法逆轉的心理傷害。只要短短2天，受刑求的人會開始出現豐富鮮明的視聽幻覺，多半是為了補償外來刺激的欠缺。這通常會導致精神疾病，緊接著就是全面精神崩潰。由於後果太嚴重，有人質疑這種刑求手段是否違反〈日內瓦公約〉。

感覺剝奪也有好處，現代社會有不少人受感官超載所苦，因此有許多另類治療中心提供機會，讓人們主動承受些許感覺剝奪。背後的概念是，只要泡進加熱到體溫的水池，置身全然的寧靜與漆黑之中，就能為感官充電。不過可別在池子裡待太久，因為大腦不喜歡真空狀態，感官幻覺很快就會出現。我們偏好由外在刺激引起的感受。然而，不管基於什麼原因得不到外在刺激，我們的大腦會馬上接棒為我們提供刺激，有時候只需要幾小時。[5]

你感官超載了嗎？

感官剝奪確實可以用來折磨人，它的反面，也就是感官超載，同樣讓人痛苦不堪。事實上，我們很多人長時間受到科技干擾，為感官超載的症狀所苦。如果連矽谷的科技大佬都大呼吃不消，那麼問題就到達了引爆點。近來有個最新潮流，那就是利用所謂的「多巴胺斷食」來避免「感官超載」。[6,7]

所謂多巴胺斷食，就是短期內停止所有形式的社交。比方說，必須不計代價避免眼神接觸，因為它太令人亢奮。另外，

其他所有形式的刺激，包括飲食帶來的，都受到限制。採取這種節制路線的人是希望感官恢復正常後，所有的感受會變得更令人愉悅，也更容易掌控。[8] 嗯，老話說小別情更深，不是嗎？再者，如果連科技業老闆都應付不來，你就能想像其他人日常生活中如何飽受「視覺與聽覺信號的攻擊」，比如有特殊需要的人，或越來越多的感官處理失調患者。[9]

我們對手持式科技產品上癮，肯定也是感官超載難以改善的原因之一。畢竟我們很多人使用各種科技執行多工任務，卻又抱怨資訊太多。[10] 另外，全球各地巨型都市（人口超過1千萬）出現的速度太快，也讓情況更加惡化。1960年代以研究服從行為聞名[11]的耶魯大學心理學家史丹利·米爾格倫（Stanley Milgram）肯定也有同感，因為他在1970年寫道，「我們的城市生活由一連串持續不斷的超載組成。」[12] 別管什麼《慾望城市》，要我說，應該是「感官超載城市」。城市裡除了更多噪音、更多汙染，還能給我們什麼。大自然的景象、氣味和聲響帶來的恢復效果，已經成了遙遠的回憶，也許只能在觀看經過後製的最新大自然電視節目時開心地憶起？不要懷疑，我們在這個時代為自己創造的「感覺中樞」變異，讓我們的健康、幸福與認知能力都出現問題。[13]

營造最佳多感官環境再重要不過，尤其大多數住在都市裡的人95%的時間都待在室內。從2010年起，全世界住在都市的人口正式多於住郊區的人口。[14] 另外，根據聯合國最新預測，

到了2050年，全世界居住在都市的人口將會高達68%，其中很多人都住在巨型都市裡。[15] 不管我們討論的是工作、家庭、健康、運動或睡眠，我們為自己打造的不自然室內環境不但欠缺大多數的自然光源，更有持續存在的空氣汙染與噪音，這些事實我們都看得到（也聞得到，聽得見）。[16] 季節性情緒失調與病態建築症候群的發生率始終居高不下。[17] 在此同時，現階段困擾許多人的長期睡眠問題，部分原因也來自我們每天讓自己接觸的不良感官刺激。[18] 這還不包括我們如今置身的致胖環境，加上我們越來越趨於靜態的生活習慣，都是全球肥胖危機越來越嚴重的因素。

初始的愉悅：大自然效應

幾乎每個星期都會出現一篇新的研究報告，提醒我們多多接觸大自然（包括景象、聲音與氣味），對我們的健康和心理健全多麼重要。「大自然效應」確實存在，記住這點對我們有好處。[19] 事實上，研究證實那些與遠古人類生活相似的感官刺激無比強大。你應該還記得，我們室內溫度的設定近似衣索比亞高地的氣溫，因為500萬年前人類就是在那裡開始演化。[20] 舉例來說，除了溫度本身，我們眼睛所見也會影響我們對室內溫度的感受，了解到這點，我們或許就能透過感官攻略，設計出適合的多感官環境與策略，例如使用暖色系來減少能源消耗，

以因應氣候變遷等全球性議題。[21]

感官行銷大爆發

　　我們在各單元一再討論到，許多人之所以遭受感官超載之苦，感官行銷專家要負一部分的責任。[22] 多年來他們不斷在商店裡運用他們掌握得到的感官接觸點，爭取我們的注意力。現在你已經看穿他們的花招，就不難看出這種策略多麼普遍：多不勝數的廣告宣傳各式產品與體驗，聲稱可以挑逗你的感官，讓它們煥然一新，更別提刺激、振奮，甚至迷醉你的感官。行銷專家為了吸引你的全部感官，可謂無所不用其極，至少看起來是這樣。

　　只是，他們經常無法兌現承諾。在我看來，他們在吸引我們的感官方面說得天花亂墜，卻沒辦法提供均衡的感官刺激。這是我的經驗談，因為我曾經擔任智威湯遜廣告公司（JWT）感官行銷全球負責人幾年的時間。[23] 然而，由於多感官覺知領域迅速成長，提供越來越多神經科學方面的研究成果，難怪行銷專家本能地想要開發我們的**所有**感官。[24] 畢竟，只有強烈的多感官刺激，才能帶來生命最愉悅的體驗。[25]

　　有那麼多商家想盡辦法吸引我們走進賣場、鼓吹我們買這買那，誰能怪他們？我要不落人後地承認，市場上這種多感官操控確實不無道德疑慮，尤其大多數消費者都沒有意識到那些

刺激感官的手段，更不知道它們如何影響我們日常生活的大部分面向。感官無論是單一或合併運作（仔細一想，感官的作用幾乎都是合併在一起運作），對我們都有極大影響。我們越是了解這點，就越覺得心驚。然而，一旦你確認它們對我們的影響不容置疑，就不會走上回頭路。在我看來，我們沒理由不善用感官的力量助人助己，攻略我們自己和親近的人的感官體驗。你可以將它理解為「感官勸進」，只要你設定的目標有益於社會。[26] 至於利用感官來增進幸福……

感覺主義：用心對待感官

我們都應該更關注我們的感官。你願意的話可以說這是用心對待感官，但我更喜歡稱之為「感覺主義」（Sensism）。[27]這個詞最早出現在將近20年前的一篇產業報導，指的是全方位考量所有感官，了解它們如何互動，再將這些知識融入日常生活，藉此找出提升幸福感的關鍵。在感官的整合與運用方面，感官行銷專家一直走在前端，但這不代表他們無所不知，差得遠了。過去50年備受推崇的行銷大師科特勒曾經在一篇展望21世紀行銷學的文獻回顧中指出，「感官是我們體驗世界的媒介，但我們還是要問：所謂『我們體驗到』某種東西，指的究竟是什麼？那種體驗有沒有帶給我們滿足感？」[28]

很多行銷專家面臨的主要問題在於，他們雖然清楚看出個

別感官的力量，卻幾乎都不了解各個感官之間有多少互動。再者，正如我們一路以來討論到的，知覺是多種感官交互作用的結果。我們的視覺經常受到聽覺影響，嗅覺會受觸覺影響，觸覺又受視覺影響，依此類推。我們對這樣的感官互動了解越多，才能更有效地攻略感官。近年來廣告界也善用感官之間那些偶爾出人意表卻普遍存在的關係或聯繫，向我們傳達訊息。[29] 其實幾百年來作曲家、藝術家與設計家都本能地做著這樣的事，比如19世紀抽象藝術先驅康丁斯基（Wassily Kandinsky）、俄國作曲家史克里亞賓（Alexander Scriabin），以及名聲不那麼響亮的美國抽象派畫家亞瑟‧達夫（Arthur Dove）。[30]

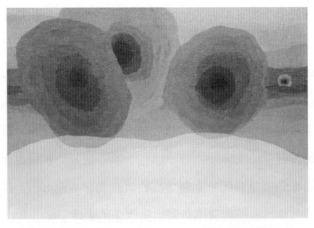

圖說：亞瑟‧達夫的作品〈霧角〉（*Fog Horns*）。透過畫中圓圈的尺寸大小與顏色深淺，以近乎聯覺的方式表現霧角低沉而響亮的警報聲。（yigruzeltil）

你的感官平衡嗎？

總的來說，感覺主義的關鍵在於，讓生活中的感官刺激維持正確的平衡。我們需要明白，令大家苦不堪言的感官超載，影響的其實只有我們的高階理性感官，也就是視覺與聽覺。正如我們討論過的，有太多人都忽略了偏向情感的感官，也就是觸覺、味覺與嗅覺。[31] 過去幾十年，類似菲爾德之類的人士不斷強調，我們整個社會所有人，不管是在自家或在醫療機構，都處於「觸摸飢渴」的狀態，而西方社會尤其嚴重。

我們忽略皮膚太久了，幾乎是故意否定刺激我們最大的感覺器官的重要性。[32] 長久以來，只要有人主張我們需要刺激皮膚，不管是芳香按摩或情人之間的愛撫，就會被斥為不科學。然而，越來越多社會、認知與情感神經科學最新研究告訴我們，撫摸皮膚確實有莫大好處。這種效益極為廣泛，既能幫助嬰兒初步探索世界，也能彌補許多老年人感官不足的問題，因為很少人願意撫摸布滿歲月痕跡的皮膚。[33] 因此，當科學家在探索最理想的刺激量，我們是不是也該用更聰明的方法攻略我們的皮膚，也就是我們的觸覺？

我們每個人喜歡的感官刺激量都不一樣，有些人致力追逐，也就是「感官成癮」；卻也有人寧可少一點。[34] 我們都活在自己的感官世界裡。追根究柢，所謂的理想刺激量無所謂對與錯，世界原本就多彩多姿。關於這點，看到感官設計領域已

經明白我們喜歡（或能處理）的感覺有其階段性變化，實在振奮人心。好消息是，在許多情境下，這能讓感官攻略設計朝更合宜、更具包容性的方向發展，認同我們各自生活在不同的感官世界裡。[35] 只要記住，你對外在世界的體驗，與其他所有人略有（或者明顯）不同。

　　我們也應該質疑視覺在當代社會的支配（或主導）地位，弄清楚目前我們認定的感官排序對我們自己或整個社會是否恰當。只要看看不同的文化和歷史，我們就會發現，世上有許多不同的感官排序。更重要的是，這樣的現象始終存在。[36] 稍微回想一下就知道，不久以前我們想知道時間不是看手錶，而是聽教堂鐘聲。另外，以前花朵和水果的栽植重點在香氣與滋味，而不是大小和一致性。[37] 我知道自己喜歡的是什麼，相信你也知道。問題來了，超市為什麼不提供我們大多數人都喜歡的商品。因此，為了個人，也為了我們生存的社會，我們希望感官刺激如何保持平衡？這些都是我們需要好好思考的問題。

疫情時代的社交孤立

　　新冠疫情（以及未來可能發生的任何疫情）拉開社交距離，造成長期孤立，感官失衡的問題恐怕會漸趨嚴重，無可避免地危及我們情感的健全。[38] 正是在這樣的情境下，我對可望彌補「觸摸飢渴」的數位觸覺刺激特別感興趣。比方說，如果

能夠透過網路將撫摸或擁抱送給遠方的親友，能不能改善目前許多人面對的社交孤立問題？科學家很多年前就已經開發出能夠將觸覺刺激傳送給他人的衣服，更有一款「擁抱衣」（Hug Shirt）入選2006年《時代》雜誌（Time）最佳發明。或者，在這個艱難的時刻，你想要的是HuggieBot更令人安心的實質擁抱？HuggieBot是重達204公斤的學術研究機器人。39

　　正如我們在醫療保健單元討論過的，這種透過數位或機械傳達的觸感，就是無法提供真正的人際接觸帶來的社交、情感或認知效益。也許只是溫度不對。因為人類的觸摸通常是溫暖的，機器的碰觸多半與室溫相同或是冰冷的。也許是因為我們需要對的味道，可能跟我們在約會單元討論過的費洛蒙化學感官信號有關。或者，有些東西我們就是無法模擬，比方說人與人之間透過充滿關愛的撫摸產生的情感連結。光是「擺出架勢」可能不夠，至少在這種情況下不夠。最後，我們必須知道觸摸不只是皮膚表面的動作。我們對觸摸或被觸摸的體驗，

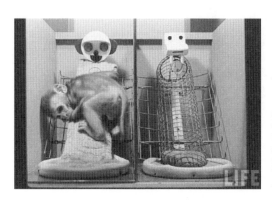

圖說：1950年代美國心理學家哈利・哈洛（Harry Harlow）做了一系列震撼人心的實驗，發現社交孤立的小猴子偏愛質感毛茸茸的「母親」，不愛以鐵絲製造、卻能供給食物的「母猴」。換句話說，比起生命的維持，小猴子更重視感覺。

會受到視覺、聽覺和嗅覺刺激的影響。因此,觸摸也跟生命中其他所有事一樣,是多感官現象。[40] 只有認可覺知的多感官本質,我們才能成功地攻略我們的感官。

圖說:英國Cute Circuit
公司開發的擁抱衣含有10
組驅動器,使用藍牙技術
遠端傳送「身體」碰觸。
(Cute Circuit)

你應該記得我們在前面的篇幅談到感官的調節,比如塑膠植物是不是跟真正的植物一樣好,或者影片呈現的大自然是不是跟窗外的真實風景一樣有益。[41] 在疫情時代,想要在孤立的狀態下透過網路數位共餐維持社交關係,恐怕還得先解決這方面的問題。[42]

攻略新感官

本書列舉的感官攻略實例多半以5種主要感官為主,不

過，有一群為數不多卻逐漸增加的生物攻略玩家（biohacker）有意嘗試不一樣的感受。比方加泰隆尼亞前衛藝術家兼電子人社運人士（所以不是你有事沒事就能碰上的人）穆恩·里巴斯（Moon Ribas）擁有地震覺。她手臂有個植入裝置，讓她能夠感受到地震。地球上任何地方發生地震，她手肘的感應器就會震動。[43] 還有在加泰隆尼亞成長、天生全色盲的英國藝術家涅爾·哈賓森（Neil Harbisson），他自稱是電子人，或者「電眼人」，全世界可能只有在他的護照照片上才看得見身體植入裝置。他以手術方式在頭皮安裝鏡頭，鏡頭攝入的色彩透過晶片

圖說：電子人（或者該說電眼人）涅爾·哈賓森。（Dan Wilton）

轉譯為震動與聲音。[44]不過這個例子算是感官替代，而非感官攻略，因為這種裝置讓他「聽見」色彩，包括波長超出可見光範圍的紅外線和紫外線。哈賓森說，他的天線不算是附加科技，因為它本身就稱得上是一種感覺器官。[45]

　　如果你有興趣體驗新感官，倫敦的Cyborg Nest公司也許是不錯的選擇。這家公司目前是感官攻略的領頭羊，多年前就開始對外銷售他們的北方感裝置（North Sense）。北方感是以矽膠包覆的1英寸正方形磁性裝置，厚2.5公厘，與人體相容，可以安裝在胸腔皮膚上，只要面對地磁北方，就會短暫震動。這款裝置安裝在體表，以一對鈦金屬鎖珠穿環穿透皮下固定。聽起來有點侵入性，嗯，這就對了。隨著北方感這類裝置市場擴大，人類的感官能力將來有沒有可能引發一場「電子人」演

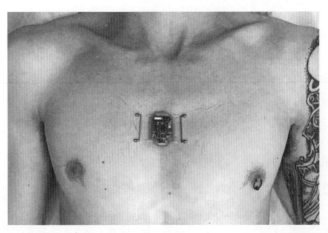

圖說：Cyborg Nest公司推出的北方感裝置（不含乳頭環）。（Eugene Dyakov）

化？

Cyborg Nest創辦人史考特・科恩（Scott Cohen）與利維烏・巴比茲（Liviu Babitz）表示，北方感在2017年上市，至今已經有來自世界各地數百名觀念先進的消費者購買。如果事實證明人類確實可以擁有新的感官，擔任公司總裁的巴比茲對未來的發展還有更遠大的構想。他在接受訪問時甚至提到，「自古以來我們創造的一切物品，都是因為我們有感官。如果我們有更多感官，人類創造力的玻璃天花板就會急速往上推。」[46]

究竟北方感帶來什麼樣的體驗，使用一段時間後，這種體驗會有什麼改變，到目前為止還沒有答案。不過，俄國新西伯利亞有個科技玩家植入這款裝置後，清楚表達他的期待：「到了某個階段它或許會變成一種感覺，我不會再感受到它的震動，而是感覺到北方。」他又說，他相信總有一天那種感覺真的會變成他第六個感官。這位生物攻略玩家對這款裝置實在太熱衷，直說等不及讓他太太也裝一個！但願他會先徵詢他太太的意見。看來每個電子男都需要有個電子女相伴。[47] 雖然號稱絞肉器（grinder）的極端改造玩家和超人類主義者（transhumanist）[48]信心滿滿，但生物攻略玩家偏愛的植入或附加裝置是不是能讓使用者擁有「新感官」，還在未定之天。[49] 然而，他們挑戰感官極限的行動，讓我們敢於大膽想像感官攻略未來會是什麼模樣。

最後，看向更遠的未來，某些人乾脆完全撇開感官與身

體，直接探索控制中樞，也就是大腦。創立特斯拉與太空探索技術公司SpaceX的伊隆‧馬斯克（Elon Musk）2017年成立Neuralink公司，透露未來的新趨向。Neuralink設立在加州，目前正在研究直接在大腦植入微小晶片的可能性。[50]這種技術名為「神經織網」（neural lace），目標是讓人可以將自己的思緒在大腦與電腦之間上傳或下載。透過這種產品（如果能成功上市），人類的認知功能可以邁向更高層次。[51]說不定有一天這種大腦植入物甚至可以用來攻略我們對真實世界的感知，就像20多年前好萊塢賣座電影《駭客任務》（*The Matrix*）裡描述的：

> 如果你所謂的虛擬實境裝置連接你所有的感官，徹底控制它們，你還能分得出虛擬世界與真實世界嗎？
>
> 什麼叫真實？你如何定義真實？如果你指的是你的感官，你觸摸、品嘗、嗅聞或眼見的一切，那麼你說的只是經過你大腦詮釋的電子信號。
>
> ——摘自《駭客任務》

回到感官

展望未來，我特別想知道感官攻略除了傳遞日常生活體驗之外，能不能為我們打造「非凡」感受，也就是真正能改變未

來的新奇體驗。我也很想知道生物攻略玩家和極端改造者能不能透過體內的感官攻略開發新的感官，比如磁極感、地震感，甚至更異乎尋常的感官。比較可能發生的是，隨著我們越來越了解感官，並且認知到我們每個人都處在獨有的感官世界裡，我們跟感官之間的關係會因此出現變化。日後如果有更多研究幫助我們了解感官與它們之間各式各樣的互動，這個目標想必不難達成。

最後，藝術家、建築師和設計師也能促進感官攻略的未來，因為這些人能將感官這門科學完美轉換為有趣又吸引人的多感官體驗，並且對感官排序的現狀提出質疑。畢竟，即使沒有疫情封鎖，我們這些都市人也是長時間待在室內，建築師和都市計畫人員顯然身負重任，需要打造有益的多感官環境，讓我們的社交、認知與情感更加健全。[52] 在此同時，近年來諸多歷史學家、人類學家和社會學家對感官的態度有所轉變，將感官與感覺中樞融入情境，無疑也有益於感官攻略。[53]

接下來我得跟你分享幾個感官攻略祕訣，希望你能從中得到啟發，進而充分善用你的感官，以便增進你的社交、情感與認知。另外，多了解感官如何影響你，外面那些狡猾的行銷人員就比較難攻略你的感官。

1 原注：Ackerman (2000); Rosenblum (2010).

2 原注：Cabanac (1979); Pfaffmann (1960).

3 原注：例如www.youtube.com/watch?v=ZLRhGUhxKrQ or www.youtube. com/ watch?v=yZ6vSn7PaPI。

4 原注：Jütte (2005); Salon, 7 June 2007, www.salon.com/2007/06/07/sensory_ deprivation/.

5 原注：Merabet et al. (2004); Motluck (2007).

6 原注：不過，正如有個評論家所說，「多巴胺斷食」這個名稱並不正確，它其實應該叫「刺激斷食」。

7 原注：*Science Alert*, 20 November 2019, www.sciencealert.com/dopaminefasting-is-silicon-valley-s-latest-trend-here-s-what-an-expert-hasto-say.

8 原注：*New York Times*, 7 November 2019, www.nytimes.com/2019/11/07/style/ dopamine-fasting.html; *The Times*, 19 November 2019, 27.

9 原注：Kranowitz (1998); Longman (2019). *New York Times*, 1 November 2019, www. nytimes.com/2019/11/01/sports/football/eagles-sensorydisorder-autism.html.

10 原注：Colvile (2017); 並參考 https://www.nielsen.com/us/en/insights/article/2010/ three-screen-report-q409/.

11 原注：米爾格倫的研究顯示，如果由權威人物下達命令，人們很容易被說服，對另一個人施行逐步加強的電擊。不過，在實驗中沒有人受到電擊，米爾格倫請來一名演員維妙維肖地演出遭受電擊的痛苦模樣，只是，參與研究的人並不知情。

12 原注：Milgram (1970), p. 1462; 並參考 Blass (2004).

13 原注：Barr (1970); Diaconu et al. (2011).

14 原注：UN-Habitat, *State of the World's Cities 2010/2011: Bridging the Urban Divide*, https://sustainabledevelopment.un.org/content/documents/11143016_alt.pdf.

15 原注：目前大約有55%的人口住在都市，1950年這個比率是30%。參考www. un.org/development/desa/en/news/population/2018-revision-of-world-urbanization-prospects.html.

16 原注：Guieysse et al. (2008); Ott and Roberts (1998).

17 原注：*New Yorker*, 13 May 2019, www.newyorker.com/magazine/2019/05/13/ is-noise-pollution-the-next-big-public-health-crisis; Velux YouGov Report, 14 May 2018, https://press.velux.com/download/542967/theindoorgenerationsurvey14m ay2018-2.pdf.

18 原注：Walker (2018).

19 原注：National Trust press release, 27 February 2020, www.nationaltrust.org.uk/press-release/national-trust-launches-year-of-action-totackle-nature-deficiency-; Williams (2017).

20 原注：Just et al. (2019)

21 原注：Spence (2020d).

22 原注：Malhotra (1984).

23 原注：*Financial Times*, 4 June 2013, www.ft.com/content/3ac8eac6-cf9311dc-854a-0000779fd2ac; *New Yorker*, 26 October 2012, www.newyorker.com/ magazine/2015/11/02/accounting-for-taste.

24 原注：Bremner et al. (2012); Calvert et al. (2004); Stein (2012).

25 原注：如果你一時不明白，想想食物和性。

26 原注：Spence (2020b).

27 原注：Kabat-Zinn (2005); Spence (2002).

28 原注：Achrol and Kotler (2011), p. 37.

29 原注：*The Conversation*, 2 August 2018, http://theconversation.com/thecoded-images-that-let-advertisers-target-all-our-senses-at-once98676; *The Wired World in 2013*, November 2012, 104–7.

30 原注：Balken (1997); Haverkamp (2014); Marks (1978); Zilczer (1987).

31 原注：Spence (2002).

32 原注：Field (2001); Harlow and Zimmerman (1959); *The Times*, 17 February 2020, www.thetimes.co.uk/article/how-to-greet-in-2020-what-isand-what-isnt-appropriate-qq7jqxrrv.

33 原注：Denworth (2015); Sekuler and Blake (1987).

34 原注：Cain (2012); Zuckerman (1979).

35 原注：Longman (2019); Lupton and Lipps (2018).

36 原注：Hutmacher (2019); Le Breton (2017); Levin (1993); McGann (2017).

37 原注：Keller (2008); Smith (2007).

38 原注：*New Yorker*, 23 March 2020, www.newyorker.com/news/ourcolumnists/how-loneliness-from-coronavirus-isolation-takesits-own-toll.

39 原注：Block and Kuchenbecker (2018); Cute Circuit, https://cutecircuit.com/media/the-hug-shirt/; *Time*, Best inventions of 2006, http://content.time.com/time/specials/packages/article/0,28804,1939342_1939424_1939709,00.html; *The Times*, 12 June 2018, www.thetimes.co.uk/article/strong-and-non-clingy-robots-give-thebest-hugs-study-reveals-huggiebot-pdx566xk0; Geddes (2020).

40 原注：Gallace and Spence (2014).

41 原注：Kahn et al. (2009); Krieger (1973).

42 原注：Spence et al. (2019a).

43 原注：*Smithsonian Magazine*, 18 January 2017, www.smithsonianmag.com/innovation/artificial-sixth-sense-helps-humans-orient-themselvesworld-180961822/; 並參考 www.cyborgarts.com/.

44 原注：不過，有一回我在機場安檢碰巧排在他後面，你可以想像那個場面……簡直一團混亂！

45 原注：Neil Harbisson, I listen to colour, TEDGlobal, June 2012, www.ted.com/talks/neil_harbisson_i_listen_to_color.html; Gafsou and Hildyard (2019).

46 原注：引用自Bainbridge (2018).

47 原注：*Mail Online*, 16 May 2017, www.dailymail.co.uk/news/article4509940/Man-compass-implanted-chest.html.

48 原注：超人類主義者相信人類的身體可以藉由科技的進步得到改善。

49 原注：Kurzweil (2005); O'Connell (2018).

50 原注：*Wall Street Journal*, 27 March 2017, www.wsj.com/articles/elonmusk-launches-neuralink-to-connect-brains-with-computers1490642652.

51 原注：臉書顯然也在該公司神祕的硬體部門Building 8研發類似技術。據說這個團隊已經在發展人腦與電腦之間的非侵入性介面，可以讓人跟外在的硬體裝置溝通。

52 原注：Spence (2020f).

53 原注：Howes (2004); Howes (2014); Howes and Classen (2014); Schwartz-man (2011).

附錄

感官攻略小妙招

* 氣味宜人的毛巾觸感比較柔軟。

* 鋪上桌巾能讓食物的美味提升10%；你的食量也會增加 50%。

* 如果你喜歡淋浴，洗冷水能讓你請病假的機率降低29%（為 了方便你理解這個數字，定期運動能減少35%的病假）。

* 面霜之所以能（暫時）撫平皺紋，是因為添加了令人放鬆的 香氣。

* 大自然的聲響讓人放鬆（想當然耳），你聽見的鳥叫聲種類 越多，心情越放鬆。

* 鄰居太吵？跟他們聽同樣的頻道，你會睡得比較好。

* 被吵得睡不著，卻只有一個耳塞？放在右耳就對了。

* 如果你喜歡泡澡，40度到42.5度的水溫泡完後更容易入睡。

* 家庭房車的「跑車模式」靠紅光和轟隆隆的引擎聲要酷，車 子本身的性能並沒有改變。

* 室內植物能消除25%的空氣汙染；乾淨的空氣能提升8%到 11%的生產力。

* 女性新陳代謝率比較差，在辦公室容易覺得冷。調高室內環境溫度後，男性工作表現會降低0.6%，女性卻會提升1%到2%，所以把溫度調高吧。

* 剛開完壓力山大的公司會議？聞個不一樣的香氛，重新啟動大腦。

* 在開放式辦公室上班的人，平均一天因為干擾損失86分鐘。如果你不能在家上班，那麼背景音樂可以提升10%到20%的工作效率。

* 不管一般人怎麼想，你在賣場或速食店聞到烤麵包香氣，那味道多半是真的。

* 比起快節奏音樂，慢節奏音樂能讓購物者多花38%到50%的費用。

* 想增加運動強度？讓音樂的節奏加快10%，你也會動得更舒暢。

* 想在網球場上略勝對手一籌？大吼大叫確實有幫助。

* 觀眾的叫聲能影響裁判是否祭出黃牌，所以扯開嗓門吼吧。

* 跑步的時候面帶笑容，能夠省力超過2%。

* 運動時每隔7到8分鐘含幾秒含醣飲料（也就是喝一口運動飲料再吐掉），運動表現能提升2%到3%。

* 為運動團隊選隊服顏色嗎？黑色能增加你的勝利機會。

* 帶心儀對象看電影？恐怖片為約會創造美好結局。

* 氣味可以判斷一個人的年齡，卻不能判斷性別。

致謝辭

一如既往，我要感謝曾任職聯合利華研發中心，目前任教利物浦大學的Francis McGlone教授，本書不少構想都來自他贊助的基本研究。他堅定相信觸覺和其他感官的重要性，自始至終支持我的研究。感謝ICI得利塗料贊助我在2002年的感覺主義研究，這個研究為我多年來的感官攻略研究打下穩固基礎。也要感謝緊接著帶領我踏進智威湯遜廣告公司感官行銷部門的Christophe Cauvy。謝謝R&R飲料食品公關公司的Rupert Ponsonby，他提供各式各樣迷人的多感官酒品，讓我的喉嚨時時得到滋潤。多謝目前任職Pandora公司的Steve Keller，本書醫療感官攻略方面的許多觀點來自與他的討論和持續的合作。也要謝謝Kitchen Theory的Jozef Youssef主廚，他在位於英國High Barnet的據點運用無數美味料理展現感官攻略的力量。我也要衷心感謝已故的Jon Driver，因為他的指導，我才會走進學術研究的世界，也擺脫都市生活。如果不是因為他那台破電視，以及他在學術研究方面的聰明與嚴謹，我的人生肯定會是另一番風貌。多年來許多天資聰穎的學生與學術界的合作夥伴都對我

助益良多。

　　很多年前我就有寫這本書的構想，感謝Penguin出版公司的Daniel Crewe和Connor Brown始終耐心地支持。最後，感謝我的妻子Barbara（Babis）在我寫書過程中提供無可或缺的有益支持。

感官攻略

參考書目

Abel, E. L. and Kruger, M. L. (2010). Smile intensity in photographs predicts longevity. *Psychological Science*, 21, 542–4

Achrol, R. S. and Kotler, P. (2011). Frontiers of the marketing paradigm in the third millennium. *Journal of the Academy of Marketing Science*, 40, 35–52

Ackerman, D. (2000). *A Natural History of the Senses*. London: Phoenix

Adam, D. (2018). *The Genius Within: Smart Pills, Brain Hacks and Adventures in Intelligence*. London: Picador

Adam, H. and Galinsky, A. D. (2012). Enclothed cognition. *Journal of Experimental Social Psychology*, 48, 918–25

Agnew, H. W., Jr et al. (1966). The first night effect: An EEG study of sleep. *Psychophysiology*, 2, 263–6

Aiello, L. M. et al. (2019). Large-scale and high-resolution analysis of food purchases and health outcomes. *EPJ Data Science*, 8, 14

Aikman, L. (1951). Perfume, the business of illusion. *National Geographic*, 99, 531–50

Allen, K. and Blascovich, J. (1994). Effects of music on cardiovascular reactivity among surgeons. *Journal of the American Medical Association*, 272, 882–4

Alter, A. (2013). *Drunk Tank Pink: And Other Unexpected Forces that Shape How We Think, Feel, and Behave*. New York: Penguin

Alvarsson, J. J. et al. (2010). Nature sounds beneficial: Stress recovery during exposure to nature sound and environmental noise. *International Journal of Environmental Research and Public Health*, 7, 1036–46

Ambrose, G. et al. (2020). Is gardening associated with greater happiness of urban residents? A multiactivity, dynamic assessment in the Twin-Cities region, USA. *Landscape and Urban Planning*, 198, 103776

Ames, B. N. (1989). Pesticides, risk, and applesauce. *Science*, 244, 755–7

Anderson, C. et al. (2012). Deterioration of neurobehavioral performance in

參
考
書
目

resident physicians during repeated exposure to extended duration work shifts. *Sleep*, 35, 1137–46

Anderson, L. M. et al. (1983). Effects of sounds on preferences for outdoor settings. *Environment and Behavior*, 15, 539–66

Annerstedt, M. et al. (2013). Inducing physiological stress recovery with sounds of nature in a virtual reality forest – results from a pilot study. *Physiology and Behavior*, 118, 240–50

Antonovsky, A. (1979). *Health, Stress and Coping*. San Francisco: Jossey-Bass

Apicella, C. L. et al. (2007). Voice pitch predicts reproductive success in male hunter-gatherers. *Biology Letters*, 3, 682–4

Appleton, J. (1975). *The Experience of Landscape*. New York: John Wiley & Sons (repr. 1996)

Appleyard, D., Lynch, K. and Myer, J. R. (1965). *The View from the Road*. Cambridge, MA: MIT Press.

Arbon, E. L. et al. (2015). Randomised clinical trial of the effects of prolonged release melatonin, temazepam and zolpidem on slow-wave activity during sleep in healthy people. *Journal of Psychopharmacology*, 29, 764–76

Argo, J. et al. (2006). Consumer contamination: How consumers react to products touched by others. *Journal of Marketing*, 70 (April), 81–94

Ariely, D. (2008). *Predictably Irrational: The Hidden Forces that Shape Our Decisions*. London: HarperCollins

Arzi, A. et al. (2012). Humans can learn new information during sleep. *Nature Neuroscience*, 15, 1460–65

Ashley, S. (2001). Driving the info highway. *Scientific American*, 285, 44–50

Ataide-Silva, T. et al. (2014). Can carbohydrate mouth rinse improve performance during exercise? A systematic review. *Nutrients*, 6, 1–10

Attfield, J. (1999). Bringing modernity home: Open plan in the British domestic interior. In I. Cieraad (ed.), *At Home: An Anthropology of Domestic Space*. New York: Syracuse University Press, pp. 73–82

Attrill, M. J. et al. (2008). Red shirt colour is associated with long-term team success in English football. *Journal of Sports Sciences*, 26, 577–82

Ayabe-Kanamura, S. et al. (1998). Differences in perception of everyday odors: A Japanese-German cross-cultural study. *Chemical Senses*, 23, 31–8

Babbitt, E. D. (1896). *The Principles of Light and Color*. East Orange, NJ: Published by the author

Badia, P. et al. (1990). Responsiveness to olfactory stimuli presented in sleep. *Physiology and Behavior*, 48, 87–90

Bailly Dunne, C. and Sears, M. (1998). *Interior Designing for All Five Senses*.

感官攻略

New York: St. Martin's Press

Baird, J. C. et al. (1978). Room preference as a function of architectural features and user activities. *Journal of Applied Psychology*, 63, 719–27

Baker, F. (1888). Anthropological notes on the human hand. *American Anthropologist*, 1, 51–76

Balachandra, L. (2013). Should you eat while you negotiate? *Harvard Business Review*, 29 January, https://hbr.org/2013/01/should-you-eat-while-you-negot

Balken, D. B. (1997). *Arthur Dove: A Retrospective*. Cambridge, MA: MIT Press

Balmer, N. J. et al. (2005). Do judges enhance home advantage in European championship boxing? *Journal of Sports Sciences*, 23, 409–16

Barnsley, N. et al. (2011). The rubber hand illusion increases histamine reactivity in the real arm. *Current Biology*, 21, R945–R946

Baron, R. A. (1994). The physical environment of work settings: Effects on task performance, interpersonal relations, and job satisfaction. In B. M. Staw and L. L. Cummings (eds.), *Research in Organizational Behaviour*, 16, pp. 1–46

—— (1997). The sweet smell of helping: Effects of pleasant ambient fragrance on prosocial behavior in shopping malls. *Personality and Social Psychology Bulletin*, 23, 498–505

Barr, J. (1970). *The Assaults on Our Senses*. London: Methuen

Barton, R. A. and Hill, R. A. (2005). Sporting contests – seeing red? Putting sportswear in context – Reply. *Nature*, 437, E10–E11

Barwood, M. J. et al. (2009). A motivational music and video intervention improves high-intensity exercise performance. *Journal of Sports Science and Medicine*, 8, 435–42

Basner, M. et al. (2014). Auditory and non-auditory effects of noise on health. *The Lancet*, 383, 1325–32

Batra, R. et al. (eds.) (2016). *The Psychology of Design: Creating Consumer Appeal*. London: Routledge

Beach, E. F. and Nie, V. (2014). Noise levels in fitness classes are still too high: Evidence from 1997–1998 and 2009–2011. *Archives of Environmental and Occupational Health*, 69, 223–30

Beall, A. T. and Tracy, J. L. (2013). Women are more likely to wear red or pink at peak fertility. *Psychological Science*, 24, 1837–41

Beh, H. C. and Hirst, R. (1999). Performance on driving-related tasks during music. *Ergonomics*, 42, 1087–98

Bejean, S. and Sultan-Taieb, H. (2005). Modeling the economic burden of diseases imputable to stress at work. *European Journal of Health Economics*, 6, 16–23

Bell, G. and Kaye, J. (2002). Designing technology for domestic spaces: A kitchen manifesto. *Gastronomica*, 2, 46–62

Bellak, L. (1975). *Overload: The New Human Condition*. New York: Human Sciences Press

Benfield, J. A. et al. (2010). Does anthropogenic noise in national parks impair memory? *Environment and Behavior*, 42, 693–706

Berglund, B. et al. (1999). *Guidelines for Community Noise*. Geneva: World Health Organization

Berman, M. G. et al. (2008). The cognitive benefits of interacting with nature. *Psychological Science*, 19, 1207–12

Bernstein, E. S. and Turban, S. (2018). The impact of the 'open' workspace on human collaboration. *Philosophical Transactions of the Royal Society B*, 373, 20170239

Berto, R. (2005). Exposure to restorative environments helps restore attentional capacity. *Journal of Environmental Psychology*, 25, 249–59

Bigliassi, M. et al. (2019). The way you make me feel: Psychological and cerebral responses to music during real-life physical activity. *Journal of Sport and Exercise*, 41, 211–17

Bijsterveld, K. et al. (2014). *Sound and Safe: A History of Listening behind the Wheel*. Oxford: Oxford University Press

Blass, E. M. and Shah, A. (1995). Pain reducing properties of sucrose in human newborns. *Chemical Senses*, 20, 29–35

Blass, T. (2004). *The Man Who Shocked the World: The Life and Legacy of Stanley Milgram*. New York: Basic Books

Block, A. E. and Kuchenbecker, K. J. (2018). Emotionally supporting humans through robot hugs. *HRI '18: Companion of the 2018 ACM/IEEE International Conference on Human–Robot Interaction, March 2018*, 293–4

Bodin, M. and Hartig, T. (2003). Does the outdoor environment matter for psychological restoration gained through running? *Psychology of Sport and Exercise*, 4, 141–53

Bowler, D. E. et al. (2010). A systematic review of evidence for the added benefits to health of exposure to natural environments. *BMC Public Health*, 10, 456

Branstetter, B. K. et al. (2012). Dolphins can maintain vigilant behavior through echolocation for 15 days without interruption or cognitive impairment. *PLOS One*, 7, e47478

Bratman, G. N. et al. (2015). Nature experience reduces rumination and subgenual prefrontal cortex activation. *Proceedings of the National Academy of Sciences of the USA*, 112, 8567–72

Bremner, A. et al. (eds.) (2012). *Multisensory Development*. Oxford: Oxford

感官
攻
略

University Press

Brick, N. et al. (2018). The effects of facial expression and relaxation cues on movement economy, physiological, and perceptual responses during running. *Psychology of Sport and Exercise*, 34, 20–28

Bringslimark, T. et al. (2011). Adaptation to windowlessness: Do office workers compensate for a lack of visual access to the outdoors? *Environment and Behavior*, 43, 469–87

Brodsky, W. (2002). The effects of music tempo on simulated driving performance and vehicular control. *Transportation Research Part F*, 4, 219–41

Broughton, R. J. (1968). Sleep disorders: Disorders of arousal? *Science*, 159, 1070–78

Bschaden, A. et al. (2020). The impact of lighting and table linen as ambient factors on meal intake and taste perception. *Food Quality and Preference*, 79, 103797

Buijze, G. A. et al. (2016). The effect of cold showering on health and work: A randomized controlled trial. *PLOS One*, 11, e0161749

Burge, S. et al. (1987). Sick building syndrome: A study of 4373 office workers. *Annals of Occupational Hygiene*, 31, 493–504

Burns, A. et al. (2002). Sensory stimulation in dementia: An effective option for managing behavioural problems. *British Medical Journal*, 325, 1312–13

Buss, D. M. (1989). Sex differences in human mate preferences: Evolutionary hypotheses tested in 37 cultures. *Behavioral and Brain Sciences*, 12, 1–49

Byers, J. et al. (2010). Female mate choice based upon male motor performance. *Animal Behavior*, 79, 771–8

Cabanac, M. (1979). Sensory pleasure. *Quarterly Review of Biology*, 54, 1–22

Cackowski, J. M. and Nasar, J. L. (2003). The restorative effects of roadside vegetation: Implications for automobile driver anger and frustration. *Environment and Behavior*, 35, 736–51

Cain, S. (2012). *Quiet: The Power of Introverts in a World that Can't Stop Talking*. New York: Penguin

Calvert, G. A. et al. (eds.) (2004). *The Handbook of Multisensory Processing*. Cambridge, MA: MIT Press

Camponogara, I. et al. (2017). Expert players accurately detect an opponent's movement intentions through sound alone. *Journal of Experimental Psychology: Human Perception and Performance*, 43, 348–59

Campos, C. et al. (2019). Dietary approaches to stop hypertension diet concordance and incident heart failure: The multi-ethnic study of atherosclerosis. *American Journal of Preventive Medicine*, 56, 89–96

參
考
書
目

Canal-Bruland, R. et al. (2018). Auditory contributions to visual anticipation in tennis. *Psychology of Sport and Exercise*, 36, 100–103

Carlin, S. et al. (1962). Sound stimulation and its effect on dental sensation threshold. *Science*, 138, 1258–9

Carrus, G. et al. (2017). A different way to stay in touch with 'urban nature': The perceived restorative qualities of botanical gardens. *Frontiers in Psychology*, 8, 914

Carskadon, M. A. and Herz, R. S. (2004). Minimal olfactory perception during sleep: Why odor alarms will not work for humans. *Sleep*, 27, 402–5

Carter, J. M. et al. (2004). The effect of glucose infusion on glucose kinetics during a 1-h time trial. *Medicine and Science in Sports and Exercise*, 36, 1543–50

Castiello, U. et al. (2006). Cross-modal interactions between olfaction and vision when grasping. *Chemical Senses*, 31, 665–71

Chambers, E. S. et al. (2009). Carbohydrate sensing in the human mouth: Effects on exercise performance and brain activity. *Journal of Physiology*, 587, 1779–94

Chang, A.- M. et al. (2015). Evening use of light-emitting eReaders negatively affects sleep, circadian timing, and next-morning alertness. *Proceedings of the National Academy of Sciences of the USA*, 112, 1232–7

Chang, T. Y. and Kajackaite, A. (2019). Battle for the thermostat: Gender and the effect of temperature on cognitive performance. *PLOS One*, 14, e0216362

Changizi, M. A. et al. (2006). Bare skin, blood and the evolution of primate colour vision. *Biology Letters*, 2, 217–21

Charlton, B. D. et al. (2012). Do women prefer more complex music around ovulation? *PLOS One*, 7, e35626

Chekroud, S. R. et al. (2018). Association between physical exercise and mental health in 1.2 million individuals in the USA between 2011 and 2015: A cross-sectional study. *Lancet Psychiatry*, 5, 739–46

Chellappa, S. L. et al. (2011). Can light make us bright? Effects of light on cognition and sleep. *Progress in Brain Research*, 190, 119–33

Chen, X. et al. (2014). The moderating effect of stimulus attractiveness on the effect of alcohol consumption on attractiveness ratings. *Alcohol and Alcoholism*, 49, 515–19

Cheskin, L. and Ward, L. B. (1948). Indirect approach to market reactions. *Harvard Business Review*, 26, 572–80

Cho, S. et al. (2015). Blue lighting decreases the amount of food consumed in men, but not in women. *Appetite*, 85, 111–17

Churchill, A. et al. (2009). The cross-modal effect of fragrance in shampoo: Modifying the perceived feel of both product and hair during and after washing. *Food Quality and Preference*, 20, 320–28

感官攻略

Classen, C. (2012). *The Deepest Sense: A Cultural History of Touch*. Chicago: University of Illinois Press

Classen, C. et al. (1994). *Aroma: The Cultural History of Smell*. London: Routledge

Clifford, C. (1985). New scent waves. *Self*, December, 115–17

Cohen, B. et al. (1989). At the movies: An unobtrusive study of arousal-attraction. *Journal of Social Psychology*, 129, 691–3

Cohen, S. et al. (2015). Does hugging provide stress-buffering social support? A study of susceptibility to upper respiratory infection and illness. *Psychological Science*, 26, 135–47

Collins, J. F. (1965). The colour temperature of daylight. *British Journal of Applied Psychology*, 16, 527–32

Colvile, R. (2017). *The Great Acceleration: How the World Is Getting Faster, Faster*. London: Bloomsbury

Conrad, C. et al. (2007). Overture for growth hormone: Requiem for interleukin-6?, *Critical Care Medicine*, 35, 2709–13

Corbin, A. (1986). *The Foul and The Fragrant: Odor and the French Social Imagination*. Cambridge, MA: Harvard University Press

Costa, M. et al. (2018). Interior color and psychological functioning in a university residence hall. *Frontiers in Psychology*, 9, 1580

Craig, R. et al. (2009). *Health Survey for England 2008*, vol. 1: *Physical Activity and Fitness*. NHS Information Centre for Health and Social Care: Leeds, www.healthypeople.gov/2020/topics-objectives/topic/physical-activity

Crawford, I. (1997). *Sensual Home: Liberate Your Senses and Change Your Life*. London: Quadrille Publishing

Croon, E. et al. (2005). The effect of office concepts on worker health and performance: A systematic review of the literature. *Ergonomics*, 48, 119–34

Crossman, M. K. (2017). Effects of interactions with animals on human psychological distress. *Journal of Clinical Psychology*, 73, 761–84

Crowley, K. (2011). Sleep and sleep disorders in older adults. *Neuropsychology Review*, 21, 41–53

Croy, I. et al. (2015). Reduced pleasant touch appraisal in the presence of a disgusting odor. *PLOS One*, 9, e92975

Cummings, B. E. and Waring, M. S. (2020). Potted plants do not improve indoor air quality: a review and analysis of reported VOC removal efficiencies. *Journal of Exposure Science and Environmental Epidemiology*, 30, 253–61

Cutting, J. E. (2006). The mere exposure effect and aesthetic preference. In P. Locher et al. (eds.), *New Directions in Aesthetics, Creativity, and the Arts*.

參考書目

Amityville, NY: Baywood Publishing, pp. 33–46

Czeisler, C. A. et al. (1986). Bright light resets the human circadian pacemaker independent of the timing of the sleep-wake cycle. *Science*, 233, 667–71

Dalke, H. et al. (2006). Colour and lighting in hospital design. *Optics and Laser Technology*, 38, 343–65

Dalton, P. (1996). Odor perception and beliefs about risk. *Chemical Senses*, 21, 447–58

Dalton, P. and Wysocki, C. J. (1996). The nature and duration of adaptation following long-term odor exposure. *Perception and Psychophysics*, 58, 781–92

Darbyshire, J. L. (2016). Excessive noise in intensive care units. *British Medical Journal*, 353, i1956

Darbyshire, J. L. and Young, J. D. (2013). An investigation of sound levels on intensive care units with reference to the WHO guidelines. *Critical Care*, 17, R187

Darwin, C. (1871). The descent of man, and selection in relation to sex. In E. O. Wilson (ed.) (2006), *From So Simple a Beginning: The Four Great Books of Charles Darwin*. New York: W. W. Norton

Dazkir, S. S. and Read, M. A. (2012). Furniture forms and their influence on our emotional responses toward interior environments. *Environment and Behavior*, 44, 722–34

de Bell, S. et al. (2020). Spending time in the garden is positively associated with health and wellbeing: Results from a national survey in England. *Landscape and Urban Planning*, 200, 103836.

de Wijk, R. A. et al. (2018). Supermarket shopper movements versus sales, and the effects of scent, light, and sound. *Food Quality and Preference*, 68, 304–14

Dematte, M. L. et al. (2006). Cross- modal interactions between olfaction and touch. *Chemical Senses*, 31, 291–300

Dematte, M. L. et al. (2007). Olfactory cues modulate judgments of facial attractiveness. *Chemical Senses*, 32, 603–10

Denworth, L. (2015). The social power of touch. *Scientific American Mind*, July/August, 30–39

Diaconu, M. et al. (eds.) (2011). *Senses and the City: An Interdisciplinary Approach to Urban Sensescapes*. Vienna, Austria: Lit Verlag

Diamond, J. (1993). New Guineans and their natural world. In S. R. Kellert and E. O. Wilson (eds.), *The Biophilia Hypothesis*. Washington, DC: Island Press, pp. 251–74

Diette, G. B. et al. (2003). Distraction therapy with nature sights and sounds reduces pain during flexible bronchoscopy: A complementary approach to routine analgesia. *Chest*, 123, 941–8

感官攻略

Dijkstra, K. et al. (2008). Stress-reducing effects of indoor plants in the built healthcare environment: The mediating role of perceived attractiveness. *Preventative Medicine*, 47, 279–83

Dobzhansky, T. (1973). Nothing in biology makes sense except in the light of evolution. *American Biology Teacher*, 35, 125–9

Dolan, B. (2004). *Josiah Wedgwood: Entrepreneur to the Enlightenment*. London: HarperPerennial

Dunn, W. (2007). *Living Sensationally: Understanding Your Senses*. London: Jessica Kingsley

Dutton, D. G. and Aron, A. P. (1974). Some evidence for heightened sexual attraction under conditions of high anxiety. *Journal of Personality and Social Psychology*, 30, 510–17

Edworthy, J. and Waring, H. (2006). The effects of music tempo and loudness level on treadmill exercise. *Ergonomics*, 49, 1597–610

Einother, S. J. and Martens, V. E. (2013). Acute effects of tea consumption on attention and mood. *American Journal of Clinical Nutrition*, 98, 1700S–1708S

Ellingsen, D.- M. et al. (2016). The neurobiology shaping affective touch: Expectation, motivation, and meaning in the multisensory context. *Frontiers in Psychology*, 6, 1986

Elliot, A. J. and Niesta, D. (2008). Romantic red: Red enhances men's attraction to women. *Journal of Personality and Social Psychology*, 95, 1150–64

Elliot, A. J. and Pazda, A. D. (2012). Dressed for sex: Red as a female sexual signal in humans. *PLOS One*, 7, e34607

Elliot, A. J. et al. (2007). Color and psychological functioning: The effect of red on performance attainment. *Journal of Experimental Psychology: General*, 136, 154–68

Etzi, R. et al. (2014). Textures that we like to touch: An experimental study of aesthetic preferences for tactile stimuli. *Consciousness and Cognition*, 29, 178–88

Evans, D. (2002). *Emotion: The Science of Sentiment*. Oxford: Oxford University Press

Evans, G. W. and Johnson, D. (2000). Stress and open-officenoise. *Journal of Applied Psychology*, 85, 779–83

Evans, W. N. and Graham, J. D. (1991). Risk reduction or risk compensation? The case of mandatory safety-belt use laws. *Journal of Risk and Uncertainty*, 4, 61–73

Facer-Childs, E. R. et al. (2019). Resetting the late timing of 'night owls' has a positive impact on mental health and performance. *Sleep Medicine*, 60, 236–47

Fancourt, D. et al. (2016). The razor's edge: Australian rock music impairs men's performance when pretending to be a surgeon. *Medical Journal of Australia*, 205,

515–18

Feinberg, D. R. et al. (2008). Correlated preferences for men's facial and vocal masculinity. *Evolution and Human Behavior*, 29, 233–41

Feldstein, I. T. and Peli, E. (2020). Pedestrians accept shorter distances to light vehicles than dark ones when crossing the street. *Perception*, 49, 558–66

Fenko, A. and Loock, C. (2014). The influence of ambient scent and music on patients' anxiety in a waiting room of a plastic surgeon. *HERD: Health Environments Research and Design Journal*, 7, 38–59

Fich, L. B. et al. (2014). Can architectural design alter the physiological reaction to psychosocial stress? A virtual TSST experiment. *Physiology and Behavior*, 135, 91–7

Field, T. (2001). *Touch*. Cambridge, MA: MIT Press

Field, T. et al. (1996). Massage therapy reduces anxiety and enhances EEG pattern of alertness and math computations. *International Journal of Neuroscience*, 86, 197–205

Field, T. et al. (2008). Lavender bath oil reduces stress and crying and enhances sleep in very young infants. *Early Human Development*, 84, 399–401

Fisk, W. J. (2000). Health and productivity gains from better indoor environments and their relationship with building energy efficiency. *Annual Review of Energy and the Environment*, 25, 537–66

Fismer, K. L. and Pilkington, K. (2012). Lavender and sleep: A systematic review of the evidence. *European Journal of Integrative Medicine*, 4, e436–e447

Forster, S. and Spence, C. (2018). 'What smell?' Temporarily loading visual attention induces prolonged inattentional anosmia. *Psychological Science*, 29, 1642–52

Fox, J. G. and Embrey, E. D. (1972). Music: An aid to productivity. *Applied Ergonomics*, 3, 202–5

Frank, M. G. and Gilovich, T. (1988). The dark side of self-and social perception: Black uniforms and aggression in professional sports. *Journal of Personality and Social Psychology*, 54, 74–85

Franklin, D. (2012). How hospital gardens help patients heal. *Scientific American*, 1 March, www.scientificamerican.com/article/naturethat-nurtures/

Fritz, T. H. et al. (2013). Musical agency reduces perceived exertion during strenuous physical performance. *Proceedings of the National Academy of Sciences of the USA*, 110, 17784–9

Fruhata, T. et al. (2013). Doze sleepy driving prevention system (finger massage, high density oxygen spray, grapefruit fragrance) with that involves chewing dried shredded squid. *Procedia Computer Science*, 22, 790–99

Frumkin, H. (2001). Beyond toxicity: Human health and the natural environment. *American Journal of Preventative Medicine*, 20, 234–40

Fukuda, M. and Aoyama, K. (2017). Decaffeinated coffee induces a faster conditioned reaction time even when participants know that the drink does not contain caffeine. *Learning and Motivation*, 59, 11–18

Fuller, R. A. and Gaston, K. J. (2009). The scaling of green space coverage in European cities. *Biology Letters*, 5, 352–5

Fuller, R. A. et al. (2007). Psychological benefits of greenspace increase with biodiversity. *Biology Letters*, 3, 390–94

Fumento, M. (1998). 'Road rage' versus reality. *Atlantic Monthly*, 282, 12–17

Gabel, V. et al. (2013). Effects of artificial dawn and morning blue light on daytime cognitive performance, well-being, cortisol and melatonin levels. *Chronobiology International*, 30, 988–97

Gafsou, M. and Hildyard, D. (2019). H+. *Granta*, 148, 94–128

Gallace, A. and Spence, C. (2014). *In Touch with the Future: The Sense of Touch from Cognitive Neuroscience to Virtual Reality*. Oxford: Oxford University Press

Galton, F. (1883). *Inquiries into Human Faculty and Its Development*. London: Macmillan

Garcia-Segovia, P. et al. (2015). Influence of table setting and eating location on food acceptance and intake. *Food Quality and Preference*, 39, 1–7

Gatti, M. F. and da Silva, M. J. P. (2007). Ambient music in emergency services: The professionals' perspective. *Latin American Journal of Nursing*, 15, 377–83

Geddes, L. (2020). How to hug people in a coronavirus-stricken world. *New Scientist*, 5 August, www.newscientist.com/article/mg24732944-300-how-to-hug-people-in-a-coronavirus-strickenworld/#ixzz6UKxBNFzI

Genschow, O. et al. (2015). Does Baker-Miller pink reduce aggression in prison detention cells? A critical empirical examination. *Psychology, Crime and Law*, 21, 482–9

Geschwind, N. and Galaburda, A. M. (1985). Cerebral lateralization. Biological mechanisms, associations, and pathology: A hypothesis and a program for research. *Archives of Neurology*, 42, 428–59, 521–52, 634–54

Gibson, J. J. and Crooks, L. E. (1938). A theoretical field-analysis of automobile-driving. *American Journal of Psychology*, 51, 453–71

Gibson, M. and Shrader, J. (2014). Time use and productivity: The wage returns to sleep. UC San Diego Department of Economics Working Paper

Gillis, K. and Gatersleben, B. (2015). A review of psychological literature on the health and wellbeing benefits of biophilic design. *Buildings*, 5, 948–63

Glacken, C. J. (1967). *Traces on the Rhodian Shore: Nature and Culture in Western Thought from Ancient Times to the End of the Eighteenth Century.*

參考書目

Berkeley, CA: University of California Press

Gladue, B. and Delaney, H. J. (1990). Gender differences in perception of attractiveness of men and women in bars. *Personality and Social Psychology Bulletin*, 16, 378–91

Glass, S. T. et al. (2014). Do ambient urban odors evoke basic emotions? *Frontiers in Psychology*, 5, 340

Golan, A. and Fenko, A. (2015). Toward a sustainable faucet design: Effects of sound and vision on perception of running water. *Environment and Behavior*, 47, 85–101

Goldstein, P. et al. (2017). The role of touch in regulating inter-partner physiological coupling during empathy for pain. *Scientific Reports*, 7, 3252

Gori, M. et al. (2008). Young children do not integrate visual and haptic information. *Current Biology*, 18, 694–8

Graff, V. et al. (2019). Music versus midazolam during preoperative nerve block placements: A prospective randomized controlled study. *Regional Anesthesia and Pain Medicine*, 44, 796–9

Graham-Rowe, D. (2001). Asleep at the wheel. *New Scientist*, 169, 24

Grammer, K. et al. (2004). Disco clothing, female sexual motivation, and relationship status: Is she dressed to impress? *Journal of Sex Research*, 41, 66–74

Greene, M. R. and Oliva, A. (2009). The briefest of glances: The time course of natural scene understanding. *Psychological Science*, 20, 464–72

Greenfield, A. B. (2005). *A Perfect Red: Empire, Espionage, and the Quest for the Color of Desire*. New York: HarperCollins

Griskevicius, V. and Kenrick, D. T. (2013). Fundamental motives: How evolutionary needs influence consumer behavior. *Journal of Consumer Psychology*, 23, 372–86

Groyecka, A. et al. (2017). Attractiveness is multimodal: Beauty is also in the nose and ear of the beholder. *Frontiers in Psychology*, 8, 778

Gubbels, J. L. (1938). *American Highways and Roadsides*. Boston, MA: Houghton-Mifflin

Gueguen, N. (2012). Color and women attractiveness: When red clothed women are perceived to have more intense sexual intent. *Journal of Social Psychology*, 152, 261–5

Gueguen, N. and Jacob, C. (2011). Enhanced female attractiveness with use of cosmetics and male tipping behavior in restaurants. *Journal of Cosmetic Science*, 62, 283–90

———— (2014). Clothing color and tipping: Gentlemen patrons give more tips to waitresses with red clothes. *Journal of Hospitality and Tourism Research*, 38, 275–80

感
官
攻
略

Gueguen, N. et al. (2012). When drivers see red: Car color frustrators and drivers' aggressiveness. *Aggressive Behaviour*, 38, 166–9

Guieysse, B. et al. (2008). Biological treatment of indoor air for VOC removal: Potential and challenges. *Biotechnology Advances*, 26, 398–410

Gupta, A. et al. (2018). Innovative technology using virtual reality in the treatment of pain: Does it reduce pain via distraction, or is there more to it? *Pain Medicine*, 19, 151–9

Haehner, A. et al. (2017). Influence of room fragrance on attention, anxiety and mood. *Flavour and Fragrance Journal*, 1, 24–8

Hafner, M. et al. (2016). Why sleep matters – the economic costs of insufficient sleep. A cross-Country comparative analysis. Rand Corporation, www.rand.org/pubs/research_reports/RR1791.html

Haga, A. et al. (2016). Psychological restoration can depend on stimulus-source attribution: A challenge for the evolutionary account. *Frontiers in Psychology*, 7, 1831

Hagemann, N. et al. (2008). When the referee sees red. *Psychological Science*, 19, 769–71

Hagerhall, C. M. et al. (2004). Fractal dimension of landscape silhouette outlines as a predictor of landscape preference. *Journal of Environmental Psychology*, 24, 247–55

Haghayegh, S. et al. (2019). Before-bedtime passive body heating by arm shower or bath to improve sleep: A systematic review and meta-analysis. *Sleep Medicine Reviews*, 46, 124–35

Hamilton, A. (1966). What science is learning about smell. *Science Digest*, 55 (November), 81–4

Han, K. (2007). Responses to six major terrestrial biomes in terms of scenic beauty, preference, and restorativeness. *Environment and Behavior*, 39, 529–56

Hanss, D. et al. (2012). Active red sports car and relaxed purple-blue van: Affective qualities predict color appropriateness for car types. *Journal of Consumer Behaviour*, 11, 368–80

Harada, H. et al. (2018). Linalool odor-induced anxiolytic effects in mice. *Frontiers in Behavioral Neuroscience*, 12, 241

Hardy, M. et al. (1995). Replacement of drug treatment for insomnia by ambient odour. *The Lancet*, 346, 701

Harlow, H. F. and Zimmerman, R. R. (1959). Affectional responses in the infant monkey. *Science*, 130, 421–32

Harper, M. B. et al. (2015). Photographic art in exam rooms may reduce white coat hypertension. *Medical Humanities*, 41, 86–8

Hartig, T. et al. (2011). Health benefits of nature experience: Psychological, social and cultural processes. In K. Nilsson et al. (eds.), *Forests, Trees and Human Health*. Berlin: Springer Science, pp. 127–68

Harvey, A. G. (2003). The attempted suppression of presleep cognitive activity in insomnia. *Cognitive Therapy and Research*, 27, 593–602

Harvey, A. G. and Payne, S. (2002). The management of unwanted pre-sleep thoughts in insomnia: Distraction with imagery versus general distraction. *Behaviour Research and Therapy*, 40, 267–77

Haslam, S. A. and Knight, C. (2010). Cubicle, sweet cubicle. *Scientific American Mind*, September/October, 30–35

Haverkamp, M. (2014). *Synesthetic Design: Handbook for a Multisensory Approach*. Basel: Birkhauser

Haviland-Jones, J. et al. (2005). An environmental approach to positive emotion: Flowers. *Evolutionary Psychology*, 3, 104–32

Havlic̆ek, J. et al. (2006). Non- advertised does not mean concealed: Body odour changes across the human menstrual cycle. *Ethology*, 112, 81–90

Havlic̆ek, J. et al. (2008). He sees, she smells? Male and female reports of sensory reliance in mate choice and non-mate choice contexts. *Personality and Individual Differences*, 45, 565–70

Hawksworth, C. et al. (1997). Music in theatre: Not so harmonious. A survey of attitudes to music played in the operating theatre. *Anaesthesia*, 52, 79–83

Hedblom, M. et al. (2014). Bird song diversity influences young people's appreciation of urban landscapes. *Urban Forestry and Urban Greening*, 13, 469–74

Hellier, E. et al. (2011). The influence of auditory feedback on speed choice, violations and comfort in a driving simulation game. *Transportation Research Part F: Traffic Psychology and Behaviour*, 14, 591–9

Helmefalk, M. and Hulten, B. (2017). Multi-sensory congruent cues in designing retail store atmosphere: Effects on shoppers' emotions and purchase behaviour. *Journal of Retailing and Consumer Services*, 38, 1–11

Hepper, P. G. (1988). Fetal 'soap' addiction. *The Lancet*, 11 June, 1347–8

Herz, R. (2007). *The Scent of desire: Discovering Our Enigmatic Sense of Smell*. New York: William Morrow

——— (2009). Aromatherapy facts and fictions: A scientific analysis of olfactory effects on mood, physiology and psychology. *International Journal of Neuroscience*, 119, 263–90

Herz, R. S. and Cahill, E. D. (1997). Differential use of sensory information in sexual behavior as a function of gender. *Human Nature*, 8, 275–86

Heschong, L. (1979). *Thermal Delight in Architecture*. Cambridge, MA: MIT Press

感官攻略

Hewlett, S. A. and Luce, C. B. (2006). Extreme jobs: The dangerous allure of the 70-hour workweek. *Harvard Business Review*, December, https://hbr.org/2006/12/ extreme-jobs-the-dangerous-allure-of-the-70-hour-workweek

Higham, W. (2019). *The Work Colleague of the Future: A Report on the Long-Term Health of Office Workers*. Report commissioned by Fellowes, July, https://assets.fellowes.com/skins/fellowes/responsive/gb/en/resour ces/work-colleague-of-the-future/download/WCOF_Report_EU.pdf

Hilditch, C. J. et al. (2016). Time to wake up: Reactive countermeasures to sleep inertia. *Industrial Health*, 54, 528–41

Hill, A. W. (1915). The history and functions of botanic gardens. *Annals of the Missouri Botanical Garden*, 2, 185–240

Hill, R. A. and Barton, R. A. (2005). Red enhances human performance in contests. *Nature*, 435, 293

Hillman, C. H. et al. (2008). Be smart, exercise your heart: Exercise effects on brain and cognition. *Nature Reviews Neuroscience*, 9, 58–65

Hilton, K. (2015). Psychology: The science of sensory marketing. *Harvard Business Review*, March, 28–31, https://hbr.org/2015/03/the-science-of-sensory-marketing

Hirano, H. (1996). *5 Pillars of the Visual Workplace: The Sourcebook for 5S Implementation*. New York: Productivity Press

Ho, C. and Spence, C. (2005). Olfactory facilitation of dual-task performance. *Neuroscience Letters*, 389, 35–40

——— (2008). *The Multisensory Driver: Implications for Ergonomic Car Interface Design*. Aldershot: Ashgate

——— (2009). Using peripersonal warning signals to orient a driver's gaze. *Human Factors*, 51, 539–56

——— (2013). Affective multisensory driver interface design. *International Journal of Vehicle Noise and Vibration* (Special Issue on *Human Emotional Responses to Sound and Vibration in Automobiles*), 9, 61–74

Hoehl, S. et al. (2017). Itsy bitsy spider: Infants react with increased arousal to spiders and snakes. *Frontiers in Psychology*, 8, 1710

Hoekstra, S. P. et al. (2018). Acute and chronic effects of hot water immersion on inflammation and metabolism in sedentary, overweight adults. *Journal of Applied Physiology*, 125, 2008–18

Holgate, S. T. (2017). 'Every breath we take: The lifelong impact of air pollution' – a call for action. *Clinical Medicine*, 17, 8–12

Holland, R. W. et al. (2005). Smells like clean spirit. Nonconscious effects of scent on cognition and behavior. *Psychological Science*, 16, 689–93

Hollingworth, H. L. (1939). Chewing as a technique of relaxation. *Science*, 90,

385–7

Holmes, C. et al. (2002). Lavender oil as a treatment for agitated behaviour in severe dementia: A placebo controlled study. *International Journal of Geriatric Psychiatry*, 17, 305–8

Homburg, C. et al. (2012). Of dollars and scents–Does multisensory marketing pay off? Working paper, Institute for Marketing Oriented Management.

Hongisto, V. et al. (2017). Perception of water-based masking sounds–long-term experiment in an open-plan office. *Frontiers in Psychology*, 8, 1177

Horswill, M. S. and Plooy, A. M. (2008). Auditory feedback influences perceived driving speeds. *Perception*, 37, 1037–43

Hove, M. J. and Risen, J. L. (2009). It's all in the timing: Interpersonal synchrony increases affiliation. *Social Cognition*, 27, 949–61

Howes, D. (ed.) (2004). *Empire of the Senses: The Sensual Culture Reader*. Oxford: Berg

——— (2014). *A Cultural History of the Senses in the Modern Age*. London: Bloomsbury Academic

Howes, D. and Classen, C. (2014). *Ways of Sensing: Understanding the Senses in Society*. London: Routledge

Huang, L. et al. (2011). Powerful postures versus powerful roles: Which is the proximate correlate of thought and behaviour? *Psychological Science*, 22, 95–102

Hugill, N. et al. (2010). The role of human body movements in mate selection. *Evolutionary Psychology*, 8, 66–89

Hull, J. M. (1990). *Touching the Rock: An Experience of Blindness*. London: Society for Promoting Christian Knowledge

Hulsegge, J. and Verheul, A. (1987). *Snoezelen: Another World. A Practical Book of Sensory Experience Environments for the Mentally Handicapped*. Chesterfield: ROMPA

Hulten, B. (2012). Sensory cues and shoppers' touching behaviour: The case of IKEA. *International Journal of Retail and Distribution Management*, 40, 273–89

Huss, E. et al. (2018). Humans' relationship to flowers as an example of the multiple components of embodied aesthetics. *Behavioral Sciences*, 8, 32

Hutmacher, F. (2019). Why is there so much more research on vision than on any other sensory modality? *Frontiers in Psychology*, 10, 2246

Huxley, A. (1954). *The Doors of Perception*. London: Harper & Brothers

Imschloss, M. and Kuehnl, C. (2019). Feel the music! Exploring the cross-modal correspondence between music and haptic perceptions of softness. *Journal of Retailing*, 95, 158–69

Itten, J. and Birren, F. (1970). *The Elements of Color* (trans. E. van Hagen). New

York: John Wiley & Sons

Jacob, C. et al. (2012). She wore something in her hair: The effect of ornamentation on tipping. *Journal of Hospitality Marketing and Management*, 21, 414–20

Jacobs, K. W. and Hustmyer, F. E. (1974). Effects of four psychological primary colors on GSR, heart rate and respiration rate. *Perceptual and Motor Skills*, 38, 763–6

Jacquier, C. and Giboreau, A. (2012). Perception and emotions of colored atmospheres at the restaurant. *Predicting Perceptions: Proceedings of the 3rd International Conference on Appearance*, pp. 165–7

James, L. and Nahl, D. (2000). *Road Rage*. Amherst, NY: Prometheus Books

James, W. (1890). *The Principles of Psychology* (2 vols.). New York: Henry Holt

Jewett, M. E. et al. (1999). Time course of sleep inertia dissipation in human performance and alertness. *Journal of Sleep Research*, 8, 1–8

Jones, A. L. and Kramer, R. S. S. (2016). Facial cosmetics and attractiveness: Comparing the effect sizes of professionally-applied cosmetics and identity. *PLOS One*, 11, e0164218

Jones, A. L. et al. (2018). Positive facial affect looks healthy. *Visual Cognition*, 26, 1–12

Jones, B. T. et al. (2003). Alcohol consumption increases attractiveness ratings of opposite-sex faces: A possible third route to risky sex. *Addiction*, 98, 1069–75

Jones, S. E. et al. (2019). Genome-wide association analyses of chronotype in 697,828 individuals provides insights into circadian rhythms. *Nature Communications*, 10, 343

Joye, Y. (2007). Architectural lessons from environmental psychology: The case of biophilic architecture. *Review of General Psychology*, 11, 305–28

Joye, Y. and van den Berg, A. (2011). Is love for green in our genes? A critical analysis of evolutionary assumptions in restorative environments research. *Urban Forestry and Urban Greening*, 10, 261–8

Just, M. G. et al. (2019). Human indoor climate preferences approximate specific geographies. *Royal Society Open Science*, 6, 180695

Jutte, R. (2005). *A History of the Senses: From Antiquity to Cyberspace*. Cambridge: Polity Press

Kabat-Zinn, J. (2005). *Coming to Our Senses: Healing Ourselves and the World through Mindfulness*. New York: Hyperion

Kahn, P. H., Jr (1999). *The Human Relationship with nature: Development and Culture*. Cambridge, MA: MIT Press

Kahn, P. H., Jr et al. (2008). A plasma display window? The shifting baseline problem in a technologically mediated natural world. *Journal of Environmental Psychology*, 28, 192–9

Kahn, P. H., Jr et al. (2009). The human relation with nature and technological nature. *Current Directions in Psychological Science*, 18, 37–42

Kaida, K., et al. (2006). Indoor exposure to natural bright light prevents afternoon sleepiness. *Sleep*, 29, 462–9

Kampe, K. K. et al. (2001). Reward value of attractiveness and gaze. *Nature*, 413, 589

Kampfer, K. et al. (2017). Touch-flavor transference: Assessing the effect of packaging weight on gustatory evaluations, desire for food and beverages, and willingness to pay. *PLOS One*, 12(10), e0186121

Kaplan, K. A. et al. (2019). Effect of light flashes vs sham therapy during sleep with adjunct cognitive behavioral therapy on sleep quality among adolescents: A randomized clinical trial. *JAMA Network Open*, 2, e1911944

Kaplan, R. (1973). Some psychological benefits of gardening. *Environment and Behavior*, 5, 145–52

Kaplan, R. and Kaplan, S. (1989). *The Experience of nature: A Psychological Perspective*. New York: Cambridge University Press

Kaplan, S. (1995). The restorative benefits of nature: Toward an integrative framework. *Journal of Environmental Psychology*, 15, 169–82

——— (2001). Meditation, restoration, and the management of mental fatigue. *Environment and Behavior*, 33, 480–506

Karageorghis, C. I. and Terry, P. C. (1997). The psychophysical effects of music in sport and exercise: A review. *Journal of Sport Behavior*, 20, 54–168

Karim, A. A. et al. (2017). Why is 10 past 10 the default setting for clocks and watches in advertisements? A psychological experiment. *Frontiers in Psychology*, 8, 1410

Karremans, J. C. et al. (2006). Beyond Vicary's fantasies: The impact of subliminal priming and branded choice. *Journal of Experimental Social Psychology*, 42, 792–8

Katz, J. (2014). Noise in the operating room. *Anesthesiology*, 121, 894–9

Keller, A. (2008). Toward the dominance of vision? *Science*, 320, 319

Kellert, S. R. and Wilson, E. O. (eds.) (1993). *The Biophilia Hypothesis*. Washington, DC: Island Press

Kingma, B. and van Marken Lichtenbelt, W. D. (2015). Energy consumption in buildings and female thermal demand. *Nature Climate Change*, 5, 1054–6

Kirk-Smith, M. (2003). The psychological effects of lavender 1: In literature and plays. *International Journal of Aromatherapy*, 13, 18–22

感官攻略

Knasko, S. C. (1989). Ambient odor and shopping behavior. *Chemical Senses*, 14, 718

Kniffin, K. M. et al. (2015). Eating together at the firehouse: How workplace commensality relates to the performance of firefighters. *Human Performance*, 28, 281–306

Knight, C. and Haslam, S. A. (2010). The relative merits of lean, enriched, and empowered offices: An experimental examination of the impact of workspace management. *Journal of Experimental Psychology: Applied*, 16, 158–72

Knoeferle, K. et al. (2012). It is all in the mix: The interactive effect of music tempo and mode on in-store sales. *Marketing Letters*, 23, 325–37

Knoeferle, K. et al. (2016). Multisensory brand search: How the meaning of sounds guides consumers' visual attention. *Journal of Experimental Psychology: Applied*, 22, 196–210

Knopf, R. C. (1987). Human behavior, cognition, and affect in the natural environment. In D. Stokols and I. Altman (eds.), *Handbook of Environmental Psychology*, vol. 1. New York: John Wiley & Sons, pp. 783–825

Kochanek, K. D. et al. (2014). Mortality in the United States, 2013. *NCHS Data Brief*, 178, 1–8

Koga, K. and Iwasaki, Y. (2013). Psychological and physiological effect in humans of touching plant foliage – using the semantic differential method and cerebral activity as indicators. *Journal of Physiological Anthropology*, 32, 7

Kohara, K. et al. (2018). Habitual hot water bathing protects cardiovascular function in middle-aged to elderly Japanese subjects. *Scientific Reports*, 8, 8687

Korber, M. et al. (2015). Vigilance decrement and passive fatigue caused by monotony in automated driving. *Procedia Manufacturing*, 3, 2403–9

Kort, Y. A. W. et al. (2006). What's wrong with virtual trees? Restoring from stress in a mediated environment. *Journal of Environmental Psychology*, 26, 309–20

Kotler, P. (1974). Atmospherics as a marketing tool. *Journal of Retailing*, 49, 48–64

Kozusznik, M. W. et al. (2019). Decoupling office energy efficiency from employees' well-being and performance: A systematic review. *Frontiers in Psychology*, 10, 293

Kranowitz, C. S. (1998). *The Out-of-Sync Child: Recognizing and Coping with Sensory Integration*. New York: Penguin Putnam

Krauchi, K. et al. (1999). Warm feet promote the rapid onset of sleep. *Nature*, 401, 36–7

Kreutz, G. et al. (2018). *In dubio pro silentio*– Even loud music does not facilitate strenuous ergometer exercise. *Frontiers in Psychology*, 9, 590

Krieger, M. H. (1973). What's wrong with plastic trees? Artifice and authenticity

參
考
書
目

in design. *Science*, 179, 446–55

Kripke, D. F. et al. (2012). Hypnotics' association with mortality or cancer: A matched cohort study. *BMJ Open*, 2, e000850

Kuhn, S. et al. (2016). Multiple 'buy buttons' in the brain: Forecasting chocolate sales at point-of-sale based on functional brain activation using fMRI. *NeuroImage*, 136, 122–8

Kuhn, S. et al. (2017). In search of features that constitute an 'enriched environment' in humans: Associations between geographical properties and brain structure. *Scientific Reports*, 7, 11920

Kuller, R. et al. (2006). The impact of light and colour on psychological mood: A cross-cultural study of indoor work environments. *Ergonomics*, 49, 1496–507

Kunst-Wilson, W. R. and Zajonc, R. B. (1980). Affective discrimination of stimuli that cannot be recognized. *Science*, 207, 557–8

Kurzweil, R. (2005). *The Singularity Is Near: When Humans Transcend Biology*. London: Prelude

Kuukasjarvi, S. et al. (2004). Attractiveness of women's body odors over the menstrual cycle: The role of oral contraceptives and receiver sex. *Behavioral Ecology*, 15, 579–84

Kwallek, N. and Lewis, C. M. (1990). Effects of environmental colour on males and females: A red or white or green office. *Applied Ergonomics*, 21, 275–8

Kwallek, N. et al. (1996). Effects of nine monochromatic office interior colors on clerical tasks and worker mood. *Color Research and Application*, 21, 448–58

Kweon, B.- S. et al. (2008). Anger and stress: The role of landscape posters in an office setting. *Environment and Behavior*, 40, 355–81

Kyle, S. D. et al. (2010). '. . . Not just a minor thing, it is something major, which stops you from functioning daily': Quality of life and daytime functioning in insomnia. *Behavioral Sleep Medicine*, 8, 123–40

Lamote de Grignon Perez, J. et al. (2019). Sleep differences in the UK between 1974 and 2015: Insights from detailed time diaries. *Journal of Sleep Research*, 28, e12753

Lankston, L. et al. (2010). Visual art in hospitals: Case studies and review of the evidence. *Journal of the Royal Society of Medicine*, 103, 490–99

Lanza, J. (2004). *Elevator Music: A Surreal History of Muzak, Easy-Listening, and Other Moodsong*. Ann Arbor: University of Michigan Press

Lay, M. G. (1992). *Ways of the World: A History of the World's Roads and of the Vehicles that Used Them*. New Brunswick, NJ: Rutgers University Press

Le Breton, D. (2017). *Sensing the World: An Anthropology of the Senses* (trans. C. Ruschiensky). London: Bloomsbury

感官攻略

Le Corbusier (1948/1972). *Towards A New Architecture* (trans. F. Etchells). London: The Architectural Press

—— (1987). *The Decorative Art of Today* (trans. J. L. Dunnett). Cambridge, MA: MIT Press

Leather, P. et al. (1998). Windows in the workplace: Sunlight, view, and occupational stress. *Environment and Behavior*, 30, 739–62

Lee, I. F. (2018). *Joyful: The Surprising Power of Ordinary Things to Create Extraordinary Happiness*. London: Rider

Lee, K. E. et al. (2015). 40-second green roof views sustain attention: The role of micro-breaks in attention restoration. *Journal of Environmental Psychology*, 42, 182–9

Lee, R. and DeVore, I. (1968). *Man the Hunter*. Chicago: Aldine

Leenders, M. A. A. M. et al. (2019). Ambient scent as a mood inducer in supermarkets: The role of scent intensity and time-pressure of shoppers. *Journal of Retailing and Consumer Services*, 48, 270–80

Lehrl, S. et al. (2007). Blue light improves cognitive performance. *Journal of Neural Transmission*, 114, 1435–63

Lehrner, J. et al. (2000). Ambient odor of orange in a dental office reduces anxiety and improves mood in female patients. *Physiology and Behavior*, 71, 83–6

Lenochova, P. et al. (2012). Psychology of fragrance use: Perception of individual odor and perfume blends reveals a mechanism for idiosyncratic effects on fragrance choice. *PLOS One*, 7, e33810

Levin, M. D. (1993). *Modernity and the Hegemony of Vision*. Berkeley: University of California Press

Levitin, D. (2015). *The Organized Mind: Thinking Straight in the Age of Information Overload*. London: Penguin.

Lewis, D. M. G. et al. (2015). Lumbar curvature: A previously undiscovered standard of attractiveness. *Evolution and Human Behavior*, 36, 345–50

Lewis, D. M. G. et al. (2017). Why women wear high heels: Evolution, lumbar curvature, and attractiveness. *Frontiers in Psychology*, 8, 1875

Li, A. et al. (2011). Virtual reality and pain management: Current trends and future directions. *Pain Management*, 1, 147–57

Li, Q. (2010). Effect of forest bathing trips on human immune function. *Environmental Health and Preventative Medicine*, 15, 1, 9–17

Li, W. et al. (2007). Subliminal smells can guide social preferences. *Psychological Science*, 18, 1044–9

Lies, S. and Zhang, A. (2015). Prospective randomized study of the effect of music on the efficiency of surgical closures. *Aesthetic Surgery Journal*, 35, 858–63

參考書目

Lin, H. (2014). Red-colored products enhance the attractiveness of women. *Displays*, 35, 202–5

Lindstrom, M. (2005). *Brand Sense: How to Build Brands through Touch, Taste, Smell, Sight and Sound*. London: Kogan Page

Liu, B. et al. (2015). Does happiness itself directly affect mortality? The prospective UK Million Women Study. *The Lancet*, 387, 874–81

Liu, J. et al. (2019). The impact of tablecloth on consumers' food perception in real-life eating situation. *Food Quality and Preference*, 71, 168–71

Lobmaier, J. S. et al. (2018). The scent of attractiveness: Levels of reproductive hormones explain individual differences in women's body odour. *Proceedings of the Royal Society B: Biological Sciences*, 285, 20181520

LoBue, V. (2014). Deconstructing the snake: The relative roles of perception, cognition, and emotion on threat detection. *Emotion*, 14, 701–11

Lockley, S. W. et al. (2006). Short-wavelength sensitivity for the direct effects of light on alertness, vigilance, and the waking electroencephalogram in humans. *Sleep*, 29, 161–8

Louv, R. (2005). *Last Child in the Woods: Saving Our Children from Nature-Deficit Disorder*. Chapel Hill, NC: Algonquin Books

Lovato, N. and Lack, L. (2016). Circadian phase delay using the newly developed re-timer portable light device. *Sleep and Biological Rhythms*, 14, 157–64

Lupton, E. and Lipps, A. (eds.) (2018). *The Senses: Design beyond Vision*. Hudson, NY: Princeton Architectural Press

Lynn, M. et al. (2016). Clothing color and tipping: An attempted replication and extension. *Journal of Hospitality and Tourism Research*, 40, 516–24

Mace, B. L. et al. (1999). Aesthetic, affective, and cognitive effects of noise on natural landscape assessment. *Society and Natural Resources*, 12, 225–42

Mackerron, G. and Mourato, S. (2013). Happiness is greater in natural environments. *Global Environmental Change*, 23, 992–1000

Madzharov, A. et al. (2018). The impact of coffee-like scent on expectations and performance. *Journal of Environmental Psychology*, 57, 83–6

Malhotra, N. K. (1984). Information and sensory overload: Information and sensory overload in psychology and marketing. *Psychology and Marketing*, 1, 9–21

Manaker, G. H. (1996). *Interior Plantscapes: Installation, Maintenance, and Management* (3rd edn). Englewood Cliffs, NJ: Prentice-Hall

Mancini, F. et al. (2011). Visual distortion of body size modulates pain perception. *Psychological Science*, 22, 325–30

Manning, J. T. and Fink, B. (2008). Digit ratio (2D:4D), dominance, reproductive success, asymmetry, and sociosexuality in the BBC Internet Study.

American Journal of Human Biology, 20, 451–61

Manning, J. T. et al. (1998). The ratio of 2nd to 4th digit length: A predictor of sperm numbers and levels of testosterone, LH and oestrogen. *Human Reproduction*, 13, 3000–3004

Marin, M. M. et al. (2017). Misattribution of musical arousal increases sexual attraction towards opposite-sex faces in females. *PLOS One*, 12, e0183531

Marks, L. (1978). *The Unity of the Senses: Interrelations among the Modalities*. New York: Academic Press

Martin, B. A. S. (2012). A stranger's touch: Effects of accidental interpersonal touch on consumer evaluations and shopping time. *Journal of Consumer Research*, 39, 174–84

Martin, S. (2013). How sensory information influences price decisions. *Harvard Business Review*, 26 July, https://hbr.org/2013/07/research-how-sensory-informati

Mathiesen, S. L. et al. (2020). Music to eat by: A systematic investigation of the relative importance of tempo and articulation on eating time. *Appetite*, 155, https://doi.org/10.1016/j.appet.2020.104801

Matsubayashi, T. et al. (2014). Does the installation of blue lights on train platforms shift suicide to another station? Evidence from Japan. *Journal of Affective Disorders*, 169, 57–60

Mattila, A. S. and Wirtz, J. (2001). Congruency of scent and music as a driver of in-storeevaluations and behavior. *Journal of Retailing*, 77, 273–89

Mavrogianni, A. et al. (2013). Historic variations in winter indoor domestic temperatures and potential implications for body weight gain. *Indoor and Built Environment*, 22, 360–75

May, J. L. and Hamilton, P. A. (1980). Effects of musically evoked affect on women's interpersonal attraction toward and perceptual judgments of physical attractiveness of men. *Motivation and Emotion*, 4, 217–28

McCandless, C. (2011). *Feng Shui that Makes Sense: Easy Ways to Create A Home that Feels as Good as it Looks*. Minneapolis, MN: Two Harbors Press

McCarty, K. et al. (2017). Optimal asymmetry and other motion parameters that characterise high-quality female dance. *Scientific Reports*, 7, 42435

McFarlane, S. J. et al. (2020). Alarm tones, music and their elements: A mixed methods analysis of reported waking sounds for the prevention of sleep inertia. *PLOS One*, 15, e0215788

McGann, J. P. (2017). Poor human olfaction is a 19th-century myth. *Science*, 356, eaam7263

McGlone, F. et al. (2013). The crossmodal influence of odor hedonics on facial attractiveness: Behavioral and fMRI measures. In F. Signorelli and D. Chirchiglia (eds.), *Functional Brain Mapping and the Endeavor to Understand the Working*

參考書目

Brain. Rijeka, Croatia: InTech Publications, pp. 209–25

McGuire, B. et al. (2018). Urine marking in male domestic dogs: Honest or dishonest? *Journal of Zoology*, 306, 163–70

McGurk, H. and MacDonald, J. (1976). Hearing lips and seeing voices. *Nature*, 264, 746–8

McKeown, J. D. and Isherwood, S. (2007). Mapping the urgency and pleasantness of speech, auditory icons, and abstract alarms to their referents within the vehicle. *Human Factors*, 49, 417–28

Mead, G. E. et al. (2009). Exercise for depression. *Cochrane Database Systematic Review*, CD004366

Mehta, R., Zhu, R. and Cheema, A. (2012). Is noise always bad? Exploring the effects of ambient noise on creative cognition. *Journal of Consumer Research*, 39, 784–99

Meijer, D. et al. (2019). Integration of audiovisual spatial signals is not consistent with maximum likelihood estimation. *Cortex*, 119, 74–88

Menzel, D. et al. (2008). Influence of vehicle color on loudness judgments. *Journal of the Acoustical Society of America*, 123, 2477–9

Merabet, L. B. et al. (2004). Visual hallucinations during prolonged blindfolding in sighted subjects. *Journal of Neuro-Ophthalmology*, 24, 109–13

Meston, C. M. and Frohlich, P. F. (2003). Love at first fright: Partner salience moderates roller-coaster-induced excitation transfer. *Archives of Sexual Behavior*, 32, 537–44

Meyers-Levy, J. and Zhu, R. (J.) (2007). The influence of ceiling height: The effect of priming on the type of processing that people use. *Journal of Consumer Research*, 34, 174–86

Mikellides, B. (1990). Color and physiological arousal. *Journal of Architectural and Planning Research*, 7, 13–20

Milgram, S. (1970). The experience of living in cities. *Science*, 167, 1461–8

Milinski, M. and Wedekind, C. (2001). Evidence for MHC-correlated perfume preferences in humans. *Behavioral Ecology*, 12, 140–49

Miller, G. et al. (2007). Ovulatory cycle effects on tip earnings by lap dancers: Economic evidence for human estrus? *Evolution and Human Behavior*, 28, 375–81

Miller, G. F. (1998). How mate choice shaped human nature: A review of sexual selection and human evolution. In C. B. Crawford and D. Krebs (eds.), *Handbook of evolutionary Psychology: Ideas, Issues, and Applications*. Mahwah, NJ: Lawrence Erlbaum, pp. 87–129

——— (2000). Evolution of human music through sexual selection. In N. L. Wallin et al. (eds.), *The Origins of Music*. Cambridge, MA: MIT Press, pp. 329–

感官攻略

60

Milliman, R. E. (1982). Using background music to affect the behavior of supermarket shoppers. *Journal of Marketing*, 46, 86–91

——— (1986). The influence of background music on the behavior of restaurant patrons. *Journal of Consumer Research*, 13, 286–9

Mindell, J. A. et al. (2009). A nightly bedtime routine: Impact on sleep in young children and maternal mood. *Sleep*, 32, 599–606

Minsky, L. et al. (2018). Inside the invisible but influential world of scent branding. *Harvard Business Review*, 11 April, https://hbr.org/2018/04/inside-the-invisible-but-influential-world-of-scent-branding

Mitchell, R. and Popham, F. (2008). Effect of exposure to natural environment on health inequalities: An observational population study. *The Lancet*, 372, 1655–60

Mitler, M. M. et al. (1988). Catastrophes, sleep, and public policy: Consensus report. *Sleep*, 11, 100–109

Mitro, S. et al. (2012). The smell of age: Perception and discrimination of body odors of different ages. *PLOS One*, 7, e38110

Miyazaki, Y. (2018). *Shinrin-Yoku: The Japanese Way of Forest Bathing for Health and Relaxation*. London: Aster Books

Monahan, J. L. et al. (2000). Subliminal mere exposure: Specific, general and affective effects. *Psychological Science*, 11, 462–6

Montagu, A. (1971). *Touching: The Human Significance of the Skin*. New York: Columbia University Press

Montignies, F. et al. (2010). Empirical identification of perceptual criteria for customer-centred design. Focus on the sound of tapping on the dashboard when exploring a car. *International Journal of Industrial Ergonomics*, 40, 592–603

Moore, E. O. (1981). A prison environment's effect on health care service demands. *Journal of Environmental Systems*, 11, 17–34

Morgan, W. P. et al. (1988). Personality structure, mood states, and performance in elite male distance runners. *International Journal of Sport Psychology*, 19, 247–63

Morimoto, K. et al. (eds.) (2006). *Forest Medicine*. Tokyo: Asakura Publishing

Morin, C. M. (1993). *Insomnia: Psychological Assessment and Management*. New York: Guilford Press

Morrin, M. and Chebat, J.-C. (2005). Person-place congruency: The interactive effects of shopper style and atmospherics on consumer expenditures. *Journal of Service Research*, 8, 181–91

Moseley, G. L. et al. (2008a). Is mirror therapy all it is cracked up to be? Current evidence and future directions. *Pain*, 138, 7–10

Moseley, G. L. et al. (2008b). Psychologically induced cooling of a specific body part caused by the illusory ownership of an artificial counterpart. *Proceedings of the National Academy of Sciences of the USA*, 105, 13168–72

Moseley, G. L. et al. (2008c). Visual distortion of a limb modulates the pain and swelling evoked by movement. *Current Biology*, 18, R1047–R1048

Moss, H. et al. (2007). A cure for the soul? The benefit of live music in the general hospital. *Irish Medical Journal*, 100, 636–8

Mueser, K. T. et al. (1984). You're only as pretty as you feel: Facial expression as a determinant of physical attractiveness. *Journal of Personality and Social Psychology*, 46, 469–78

Muller, F. et al. (2019). The sound of speed: How grunting affects opponents' anticipation in tennis. *PLOS One*, 14, e0214819

Mustafa, M. et al. (2016). The impact of vehicle fragrance on driving performance: What do we know? *Procedia – Social and Behavioral Sciences*, 222, 807–15

Muzet, A. et al. (1984). Ambient temperature and human sleep. *Experientia*, 40, 425–9

National Sleep Foundation (2006). *Teens and sleep*. https://sleepfoundation.org/sleep-topics/teens-and-sleep

Neave, N. et al. (2011). Male dance moves that catch a woman's eye. *Biology Letters*, 7, 221–4

Nettle, D. and Pollet, T. V. (2008). Natural selection on male wealth in humans. *American Naturalist*, 172, 658–66

Nieuwenhuis, M. et al. (2014). The relative benefits of green versus lean office space: Three field experiments. *Journal of Experimental Psychology: Applied*, 20, 199–214

Nightingale, F. (1860). *Notes on Nursing. What It Is, and What It Is Not*. New York: D. Appleton and Company

Nisbet, E. K. and Zelenski, J. M. (2011). Underestimating nearby nature: Affective forecasting errors obscure the happy path to sustainability. *Psychological Science*, 22, 1101–6

North, A. C. and Hargreaves, D. J. (1999). Music and driving game performance. *Scandinavian Journal of Psychology*, 40, 285–92

——— (2000). Musical preferences when relaxing and exercising. *American Journal of Psychology*, 113, 43–67

North, A. C., et al. (1997). In-store music affects product choice. *Nature*, 390, 132

North, A. C. et al. (1998). Musical tempo and time perception in a gymnasium. *Psychology of Music*, 26, 78–88

感官攻略

Novaco, R. et al. (1990). Objective and subjective dimensions of travel impedance as determinants of commuting stress. *American Journal of Community Psychology*, 18, 231–57

O'Connell, M. (2018). To be a machine. London: Granta Oberfeld, D. et al. (2009). Ambient lighting modifies the flavor of wine. *Journal of Sensory Studies*, 24, 797–832

Oberfeld, D. et al. (2010). Surface lightness influences perceived room height. *Quarterly Journal of Experimental Psychology*, 63, 1999–2011

Obst, P. et al. (2011). Age and gender comparisons of driving while sleepy: Behaviours and risk perceptions. *Transportation Research Part F: Traffic Psychology and Behaviour*, 14, 539–42

Oldham, G. R. et al. (1995). Listen while you work? Quasi-experimental relations between personal-stereo headset use and employee work responses. *Journal of Applied Psychology*, 80, 547–64

Olmsted, F. L. (1865a). The value and care of parks. Reprinted in R. Nash (ed.) (1968). *The American Environment: Readings in the History of Conservation*. Reading, MA: Addison-Wesley, pp. 18–24

—— (1865b). *Yosemite and the Mariposa Grove: A Preliminary Report*. Available online at: www.yosemite.ca.us/library/olmsted/report.html

Olson, R. L. et al. (2009). Driver distraction in commercial vehicle operations. Technical Report No. FMCSA-RRR-09–042. Federal Motor Carrier Safety Administration, US Department of Transportation, Washington, DC

Olsson, M. J. et al. (2014). The scent of disease: Human body odor contains an early chemosensory cue of sickness. *Psychological Science*, 25, 817–23

Ott, W. R. and Roberts, J. W. (1998). Everyday exposure to toxic pollutants. *Scientific American*, 278 (February), 86–91

Otterbring, T. (2018). Healthy or wealthy? Attractive individuals induce sex-specific food preferences. *Food Quality and Preference*, 70, 11–20

Otterbring, T. et al. (2018). The relationship between office type and job satisfaction: Testing a multiple mediation model through ease of interaction and well-being. *Scandinavian Journal of Work and Environmental Health*, 44, 330–34

Ottoson, J. and Grahn, P. (2005). A comparison of leisure time spent in a garden with leisure time spent indoors: On measures of restoration in residents in geriatric care. *Landscape Research*, 30, 23–55

Oyer, J. and Hardick, J. (1963). *Response of Population to Optimum Warning Signal*. Office of Civil Defence, Final Report No. SHSLR163. Contract No. OCK-OS-62–182, September Packard, V. (1957). *The Hidden Persuaders*. Harmondsworth: Penguin

Pallasmaa, J. (1996). *The Eyes of the Skin: Architecture and the Senses* (Polemics). London: Academy Editions

參考書目

Palmer, H. (1978). *Sea Gulls . . . Music for Rest and Relaxation*. Freeport, NY: Education Activities, Inc. (Tape #AR504)

Pancoast, S. (1877). *Blue and Red Light*. Philadelphia: J. M. Stoddart & Co.

Park, B. J. et al. (2007). Physiological effects of Shinrin-yoku (taking in the atmosphere of the forest) – using salivary cortisol and cerebral activity as indicators. *Journal of Physiological Anthropology*, 26, 123–8

Park, J. and Hadi, R. (2020). Shivering for status: When cold temperatures increase product evaluation. *Journal of Consumer Psychology*, 30, 314–28

Park, Y.- M. M. et al. (2019). Association of exposure to artificial light at night while sleeping with risk of obesity in women. *JAMA Internal Medicine*, 179, 1061–71

Parsons, R. et al. (1998). The view from the road: Implications for stress recovery and immunization. *Journal of Environmental Psychology*, 18, 113–40

Passchier-Vermeer, W. and Passchier, W. F. (2000). Noise exposure and public health. *Environmental Health Perspectives*, 108, 123–31

Pasut, W. et al. (2015). Energy-efficient comfort with a heated/cooled chair: Results from human subject tests. *Building and Environment*, 84, 10–21

Patania, V. M. et al. (2020). The psychophysiological effects of different tempo music on endurance versus high-intensity performances. *Frontiers in Psychology*, 11, 74

Pavela Banai, I. (2017). Voice in different phases of menstrual cycle among naturally cycling women and users of hormonal contraceptives. *PLOS One*, 12, e0183462

Peck, J. and Shu, S. B. (2009). The effect of mere touch on perceived ownership. *Journal of Consumer Research*, 36, 434–47

Peltzman, S. (1975). The effects of automobile safety regulation. *Journal of Political Economy*, 83, 677–725

Pencavel, J. (2014). The productivity of working hours. IZA Discussion Paper No. 8129, http://ftp.iza.org/dp8129.pdf

Peperkoorn, L. S. et al. (2016). Revisiting the red effect on attractiveness and sexual receptivity: No effect of the color red on human mate preference. *Evolutionary Psychology*, October–December, 1–13

Perrault, A. A. et al. (2019). Whole-night continuous rocking entrains spontaneous neural oscillations with benefits for sleep and memory. *Current Biology*, 29, 402–11

Petit, O. et al. (2019). Multisensory consumer-packaging interaction (CPI): The role of new technologies. In C. Velasco and C. Spence (eds.), *Multisensory Packaging: Designing New Product Experiences*. Cham, Switzerland: Palgrave Macmillan, pp. 349–74

感
官
攻
略

Pfaffmann, C. (1960). The pleasure of sensation. *Psychological Review*, 67, 253–68

Phalen, J. M. (1910). An experiment with orange-red underwear. *Philippine Journal of Science*, 5B, 525–46

Pinker, S. (2018). *Enlightenment Now: The Case for Reason, Science, Humanism, and Progress*. New York: Viking Penguin

Piqueras-Fiszman, B. and Spence, C. (2012). The weight of the bottle as a possible extrinsic cue with which to estimate the price (and quality) of the wine? Observed correlations. *Food Quality and Preference*, 25, 41–5

Plante, T. G. et al. (2006). Psychological benefits of exercise paired with virtual reality: Outdoor exercise energizes whereas indoor virtual exercise relaxes. *International Journal of Stress Management*, 13, 108–17

Pollet, T. et al. (2018). Do red objects enhance sexual attractiveness? No evidence from two large replications and an extension. PsyArXiv Preprints, 16 February 2018, https://doi.org/10.31234/osf.io/3bfwh

Prescott, J. and Wilkie, J. (2007). Pain tolerance selectively increased by a sweet-smelling odor. *Psychological Science*, 18, 308–11

Pretty, J. et al. (2009). *Nature, Childhood, Health and Life Pathways*. University of Essex, Interdisciplinary Centre for Environment and Society, Occasional Paper 2009–2

Priest, D. L. et al. (2004). The characteristics and effects of motivational music in exercise settings: The possible influence of gender, age, frequency of attendance, and time of attendance. *Journal of Sports Medicine and Physical Fitness*, 44, 77–86

Przybylski, A. K. (2019). Digital screen time and pediatric sleep: Evidence from a preregistered cohort study. *Journal of Pediatrics*, 205, 218–23

Qin, J. et al. (2014). The effect of indoor plants on human comfort. *Indoor Building Environment*, 23, 709–23

Ramachandran, V. S. and Blakeslee, S. (1998). *Phantoms in the Brain*. London: Fourth Estate

Ramsey, K. L. and Simmons, F. B. (1993). High-powered automobile stereos. *Otolaryngology – Head and Neck Surgery*, 109, 108–10

Ratcliffe, E. et al. (2016). Associations with bird sounds: How do they relate to perceived restorative potential? *Journal of Environmental Psychology*, 47, 136–44

Ratcliffe, V. F. et al. (2016). Cross-modal correspondences in non-human mammal communication. *Multisensory Research*, 29, 49–91

Rattenborg, N. C. et al. (1999). Half-awake to the risk of predation. *Nature*, 397, 397–8

Raudenbush, B. et al. (2001). Enhancing athletic performance through the

參
考
書
目

administration of peppermint odor. *Journal of Sport and Exercise Psychology*, 23, 156–60

Raudenbush, B. et al. (2002). The effects of odors on objective and subjective measures of athletic performance. *International Sports Journal*, 6, 14–27

Raymann, R. J. et al. (2008). Skin deep: Enhanced sleep depth by cutaneous temperature manipulation. *Brain*, 131, 500–513

Raymond, J. (2000). The world of senses. *Newsweek Special Issue*, Fall–Winter, 136, 16–18

Reber, R., et al. (2004). Processing fluency and aesthetic pleasure: Is beauty in the perceiver's processing experience? *Personality and Social Psychology Review*, 8, 364–82

Reber, R., et al. (1998). Effects of perceptual fluency on affective judgments. *Psychological Science*, 9, 45–8

Redelmeier, D. A. and Tibshirani, R. J. (1997). Association between cellular-telephone calls and motor vehicle collisions. *New England Journal of Medicine*, 336, 453–8

Redies, C. (2007). A universal model of esthetic perception based on the sensory coding of natural stimuli. *Spatial Vision*, 21, 97–117

Reinoso-Carvalho, F. et al. (2019). Not just another pint! Measuring the influence of the emotion induced by music on the consumer's tasting experience. *Multisensory Research*, 32, 367–400

Renvoise, P. and Morin, C. (2007). *Neuromarketing: Understanding the 'Buy Buttons' in Your Customer's Brain*. Nashville, TN: Thomas Nelson

Rhodes, G. (2006). The evolutionary psychology of facial beauty. *Annual Review of Psychology*, 57, 199–226

Rice, T. (2003). Soundselves: An acoustemology of sound and self in the Edinburgh Royal Infirmary. *Anthropology Today*, 19, 4–9

Richter, J. and Muhlestein, D. (2017). Patient experience and hospital profitability: Is there a link? *Health Care Management Review*, 42, 247–57

Roberts, S. C. et al. (2004). Female facial attractiveness increases during the fertile phase of the menstrual cycle. *Proceedings of the Royal Society of London Series B*, 271 (S5), S270–S272

Roberts, S. C. et al. (2011). Body odor quality predicts behavioral attractiveness in humans. *Archives of Sexual Behavior*, 40, 1111–17

Roenneberg, T. (2012). *Internal Time: Chronotypes, Social Jet Lag, and Why You're So Tired*. Cambridge, MA: Harvard University Press

———— (2013). Chronobiology: The human sleep project. *Nature*, 498, 427–8

Romero, J. et al. (2003). Color coordinates of objects with daylight changes. *Color*

感官攻略

Research and Application, 28, 25–35

Romine, I. J. et al. (1999). Lavender aromatherapy in recovery from exercise. *Perceptual and Motor Skills*, 88, 756–8

Roschk, H. et al. (2017). Calibrating 30 years of experimental research: A meta-analysis of the atmospheric effects of music, scent, and color. *Journal of Retailing*, 93, 228–40

Rosenblum, L. D. (2010). *See What I Am Saying: The Extraordinary Powers of Our Five Senses*. New York: W. W. Norton

Rosenthal, N. E (2019). *Winter Blues: Everything You Need to Know to Beat Seasonal Affective Disorder*. New York: Guilford Press

Ross, S. (1966). Background music systems – do they pay? *Administrative Management Journal*, 27 (August), 34–7

Rowe, C. et al. (2005). Seeing red? Putting sportswear in context. *Nature*, 437, E10

Rybkin, I. (2017). Music's potential effects on surgical performance. *Quill and Scope*, 10, 3

Sagberg, F. (1999). Road accidents caused by drivers falling asleep. *Accident Analysis and Prevention*, 31, 639–49

Salgado-Montejo., A. et al. (2015). Smiles over frowns: When curved lines influence product preference. *Psychology and Marketing*, 32, 771–81

Samuel, L. R. (2010). *Freud on Madison Avenue: Motivation Research and Subliminal Advertising in America*. Oxford: University of Pennsylvania Press

Schaal, B. and Durand, K. (2012). The role of olfaction in human multisensory development. In A. J. Bremner et al. (eds.), *Multisensory Development*. Oxford: Oxford University Press, pp. 29–62

Schaal, B. et al. (2000). Human foetuses learn odours from their pregnant mother's diet. *Chemical Senses*, 25, 729–37

Schaefer, E. W. et al. (2012). Sleep and circadian misalignment for the hospitalist: A review. *Journal of Hospital Medicine*, 7, 489–96

Schaffert, N. et al. (2011). An investigation of online acoustic information for elite rowers in on-water training conditions. *Journal of Human Sport and Exercise*, 6, 392–405

Schiffman, S. S. and Siebert, J. M. (1991). New frontiers in fragrance use. *Cosmetics and Toiletries*, 106, 39–45

Scholey, A. et al. (2009). Chewing gum alleviates negative mood and reduces cortisol during acute laboratory psychological stress. *Physiology and Behavior*, 97, 304–12

Schreiner, T. and Rasch, B. (2015). Boosting vocabulary learning by verbal cueing during sleep. *Cerebral Cortex*, 25, 4169–79

Schreuder, E. et al. (2016). Emotional responses to multisensory environmental stimuli: A conceptual framework and literature review. *Sage Open*, January–March, 1–19

Schwartzman, M. (2011). *See Yourself Sensing: Redefining Human Perception*. London: Black Dog

Sekuler, R. and Blake, R. (1987). Sensory underload. *Psychology Today*, 12 (December), 48–51

Seligman, M. E. (1971). Phobias and preparedness. *Behavior Therapy*, 2, 307–20

Senders, J. W. et al. (1967). The attentional demand of automobile driving. *Highway Research Record*, 195, 15–33

Senkowski, D. et al. (2014). Crossmodal shaping of pain: A multisensory approach to nociception. *Trends in Cognitive Sciences*, 18, 319–27

Seto, K. C. et al. (2012). Global forecasts of urban expansion to 2030 and direct impacts on biodiversity and carbon pools. *Proceedings of the National Academy of Sciences of the USA*, 109, 16083–8

Sheldon, R. and Arens, E. (1932). *Consumer Engineering: A New Technique for Prosperity*. New York: Harper & Brothers

Shippert, R. D. (2005). A study of time-dependent operating room fees and how to save $100 000 by using time-saving products. *American Journal of Cosmetic Surgery*, 22, 25–34

Sinnett, S. and Kingstone, A. (2010). A preliminary investigation regarding the effect of tennis grunting: Does white noise during a tennis shot have a negative impact on shot perception? *PLOS One*, 5, e13148

Sitwell, W. (2020). *The Restaurant: A History of Eating out*. London: Simon & Schuster

Sivak, M. (1996). The information that drivers use: Is it indeed 90% visual? *Perception*, 25, 1081–9

Siverdeen, Z. et al. (2008). Exposure to noise in orthopaedic theatres –do we need protection? *International Journal of Clinical Practice*, 62, 1720–22

Slabbekoorn, H. and Ripmeester, E. (2008). Birdsong and anthropogenic noise: Implications and applications for conservation. *Molecular Ecology*, 17, 72–83

Smith, G. A. et al. (2006). Comparison of a personalized parent voice smoke alarm with a conventional residential tone smoke alarm for awakening children. *Pediatrics*, 118, 1623–32

Smith, M. M. (2007). *Sensory History*. Oxford: Berg

Solomon, M. R. (2002). *Consumer Behavior: Buying, Having and Being*. Upper Saddle River, NJ: Prentice-Hall

感官攻略

Sorokowska, A. et al. (2012). Does personality smell? Accuracy of personality assessments based on body odour. *European Journal of Personality*, 26, 496–503

Sors, F. et al. (2017). The contribution of early auditory and visual information to the discrimination of shot power in ball sports. *Psychology of Sport and Exercise*, 31, 44–51

Souman, J. L. et al. (2017). Acute alerting effects of light: A systematic literature review. *Behavioural Brain Research*, 337, 228–39

Spence, C. (2002). *The ICI Report on the Secret of the Senses*. London: The Communication Group

——— (2003). A new multisensory approach to health and well-being. *In Essence*, 2, 16–22

——— (2012a). Drive safely with neuroergonomics. *The Psychologist*, 25, 664–7

——— (2012b). Managing sensory expectations concerning products and brands: Capitalizing on the potential of sound and shape symbolism. *Journal of Consumer Psychology*, 22, 37–54

——— (2014). Q & A: Charles Spence. *Current Biology*, 24, R506–R508

——— (2015). Leading the consumer by the nose: On the commercialization of olfactory-design for the food and beverage sector. *Flavour*, 4, 31

——— (2016). Gastrodiplomacy: Assessing the role of food in decision-making. *Flavour*, 5, 4

——— (2017). Hospital food. *Flavour*, 6, 3

——— (2018). *Gastrophysics: The new science of eating*. London: Penguin

——— (2019a). Attending to the chemical senses. *Multisensory Research*, 32, 635–64

——— (2019b). Multisensory experiential wine marketing. *Food Quality and Preference*, 71, 106–16, https://doi.org/10.1016/j.foodqual.2018.06.010

——— (2020a). Extraordinary emotional responses elicited by auditory stimuli linked to the consumption of food and drink. *Acoustical Science and Technology*, 41, 28–36

——— (2020b). Multisensory flavour perception: Blending, mixing, fusion, and pairing within and between the senses. *Foods*, 9, 407

——— (2020c). On the ethics of neuromarketing and sensory marketing. In J. Trempe- Martineau and E. Racine (eds.), *Organizational Neuroethics: Reflections on the Contributions of Neuroscience to Management Theories and Business Practice*. Cham, Switzerland: Springer Nature, pp. 9–30

——— (2020d). Temperature-based crossmodal correspondences: Causes and consequences. *Multisensory Research*, 33, 645–82

——— (2020e). Designing for the multisensory mind. *Architectural Design*,

參考書目

December, 42-49

———— (2020f). Senses of space: Designing for the multisensory mind. *Cognitive Research: Principles and Implications*, 5, 46. https://rdcu.be/b7qIt

Spence, C. and Carvalho, F. M. (2020). The coffee drinking experience: Product extrinsic (atmospheric) influences on taste and choice. *Food Quality and Preference*, 80, https://doi.org/10.1016/j.foodqual.2019.103802

Spence, C. and Gallace, A. (2011). Multisensory design: Reaching out to touch the consumer. *Psychology and Marketing*, 28, 267–308

Spence, C. and Keller, S. (2019). Medicine's melodies: On the costs and benefits of music, soundscapes, and noise in healthcare settings. *Music and Medicine*, 11, 211–25

Spence, C. and Read, L. (2003). Speech shadowing while driving: On the difficulty of splitting attention between eye and ear. *Psychological Science*, 14, 251–6

Spence, C. et al. (2014a). A large sample study on the influence of the multisensory environment on the wine drinking experience. *Flavour*, 3, 8

Spence, C. et al. (2014b). Store atmospherics: A multisensory perspective. *Psychology and Marketing*, 31, 472–88

Spence, C. et al. (2017). Digitizing the chemical senses: Possibilities and pitfalls. *International Journal of Human-Computer Studies*, 107, 62–74

Spence, C. et al. (2019a). Digital commensality: On the pros and cons of eating and drinking with technology. *Frontiers in Psychology*, 10, 2252

Spence, C. et al. (2019b). Extrinsic auditory contributions to food perception and consumer behaviour: An interdisciplinary review. *Multisensory Research*, 32, 275–318

Spence, C. et al. (2020). Magic on the menu: Where are all the magical food and beverage experiences? *Foods*, 9, 257

Stack, S. and Gundlach, J. (1992). The effect of country music on suicide. *Social Forces*, 71, 211–18

Stanton, T. R. et al. (2017). Feeling stiffness in the back: A protective perceptual inference in chronic back pain. *Scientific Reports*, 7, 9681

Staricoff, R. and Loppert, S. (2003). Integrating the arts into health care: Can we affect clinical outcomes? In D. Kirklin and R. Richardson (eds.), *The Healing Environment: Without and within*. London: RCP, pp. 63–79

Steel, C. (2008). *Hungry City: How Food Shapes Our Lives*. London: Chatto & Windus

Steele, K. M. (2014). Failure to replicate the Mehta and Zhu (2009) color-priming effect on anagram solution times. *Psychonomic Bulletin and Review*, 21, 771–6

感官攻略

Stein, B. E. (ed.- in-chief) (2012). *The New Handbook of Multisensory Processing*. Cambridge, MA: MIT Press

Steinwald, M. et al. (2014). Multisensory engagement with real nature relevant to real life. In N. Levent and A. Pascual- Leone (eds.), *The Multisensory Museum: Cross-disciplinary Perspectives on Touch, Sound, Smell, Memory and Space*. Plymouth: Rowman & Littlefield, pp. 45–60

Stillman, J. W. and Hensley, W. E. (1980). She wore a flower in her hair: The effect of ornamentation on non-verbal communication. *Journal of Applied Communication Research*, 1, 31–9

Stumbrys, T. et al. (2012). Induction of lucid dreams: A systematic review of evidence. *Consciousness and Cognition*, 21, 1456–75

Suwabe, K. et al. (in press). Positive mood while exercising influences beneficial effects of exercise with music on prefrontal executive function: A functional NIRS Study. *Neuroscience*, https://doi.org/10.1016/j.neuroscience.2020.06.007

Taheri, S. et al. (2004). Short sleep duration is associated with reduced leptin, elevated ghrelin, and increased body mass index. *PLOS Medicine*, 1, 210–17

Tamaki, M. et al. (2016). Night watch in one brain hemisphere during sleep associated with the first-night effect in humans. *Current Biology*, 26, 1190–94

Tanizaki, J. (2001). *In praise of shadows* (trans. T. J. Harper and E. G. Seidenstickker). London: Vintage Books

Tassi, P. and Muzet, A. (2000). Sleep inertia. *Sleep Medicine Reviews*, 4, 341–53

Terman, M. (1989). On the question of mechanism in phototherapy for seasonal affective disorder: Considerations of clinical efficacy and epidemiology. In N. E. Rosenthal and M. C. Blehar (eds.), *Seasonal Affective Disorders and Phototherapy*. New York: Guilford Press, pp. 357–76

Terry, P. C. et al. (2012). Effects of synchronous music on treadmill running among elite triathletes. *Journal of Science and Medicine in Sport*, 15, 52–7

Thommes, K. and Hubner, R. (2018). Instagram likes for architectural photos can be predicted by quantitative balance measures and curvature. *Frontiers in Psychology*, 9, 1050

Thompson Coon, J. et al. (2011). Does participating in physical activity in outdoor natural environments have a greater effect on physical and mental wellbeing than physical activity indoors? A systematic review. *Environmental Science and Technology*, 45, 1761–72

Tifferet, S. et al. (2012). Guitar increases male Facebook attractiveness: Preliminary support for the sexual selection theory of music. *Letters on Evolutionary Behavioral Science*, 3, 4–6

Townsend, M. and Weerasuriya, R. (2010). *Beyond Blue to Green: The Benefits of Contact with Nature for Mental Health and Well-being*. Melbourne, Australia: Beyond Blue Limited

Treib, M. (1995). Must landscape mean? Approaches to significance in recent landscape architecture. *Landscape Journal*, 14, 47–62

Treisman, M. (1977). Motion sickness: As evolutionary hypothesis. Science, 197, 493–5

Trivedi, B. (2006). Recruiting smell for the hard sell. *New Scientist*, 2582, 36–9

Trotti, L. M. (2017). Waking up is the hardest thing I do all day: Sleep inertia and sleep drunkenness. *Sleep Medicine Reviews*, 35, 76–84

Trzeciak, S. et al. (2016). Association between Medicare summary star ratings for patient experience and clinical outcomes in US hospitals. *Journal of Patient Experience*, 3, 6–9

Tse, M. M. et al. (2002). The effect of visual stimuli on pain threshold and tolerance. *Journal of Clinical Nursing*, 11, 462–9

Twedt, E. et al. (2016). Designed natural spaces: Informal gardens are perceived to be more restorative than formal gardens. *Frontiers in Psychology*, 7, 88

Ullmann, Y. et al. (2008). The sounds of music in the operating room. *Injury*, 39, 592–7

Ulrich, R. S. (1984). View through a window may influence recovery from surgery. *Science*, 224, 420–21

——— (1991). Effects of interior design on wellness: Theory and recent scientific research. *Journal of Health Care Interior Design*, 3, 97–109

——— (1993). Biophilia, biophobia, and natural landscapes. In S. R. Kellert and E. O. Wilson (eds.), *The Biophilia Hypothesis*. Washington, DC: Island Press, pp. 73–137

——— (1999). Effects of gardens on health outcomes: Theory and research. In C. Cooper- Marcus and M. Barnes (eds.), *Healing Gardens:Therapeutic Benefits and Design Recommendations*. Hoboken, NJ:John Wiley & Sons, pp. 27–86

Ulrich, R. S. et al. (1991). Stress recovery during exposure to natural and urban environments. *Journal of Environmental Psychology*, 11, 201–30

Underhill, P. (1999). *Why We Buy: The Science of Shopping*. New York: Simon & Schuster

Unkelbach, C. and Memmert, D. (2010). Crowd noise as a cue in referee decisions contributes to the home advantage. *Journal of Sport and Exercise Psychology*, 32, 483–98

Unnava, V. et al. (2018). Coffee with co-workers: Role of caffeine on evaluations of the self and others in group settings. *Journal of Psychopharmacology*, 32, 943–8

Ury, H. K. et al. (1972). Motor vehicle accidents and vehicular pollution in Los Angeles. *Archives of Environmental Health*, 25, 314–22

US Energy Information Administration (2011). Residential energy consumption survey (RECS). *US Energy Information Administration*, www.eia.gov/ consumption/residential/reports/2009/ air-conditioning.php

US Senate Special Committee on Aging (1985– 6). *Aging America, Trends and Projections, 1985–86 Edition*. US Senate Special Committee on Aging (in association with the American Association of Retired Persons, the Federal Council on the Aging, and the Administration on Aging)

Valdez, P. and Mehrabian, A. (1994). Effects of color on emotions. *Journal of Experimental Psychology: General*, 123, 394–409

Vartanian, O. et al. (2013). Impact of contour on aesthetic judgments and approach-avoidance decisions in architecture. *Proceedings of the National Academy of Sciences of the USA*, 110 (Supplement 2), 10446–53

Vartanian, O. et al. (2015). Architectural design and the brain: Effects of ceiling height and perceived enclosure on beauty judgments and approach-avoidance decisions. *Journal of Environmental Psychology*, 41, 10–18

Villemure, C. et al. (2003). Effects of odors on pain perception: Deciphering the roles of emotion and attention. *Pain*, 106, 101–8

Wagner, U. et al. (2004). Sleep inspires insight. *Nature*, 427, 352–5

Walker, J. et al. (2016). Chewing unflavored gum does not reduce cortisol levels during a cognitive task but increases the response of the sympathetic nervous system. *Physiology and Behavior*, 154, 8–14

Walker, M. (2018). *Why We Sleep*. London: Penguin

Wallace, A. G. (2015). Are you looking at me? *Capital Ideas*, Fall, 24–33

Wang, Q. J. and Spence, C. (2019). Drinking through rose-coloured glasses: Influence of wine colour on the perception of aroma and flavour in wine experts and novices. *Food Research International*, 126, 108678

Wargocki, P. et al. (1999). Perceived air quality, Sick Building Syndrome (SBS) symptoms and productivity in an office with two different pollution loads. *Industrial Air*, 9, 165–79

Wargocki, P. et al. (2000). The effects of outdoor air supply rate in an office on perceived air quality, Sick Building Syndrome (SBS) symptoms and productivity. *Industrial Air*, 10, 222–36

Warm, J. S. et al. (1991). Effects of olfactory stimulation on performance and stress in a visual sustained attention task. *Journal of the Society of Cosmetic Chemists*, 42, 199–210

Waterhouse, J. et al. (2010). Effects of music tempo upon submaximal cycling performance. *Scandinavian Journal of Medicine and Science in Sports*, 20, 662–9

Watkins, C. D. (2017). Creativity compensates for low physical attractiveness when individuals assess the attractiveness of social and romantic partners. *Royal

Society Open Science, 4, 160955

Watson, L. (1971). *The Omnivorous Ape*. New York: Coward, McCann & Geoghegan

Weber, S. T. and Heuberger, E. (2008). The impact of natural odors on affective states in humans. *Chemical Senses*, 33, 441–7

Wehrens, S. M. T. et al. (2017). Meal timing regulates the human circadian system. *Current Biology*, 27, 1768–75

Weinzimmer, D. et al. (2014). Human responses to simulated motorized noise in national parks. *Leisure Sciences*, 36, 251–67

Whalen, P. J. et al. (2004). Human amygdala responsivity to masked fearful eye whites. *Science*, 306, 2061

Whitcome, K. K. et al. (2007). Fetal load and the evolution of lumbar lordosis in bipedal hominins. *Nature*, 450, 1075–8

White, D. et al. (2017). Choosing face: The curse of self in profile image selection. *Cognitive Research: Principles and Implications*, 2, 23

Wigley, M. (1995). *White Walls, Designer Dresses: The Fashioning of Modern Architecture*. London: MIT Press

Wilde, G. J. S. (1982). The theory of risk homeostasis: Implications for safety and health. *Risk Analysis*, 2, 209–25

Williams, F. (2017). *The Nature Fix: Why Nature Makes Us Happier, Healthier, and More Creative*. London: W. W. Norton & Co.

Willis, J. and Todorov, A. (2006). First impressions: Making up your mind after a 100-ms exposure to a face. *Psychological Science*, 17, 592–8

Wilson, E. O. (1984). *Biophilia: The Human Bond with other Species*. London: Harvard University Press

Wilson, T. D. and Gilbert, D. T. (2005). Affective forecasting: Knowing what to want. *Current Directions in Psychological Science*, 14, 131–4

Windhager, S. et al. (2008). Face to face: The perception of automotive designs. *Human Nature*, 19, 331–46

Winternitz, J. et al. (2017). Patterns of MHC-dependent mate selection in humans and nonhuman primates: A meta-analysis. *Molecular Ecology*, 26, 668–88

Wittkopf, P. G. et al. (2018). The effect of visual feedback of body parts on pain perception: A systematic review of clinical and experimental studies. *European Journal of Pain*, 22, 647–62

Wohlwill, J. F. (1983). The concept of nature: A psychologist's view. In I. Altman and J. F. Wohlwill (eds.), *Behavior and the Natural Environment*. New York: Plenum Press, pp. 5–38

感官攻略

Wolverton, B. C. et al. (1989). *Interior Landscape Plants for indoor Air Pollution Abatement*. Final Report, 15 September. National Aeronautics and Space Administration, John C. Stennis Space Center, Science and Technology Laboratory, Stennis Space Center, MS 39529–6000

Wood, R. A. et al. (2006). The potted-plant microcosm substantially reduces indoor air VOC pollution: I. Office field-study. *Water, Air, and Soil Pollution*, 175, 163–80

Woolley, K. and Fishbach, A. (2017). A recipe for friendship: Similar food consumption promotes trust and cooperation. *Journal of Consumer Psychology*, 27, 1–10

World Health Organization, Regional Office for Europe (2011). *Burden of Disease from Environmental Noise – Quantification of healthy Life Years Lost in Europe*. Copenhagen: WHO

Wright, K. P., Jr and Czeisler, C. A. (2002). Absence of circadian phase resetting in response to bright light behind the knees. *Science*, 297, 571

Wrisberg, C. A. and Anshel, M. H. (1989). The effect of cognitive strategies on free throw shooting performance of young athletes. *Sport Psychologist*, 3, 95–104

Yildirim, K. et al. (2007). The effects of window proximity, partition height, and gender on perceptions of open-plan offices. *Journal of Environmental Psychology*, 27, 154–65

Yoder, J. et al. (2012). Noise and sleep among adult medical inpatients: Far from a quiet night. *Archives of Internal Medicine*, 172, 68–70

Zellner, D. et al. (2017). Ethnic congruence of music and food affects food selection but not liking. *Food Quality and Preference*, 56, 126–9

Zhang, Y. et al. (2019). Healing built-environment effects on health outcomes: Environment–occupant–health framework. *Building Research and Information*, 47, 747–66

Zhu, R. (J.) and Argo, J. J. (2013). Exploring the impact of various shaped seating arrangements on persuasion. *Journal of Consumer Research*, 40, 336–49

Ziegler, U. (2015). Multi-sensory design as a health resource: Customizable, individualized, and stress-regulating spaces. *Design Issues*, 31, 53–62

Zilczer, J. (1987). 'Color music': Synaesthesia and nineteenth-century sources for abstract art. *Artibus et Historiae*, 8, 101–26

Zuckerman, M. (1979). *Sensation Seeking: Beyond the Optimal Level of Arousal*. Hillsdale, NJ: Lawrence Erlbaum

參考書目

國家圖書館出版品預行編目資料

感官攻略：世界頂尖實驗心理學家教你如何用五感打造更愉快健康的生活
／查爾斯‧史賓斯(Charles Spence)著；陳錦慧譯. -- 初版. -- 臺北市：商周出
版：英屬蓋曼群島商家庭傳媒股份有限公司城邦分公司發行, 2021.07
　面；　公分. -- (科學新視野；173)
譯自：Sensehacking : how to use the power of your senses for happier, healthier
　　　living
ISBN 978-626-7012-10-9(平裝)

1.感覺生理 2.生理心理學

172.2　　　　　　　　　　　　　　　　　　　　110010126

科學新視野173

感官攻略：世界頂尖實驗心理學家教你如何用五感打造更愉快健康的生活

作　　　　者 /	查爾斯‧史賓斯（Charles Spence）
譯　　　　者 /	陳錦慧
企 劃 選 書 /	羅珮芳
責 任 編 輯 /	羅珮芳
版　　　　權 /	黃淑敏、吳亭儀、江欣瑜
行 銷 業 務 /	周佑潔、黃崇華、張媖茜
總　 編　 輯 /	黃靖卉
總　 經　 理 /	彭之琬
事業群總經理 /	黃淑貞
發　 行　 人 /	何飛鵬
法 律 顧 問 /	元禾法律事務所　王子文律師
出　　　　版 /	商周出版
	台北市104民生東路二段141號9樓
	電話：(02) 25007008　傳真：(02)25007759
	E-mail:bwp.service@cite.com.tw
發　　　　行 /	英屬蓋曼群島商家庭傳媒股份有限公司城邦分公司
	台北市中山區民生東路二段141號2樓
	書虫客服服務專線：02-25007718；25007719
	服務時間：週一至週五上午09:30-12:00；下午13:30-17:00
	24小時傳真專線：02-25001990；25001991
	劃撥帳號：19863813；戶名：書虫股份有限公司
	讀者服務信箱：service@readingclub.com.tw
	城邦讀書花園：www.cite.com.tw
香 港 發 行 所 /	城邦（香港）出版集團
	香港灣仔駱克道193號東超商業中心1F E-mail: hkcite@biznetvigator.com
	電話：(852) 25086231　傳真：(852) 25789337
馬 新 發 行 所 /	城邦（馬新）出版集團【Cite (M) Sdn Bhd】
	41, Jalan Radin Anum, Bandar Baru Sri Petaling,
	57000 Kuala Lumpur, Malaysia.
	電話：(603) 90578822　傳真：(603) 90576622
	Email: cite@cite.com.my
封 面 設 計 /	徐璽設計工作室
內 頁 排 版 /	陳健美
印　　　　刷 /	韋懋印刷事業有限公司
經　　　　銷 /	聯合發行股份有限公司
	地址：新北市231新店區寶橋路235巷6弄6號2樓
	電話：(02)2917-8022　傳真：(02)2911-0053

■2021年7月29日初版　　　　　　　　　　　　　　　　　　Printed in Taiwan

定價420元

城邦讀書花園
www.cite.com.tw

Original English language edition first published by Penguin Books Ltd, London
Text copyright © Charles Spencer 2021
The author has asserted his moral rights
This edition is published by arrangement with Penguin Books Ltd, London
Through Andrew Nurnberg Associates
Complex Chinese Translation copyright © 2021 by Business Weekly Publications, a division of Cité Publishing Ltd.
All rights reserved